Seigow Remix

にほんとニッポン

読みとばし日本文化譜

松岡正剛
Seigow MATSUOKA

工作舎

い ユーラシアの東の隅で

——イレズミの国、コトダマの国。——列島誕生から万葉まで

列島誕生——縄文土器の出現……○一六
縄文という時代——「原日本」……○一九
縄文の多言語世界——物語型情報にはじまる……○二三
縄文から弥生へ——日本的なるものの二つの極……○二五
弥生のスタート——壊された縄文土器……○二七
青銅器ショック——支配するシンボル……○二八
水田耕作の定着——変わる時空意識……○三二
高床式建築の普及——「人の家」と「神の家」……○三五

フミとクニと仏

漢委奴国王印——文字がやって来る……○三九
農具の鉄器化と製鉄のはじまり——自立に向う倭人文化圏……○四一
「魏志倭人伝」の日本——文様の縄文と織物の弥生……○四二
邪馬台国から大和朝廷へ——北九州部族集団……○四三
崇神天皇と日本統一事業——ヤマトタケルの「活躍」……○四四
漢字の定着と七支刀——日本語化の苦闘……○四六
「伴」と「部」の組織観——品部へ……○四七
須恵器伝来——食器とされなかったヤキモノ……○四八
大和磐余稚桜宮——「神の庭」から「都」へ……○四九
「倭の五王」——国家未満の日本と自立の鍵……○五一
継体天皇の出現と遣隋使——「日本」を準備する一〇〇年……○五二
仏教密伝——もうひとつのイデオロギー……○五三

仏教公伝――神仏を同視する……〇五四
六世紀に到来したもの――観念技術と生産技術……〇五六
蘇我物部抗争と聖徳太子――「三宝の奴」……〇五七
古代仏教の展開――氏族仏教から仏教国家へ……〇五八

万葉の国家構想

七世紀の五つのステージ――飛鳥と白鳳……〇六〇
アメタリシヒコの使者――『隋書』東夷伝より……〇六一
「天皇」の登場――遣隋使、小野妹子の国書……〇六二
大化の改新と天智天皇――古代の「官僚制」……〇六四
白村江の戦い――はじめての交戦、はじめての敗戦……〇六五
大和朝廷と東北――エミシの国……〇六七
藤原氏誕生――言葉の一族と水の一族……〇六八
壬申の乱と天武天皇――国号「日本」の制定……〇六八
神仏習合のはじまり――神宮寺と神願寺……〇七〇
宣命書きの出現と万葉仮名――当意即妙の音訓テクノロジー……〇七二
記紀の記述スタイル――正史は中国式に……〇七二
藤原不比等と藤原一族の陰謀――血のマネジメント……〇七六
藤原京遷都から天平へ――不比等百年の計……〇七七
万葉の時代――歌謡から和歌へ、集団から個人へ……〇七八
『万葉集』〈七世紀後半－八世紀〉――家持をめぐる編集方針……〇八〇

ろ——華厳、マンダラ、南無阿弥陀仏。——平城建都から院政まで

平城メトロポリス

華厳と雑密の世紀——ビルシャナ仏から大日如来へ……○八四
平城京の言語空間——言葉の見本市……○八六
奈良三彩——人器に向うウツワ……○八六
大仏開眼——華厳ネットワーク・プロジェクト……○八七
華厳の挫折——幻の仏国土……○八八
奈良麻呂の乱と淳仁即位——天皇と皇帝……○九一
東北王化の戦争と征夷大将軍——まつろわぬ民……○九二

末法へ向ぅ平安

光仁天皇と平安京誕生——隠された血……○九四
複雑奇妙な平安——対の時代……○九六
大極殿と清涼殿——和漢と宮廷……○九七
平安の美術——マンダラ・アートから浄土教美術へ……○九八
漢風と和風——二つの風とうつろい……一〇一
空海『秘密曼荼羅十住心論』——華厳国家主義批判……一〇四
三筆から三跡へ——平仮名の誕生……一〇五
古代仏教と神祇信仰のシステム化——内包する多様性……一〇六
本地垂迹思想のはじまり——あわせとかさねの信仰編集……一〇七
宇多天皇の宮廷サロン——寛平延喜の時代……一〇八
菅原道真失脚——遣唐使廃止と怨霊……一〇九
『古今和歌集』奏上——日本の芽生え……一一〇
摂関政治の開始——実権を握る藤原北家……一一一

延喜・天暦の治と混乱する地方――武力勢力の台頭……一一二
承平・天慶の乱――将門と純友……一一三
市の聖、空也――都大路での念仏……一一三
末法到来と『往生要集』――心に浄土をおもう……一一五
変貌する京〈十世紀末〉――流行する呪法……一一六
慶滋保胤と平等院――浄土模型の流行……一一八
建築の平安――寝殿造りと間……一一九

あはれからあっぱれへ

一条の世――道長政治の確立……一二二
『三宝絵詞』――再燃するモノたち……一二三
『枕草子』――「小さきもの」への関心……一二四
『源氏物語』――本当の物語……一二五
絵巻の時代へ――消息の拡大……一二七
傾奇の関白――「歌舞伎」の起源……一二九
前九年・後三年の役――北の有事……一二九
奥州藤原氏の繁栄――貴族を装う豪族……一三〇
院政のスタートと北面の武士――寄進と托身……一三一
永長の大田楽――「例外」のエネルギー……一三三
「三十六人家集」――王朝感覚の爛熟……一三六
「風」の文化――風合、風情、花鳥風月……一三七

は

歩く西行、坐る道元。——鎌倉幕府から戦国まで

道理と今様

西行出家——遊行の先駆者として……一四〇
保元・平治の乱——天皇対上皇……一四一
『梁塵秘抄』——遊びをせんとや……一四六
栄西にはじまる——御感悦の茶……一四九
「禅の中世」の開幕——そして「念仏の中世」……一五三
『無名草子』と『平家物語』——無常感の浸透……一五五
鎌倉仏教と神々——本地垂迹思想の発展……一五七
親鸞——弾圧される専修念仏……一五九
鎌倉美術のリアリズム——「数寄」と「写生」……一六三
俊成と定家の「サビ」——有心と幽玄……一六四
『正法眼蔵』の雪中梅花——「冬」の発見……一六七
『作庭記』の時代——名所の感覚……一四一
頼朝挙兵——武者の世の到来……一四二
法然の専修念仏——選べる仏教……一四八
鎌倉幕府——封建制の確立……一五一
学芸の中世——水墨、能楽、連歌、茶の湯……一五五
会所の出現——「乱れがわしき」空間……一五六
「神道」の成立——神祇派の逆編集……一五九
慈円『愚管抄』——筋・道の歴史観……一六一
承久の乱と執権政治——形骸化する鎌倉幕府……一六四
道元帰朝——空手還郷……一六五
日蓮『立正安国論』と臨済禅——宗教抗争の波濤……一六七

芸と聖のネットワーク

元寇と神風——寺社の権勢拡張……一六九
最初の神領興行法と反本地垂迹——神国思想の波及……一七一
中世ネットワーカーと一遍——道々の人と芸能……一七二
夢窓疎石と中世の庭——床の間の余白へ……一七六
正中の変と建武の中興——中世の倒幕運動……一七八
南北朝の亀裂——天皇が日本を問うた時代……一七九
五山文化——唐物数寄とバサラの茶……一八一
『菟玖波集』と『応安新式』——連歌の趣向と一座……一八二
永和の祇園会の美少年——将軍と乞食者……一八四
北山文化——「復古の構え」と「余情幽玄体」……一八五
世阿弥『風姿花伝』——神遊びの革命……一八七
室町幕府と足利義満の王権簒奪計画——日本国王源道義……一九一
室町殿に会所登場——主と客をめぐる新しい関係……一九二
「目利き」の活躍——分限者の茶と舶来趣向……一九四
如拙「瓢鮎図」——誰もが参入できる余白……一九六

茶の湯と下剋上

応仁の乱——下剋上突入……一九七
書院の誕生——「和風建築」の萌芽……一九八
心敬『ささめごと』——「さかひに入りはてること」……二〇〇
東山文化——サロンの熟成……二〇二
一休文化圏と風狂——仏教と禅文化と遊芸の重畳……二〇三
雪舟「山水長巻」——日本最初の署名……二〇四
村田珠光——侘びのふるまい……二〇五
武野紹鷗——「好み」を分かち配る……二〇八
戦国大名の農民コントロール——領国経営のノウハウ合戦……二〇九

に

――天下の器量、浮世の気っ風。――織豊政権から幕末まで

秀吉の朝鮮、家康の日本

狩野派勃興と法華信仰――城郭空間アーティスト……二一二
天文法華の乱――日本の宗教戦争……二一二
信長と秀吉――国内改革とアジア戦略……二一四
天下布武――城と家の時代へ……二一五
信長の名物狩り――新たな商品価値……二一五
信長入京――室町の終焉……二一六
禁裏の茶会――茶湯御政道……二二〇
千利休――「草」から「真」への回帰……二二一
利休切腹――下剋上の終焉……二二三
朝鮮出兵――七年戦争の惨澹……二二三
長谷川等伯「松林図」――影向と消息……二二六
関ヶ原の戦い――ねじれの構造……二二七
江戸の時代ステージ――慶長、元禄、文化文政……二二七
徳川将軍と出雲阿国――慶長バロック……二二八
オランダとの交易開始――出島と風説書……二二九
キリシタン禁令――神仏儒の近世へ……二二九
元和偃武――平時下の「負のはたらき」……二三〇
「戦後体制」の幕府――天皇の有名無実化と中国離れ……二三二
藤原惺窩と林羅山――儒学導入計画……二三三
日本化する江戸――浮世絵、三味線、俳諧師……二三四

江戸の概念工事

徳川幕府の経済システム――石高制と兵農分離制……二三六
光悦の鷹が峯――「雅び」に耽る京都……二三七
古田織部の茶――ルネサンスの利休、バロックの織部……二三八
小堀遠州――庭数寄の近世……二四一
吉原開設――悪場所のコントロール……二四一
女歌舞伎から野郎歌舞伎へ――女形登場……二四四
柳生但馬守宗矩『兵法家伝書』――合わぬ拍子……二四五
江戸城完成――都市文化の開闢……二四六
水戸光圀――日本史研究センター「彰考館」……二四八
江戸期の思想潮流――儒学、国学、蘭学……二四九
明暦の大火――江戸再興と町人エネルギー……二五一
井原西鶴『好色一代男』――メディアとしての文学……二五三
元禄文化と琳派――京に流入する浮世感覚……二五四
浄瑠璃と近松門左衛門――日本芸能の頂点……二五四
松尾芭蕉――編集の名人として……二五七

爛熟するメディア都市

初代市川團十郎の「荒事」――不動明王を見立てる……二五九
山本定朝『葉隠』――「忍ぶ恋」の武士道……二五九
売茶翁の煎茶――茶が茶を破る……二六〇
宝天文化――田沼時代の江戸らしさ……二六〇
上田秋成『雨月物語』――スタイルの競争……二六一
鈴木春信――江戸錦絵の誕生……二六二
葛飾北斎――見立ての人……二六三
本居宣長――「いにしえごころ」と「からごころ」……二六六
山片蟠桃――日本神話の不備を突く……二六七
ヨーロッパ科学と江戸――近世イメージの闘い……二六八

ほ

——黒船、敗戦、原子力。——富国強兵から平成まで

開国の右往左往

天保の改革——株仲間の可能性と禁止……二七一
明治維新——捨てたものと容れたもの……二七四
「一世一元」の制——万世一系の創作……二七八
身分解放令——被差別民と土地の商品化……二七九
福澤諭吉『文明論之概略』——文明としての日本……二八四
自由民権運動——国権と混交する民権……二八五
「大日本帝国憲法」発布——近代国家の忘れもの……二八七
日清戦争の三つの原因——ネーション・ステートの欲望……二八九
樋口一葉『たけくらべ』——女流文芸の再生……二九六
日英同盟——各界の対露開戦論……二九九
韓国併合——明治の終焉……三〇一
「青鞜」創刊——瓦解する明治の中で……三〇四
黒船と日米和親条約——攘夷か開国か……二七二
神仏分離——信仰風土の破壊……二七七
岩倉使節団——分断された官僚……二七八
明六社設立と明治六年政変——近代初の転回点……二八〇
西南戦争——西郷下野の謎……二八四
漢字廃止論と森有礼暗殺——仮名かローマ字か英語か……二八七
「教育勅語」発布——敬神と国体の思想……二八八
日清と日露のあいだで——日本画と短歌……二九二
二十世紀はじまる——石川啄木の死……二九八
日露戦争——ヨーロッパの期待……三〇〇
朝鮮半島での言語支配——同化とは何か……三〇二
「国柱会」設立——近世日蓮主義の中枢……三〇五

昭和の忘れもの

二十一ヶ条の要求〈1915〉――大正という時代……三〇六
川面凡児「鎮魂行法」――神社神道の淵源……三〇八
北一輝『日本改造法案大綱』――青年将校の聖典……三一一
満州某重大事件――張作霖爆殺と田中内閣総辞職……三一四
ロンドン軍縮条約調印――統帥権の干犯……三一七
上海事変――日蓮主義の影……三二四
血盟団事件と五・一五事件――昭和維新……三二六
二・二六事件から日中戦争へ――青年将校と大政翼賛会……三三〇
折口の怒り――「安心して死ねるやうに」……三三二
清沢洌の『暗黒日記』――戦時下に敗戦後を見る……三三五
「新かな・新字」指令――国語改革の矛盾……三三八
農地改革と農業共同体の崩壊――コメづくりの放棄……三四二
童謡と軍歌――大衆文化の消滅……三〇八
ハルビン学院と満州――スパイ養成所か親ソ派の温床か……三一〇
和辻哲郎『日本精神史研究』――「国民的自覚」と保守主義……三一二
九鬼周造『「いき」の構造』――「異質との出会い」……三一五
満州事変と国際連盟脱退――奈落の入口……三二一
島崎藤村『夜明け前』――「或るおおもと」……三二五
古澤平作の「阿闍世コンプレックス」――「おそれ」と「ゆるし」……三二八
皇国観と折口信夫――日本という方法……三三一
昭和二〇年八月六日午前八時一五分――ヒロシマ……三三三
敗戦と「独立」――分割されなかった日本……三三六
東京裁判――放置されたわかりくさ……三四〇
日米安保条約調印――日本は独立したか……三四三

軍事の、経済の、生活の大国

自衛隊設置——軍事大国と経済大国……三四四
「七人の侍」公開——黒澤明と早坂文雄の卓見……三四六
保守合同——正力松太郎と「原発日本」……三四七
ロカビリー・ブーム——ポップカルチャー元年……三四九
メートル法施行——歯止めの喪失……三五〇
所得倍増計画——「日本株式会社」の誕生……三五一
「鉄腕アトム」放映開始——被爆国の逆襲……三五三
金子光晴『絶望の精神史』——絶望を問題にしない日本人……三五四
三島由紀夫割腹——反体制と頽廃……三五五
藤原新也の『印度放浪』——日本人が変わったとき……三五七
昭和五一年のヒットチャート——なんでも歌謡曲へ……三五八
『日本人の世界地図』——沈黙できない日本人……三六一
日本が最も醜かった時——バブルとグルメ……三六二
李御寧『「縮み」志向の日本人』——小国思想をめぐる謎……三六五
東西冷戦の終結と日米構造協議——何を失ったのか……三六八
9・11と協同性——有事と平時……三六九
傷つきやすい国——「近代化」の行方……三七〇
3・11と東北——古代から受け継がれた「負」……三七六

あとがき……四〇八

事項索引……三九八／人名索引……四〇五／コラム目次……四〇七

【出典一覧】……★印は本文中の引用番号に対応

『概念工事』（工作舎・1980）——★01

「日本の美と文化 art japanesque」（全一八巻）（講談社・1982—1984）——★02

『遊行の博物学——主と客の構造』（春秋社・1987）——★03

『花鳥風月の科学——日本のソフトウェア』（淡交社・1994）——★04

『日本数寄』（春秋社・2000）——★05

『日本流——なぜカナリヤは歌を忘れたか』（朝日新聞社・2000）——★06

『山水思想』（五月書房・2003）——★07

『日本という方法』（NHK出版・2006）——★08

『松岡正剛 千夜千冊』（全七巻）（求龍堂・2006）——★09

『17歳のための世界と日本の見方』（春秋社・2006）——★10

『誰も知らない世界と日本のまちがい』（春秋社・2007）——★11

『神仏たちの秘密——日本の面影の源流を解く』（連塾 方法日本1）（春秋社・2008）——★12

『侘び・数寄・余白——アートにひそむ負の想像力』（連塾 方法日本2）（春秋社・2009）——★13

『フラジャイルな闘い——日本の行方』（連塾 方法日本3）（春秋社・2011）——★14

『法然の編集力』（NHK出版・2011）——★15

『千夜千冊 番外録 3・11を読む』（平凡社・2012）——★16

ウェッブサイト「千夜千冊」（書籍未収録）——★17

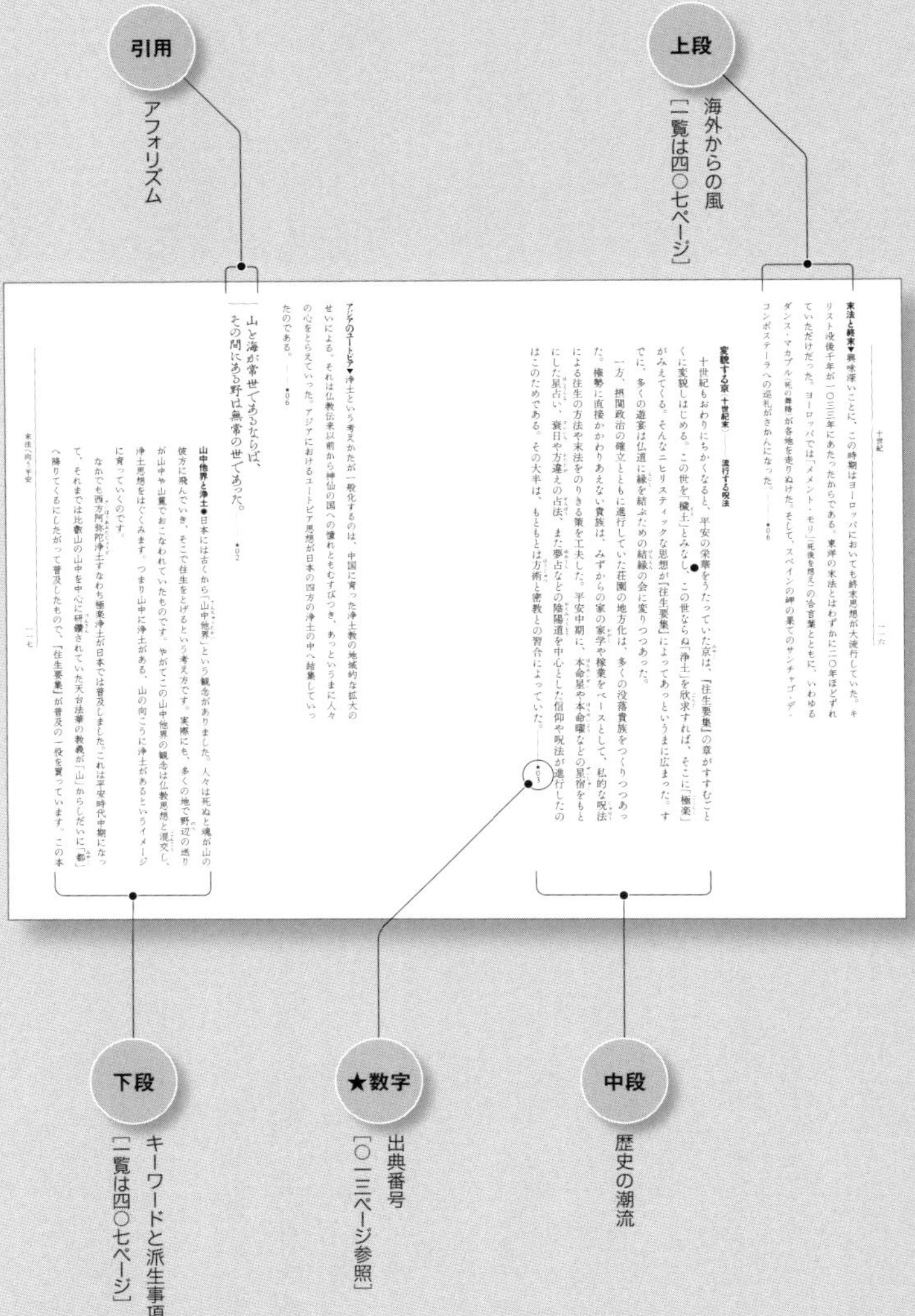
上段
海外からの風
[一覧は四〇七ページ]
引用
アフォリズム
中段
歴史の潮流
★数字
出典番号
[〇一三ページ参照]
下段
キーワードと派生事項
[一覧は四〇七ページ]

い

イレズミの国、コトダマの国。

●列島誕生から万葉まで

ユーラシアの東の隅で

列島誕生〈一万年前〉――縄文土器の出現

日本列島が朝鮮半島と切り離されるのがほぼ一五万年前で、現在の形となるのがほぼ一万年前だ。一五万年前にはまだマンモスやナウマンゾウやトラが大陸からとりのこされて生存していたが、一万年前にはすっかり姿を消した。日本列島にヒトが移住してきたのは、この一五万年前と一万年前とのあいだだった。そして三万年前には定住がはじまった。土器の出現（細隆線文《さいりゅうせんもん》土器）は約一万二〇〇〇年前である。

つまり日本列島が完全に孤立するころ、ちょうど土器がつくられはじめたということになる。そこから、あの縄文文様《じょうもんもんよう》がめらめらと立ち上がっていった。――★02

把っ手型の列島▼大陸移動説やその後のプレートテクトニクス理論によると、日本列島はパシフィカという旧大陸がちぎれてアジア大陸にぶつかりながらできた列島だと考えられている。列島はアジア大陸とくっつき、また離れるという離合集散《りごうしゅうさん》をへて、やっと今日の恰好《かっこう》になる。日本列島なんてちっともじっとしていないのだ。ただし、じっとしていないうちに海に浮かぶ島になってしまった。私はこれを「把《と》っ手《て》型の列島」と呼んでいるのだが、アジア大陸という大きなドアにくっついている把っ手が、何とか世界に認めてもらおうとしてがんばってきたのが日本だったのだ。――★04

こういう地質学的な孤立感というものが、われわれの島国根性の奥底にあるようだ。――★04

ナラ林帯と照葉樹林帯▼東アジアの風土は、大きくは北の落葉広葉樹林帯と南の常緑広葉樹林帯で構成されます。北がナラ林帯、南が照葉樹林帯。その境目のひとつはハルビンと瀋陽《しんよう》を結ぶ線のちょっと東にある。いわゆる満州《まんしゅう》です。日本列島もこれに応じて東北がナラ林帯に、西南が照葉樹林帯になっている。

ナラ林帯は、旧満州、沿海州《えんかいしゅう》、アムール川下流域、朝鮮半島の大半をへて日本の東北部につながります。この帯域には内陸型と沿海《えんかい》型があって、内陸型（大陸的にはツングーズ型）ではクマ・シカ・トナカイなどの狩猟と若干の採集生活が展開し、前開きの皮衣、カンジキの使用、クマ祭りなどが目立ちます。沿海型（大陸的にはギリヤーク型）はアザラシ・イルカ・サメ・サケ・マスなどの漁労《ぎょろう》を中心に、竪穴式《たてあなしき》住居で定住し、多くは聖なる魚の信仰のようなものをもっていたと想定できます。いずれもイヌを飼育していた。

照葉樹林のほうは、中国南部から東南アジア北部に広がっていて、生活活動が成熟した時期には、その大半が焼畑農業をしています。食料にはアワ・ヒエ・ソバ・オカボなどの雑穀《ざっこく》、モチ・チマキ・オコワなどの粘性《ねんせい》のある穀物、サトイモ・ナガイモなどのイモ類を栽培して、さらにはワラビ・クズ・カシの実などは水に晒《さら》してアク抜きをしています。味噌・納豆などの大豆発酵にも長《た》けてもいた。日本各地のモチ正月やイモ正月の文化はこのような大陸の特徴といろいろつながっていたのです。

こうしたナラ林文化と照葉樹林文化が、次々前後して、北から南から日本列島に入ってきました。当然、日本の社会文化は多重性と多様性をもちました。高床式《たかゆかしき》の穀倉《こくそう》、鵜飼《うかい》の習俗、茶・漆《うるし》・絹・味噌・豆腐を活用したこと、歌垣《うたがき》や鏡餅《かがみもち》を大事にしたこと、また十五夜の祝いや山中他界《さんちゅうたかい》の観念をもったことなどは、いずれも東アジア各地の照葉樹林文化に色濃く共通するものです。———★08

日本人のルーツ▼日本を多角的に見たほうがいいというのは、その依《よ》ってきたるところをずっと追いかけていくと、日本人のルーツが北からも南からも、また大陸からも海洋からもやってきていたことに出所する。そのため、そのそれぞれのルーツや経路によって、言葉づかいも習慣も

好みも異なっている。だいたい七つほどのルートによって日本および日本人が成立したと見ればいいだろう。――★06

こうしてできあがっていく日本は、当然ながら一つの国としてのアイデンティティなどもっていなかったと見たほうがいい。むしろ別々のものがまじりあって進んでいった。――★06

バツ●はじめに「文《あや》」があった。文身《ぶんしん》、すなわち刺青《いれずみ》である。それは、体毛を失い体表模様を喪失《そうしつ》した人間が、みずからを外敵から守るためにどうしても必要とした〝人工の皮膚〟だった。また、部族間の闘争に勝つための呪術《じゅじゅつ》的装飾の第一歩でもあった。これをわが国ではアヤという。アヤとは、本来は線条《せんじょう》がななめに交錯しているさまをさす。その最も単純な原型《アーキタイプ》が「×《ばつ》」である。原始、人々は生まれた赤ン坊の額《ひたい》や胸に×を刻《こく》したものだった。やがてアヤは増殖して綾《あや》となり文様となり、姿を変えて文字となる。文字もまた文《あや》なのである。こうして、「文」から文化も文明も生まれた。日本の縄文も生まれた。――★02

縄文という時代〈一万六五〇〇年前―三〇〇〇年前〉――「原日本」

縄文時代は、ふつう草創期・早期・前期・中期・後期・晩期の六期に分けられる。ざっと一万年におよぶとても重要な「原日本」の進行だ。おそらく草創期には、遺体埋葬がはじまっていて、つづく早期には竪穴式住居が出現した。その竪穴式住居に炉《ろ》が入れられ、貝塚と土偶《どぐう》が出現したことで、はやくも「原観念」が発達したことを指摘することができる。

次の前期はいわば「情報と流行」の開始である。屈葬《くっそう》や耳飾りが流行し、狩猟にはイヌをつかい、土器も円筒《えんとう》で底が平らなものがつくられた。日本列島全体にゆっくりとした原始コミュニケーションが広がった時期だ。次の中期の特色としては「物語の描かれた土器」（小林達雄）をあげることができる。大集落や大型住居が出現して、性神崇拝《すうはい》をはじめとする各種のアニミスティックな信仰が人びとの魂をつないだ。中部地方には蛇文《じゃもん》があらわれ、縄文中期人が〝何か〟を語り継ごうとしていたことがうかがえる。

これが後期に入るといよいよ協業や分業の先駆《せんく》形態となって、呪術用具がさかんにつくられ、共同墓地や環状列石《かんじょうれっせき》などの呪術的社会性の定着があった。「共同体意識」のゆるやかな展示だった。こうして晩期には共同体に強力なリーダーがあらわれ権力が発生する。朝鮮半島からは雑穀の栽培技術が入り、コメやムギをつくる集落さえできはじめた。人びとは文身《イレズミ》をほどこし、死者には鉄丹《てつたん》（酸化鉄による赤い染料）をまいた。「生産と権力の自覚」があきらかに芽生えていた時期である。そこへ、水田耕作の技術が流れこみ、時代は縄文から弥生《やよい》に大きく旋回する。――★02

シンボルとストーリー●縄文社会はルーツのちがう寄合所帯のようなところがあったはずなので、各集落間に共通するシンボルが必要になったのではないでしょうか。それを「カミ」と呼ぶかどうかはわかりませんが、絶対者というほどのすごいものではなくて、生産様式にもとづいた共通のシンボルとして「文様」というものが役に立ったんじゃないかとおもう。そういう意味では、文様も言語だったとおもいます。縄文人は、シンボルとともにストーリーをもっていたはずです。——★02

縄文土器に描かれているあの複雑な文様は、文字のようにいろいろな意味や観念を伝えていた。絵で文章を書いていたようなものだった。——★13

ヤマのイメージ▼古代日本には、縄文期このかた山河《さんが》の隅々に棲《す》み分けられてきた土着イメージの係累《けいるい》と、アジアやポリネシアから到来した人物や文物《ぶんぶつ》による外来イメージの系譜とが、ふたつながら習合しつつ横溢《おういつ》していた。その代表例がヤマという観念にあらわれる。

日本のヤマは一方では神奈備《かんなび》の神体山《しんたいさん》であり、つとに死者が常世《とこよ》に旅立つ山中他界のロケーションとして語られてきたが、他方ではインド発祥の宇宙山としての須弥山《しゅみせん》や、中国発祥の五岳《ごがく》・崑崙《こんろん》・蓬莱《ほうらい》などの、多分に神仙《しんせん》の気韻《きいん》をはらんだ山としても語られてきた。日本のイメージは当初からアジア的混淆性《こんこうせい》の裡《うち》に発酵《はっこう》してきたのであった。これらはまず山川草木のそこかしこに芽生え、やがて聖山と聖水の観念を整えつつ、これをとりまく結界《けっかい》の時空性を発揮した。ついで結界にはシメナワやヨリシロをはじめとする各種の標識《サイン》が出現し、それがのちのヤシロやマツリの構造の基体《きたい》となった。興味深いことは、たとえば鳥居《とりい》の祖型がインドのサンチーやタイ・アカ族のロッコーンに出自しているにもかかわらず、その形態や色彩がまったく独自の展開をみせたことである。「祖型の日本化」のプロセスには、おおむね〝原郷の喪失《そうしつ》〟が伴っていたのである。――★02

稲作文化がさかえる前は、山はまさに日本の原郷だった。――★04

アヅミ……山と海●海に囲まれた山国、それが日本の姿です。このことは日本に渡来した海人族《かいじん》がそのまま海浜《かいひん》に住むのではなくむしろその多くが山間部に入っていって、のちに縄文文化と呼ばれた社会を形成していることにもあらわれています。そのひとつの例が、おそらくは南島伝いに海を越えてやってきたアヅミと呼ばれる海人たちが、まず太平洋側の渥美《あつみ》半島（アヅミ）に上陸し、そのまま内陸に北上して今日の安曇野（アズミノ＝アヅミ）にいたり、さらには穂高《ほたか》にまで達していたことです。

たとえば穂高の山のてっぺんにはホダカノミコト（穂高命）が祀《まつ》られているのですが（社は山麓）、この神は海人族が奉《ほう》じた海神《かいじん》トヨタマヒコ（豊玉彦）の子であり、安曇連《あずみのむらじ》の祖先なのです。かつて日本の山にはマタギと呼ばれる狩人《かりゅうど》や、炭焼小五郎《すみやきこごろう》伝説をもった炭焼き、また木地師《きじし》（木地屋）と呼ばれる木工《もっこう》や竹細工を生業《なりわい》とする人々が渡り住んでいましたが、さらにその前にはこうした縄文文化をつくった先住グループがいたのです。――★04

縄文の多言語世界――物語型情報にはじまる

日本人（縄文人・倭人《わじん》）は石器・縄文時代以来、約一万年にわたって文字をつかわずにコミュニケーションをしていた。もっぱらオラル・コミュニケーションを中心にしつつも、それに文様などを補助ツールとして加えていた。その中身や様式がどういうものかは、残念ながら見当はつかない。縄文土器や竪穴式住居の配置のしかたなどから、いくぶんかのコミュニケーション方式を類推するしかない。

それでもほぼ断言できるのは、そのころから日本人はたくさんの「物語型の情報」を語りあっていただろうということである。このような物語はおそらくは祭祀《さいし》や原始的な儀式のかたちをとって伝えられた。つまり情報の記憶と記録は、祭りの順序や服装の色や模様や歌の様式で保存されたのである。また、おそらくはそのような物語的に情報を伝える専門家もいただろう。いわゆる「語り部」

というもので、のちにフヒト（史人）とかフミベ（史部）などと呼ばれた。

もうひとつ重要なことは、当時の日本列島では一つの言語が交《か》わされていたわけではないだろうということである。そのため、縄文人が移動するたびに、いろいろな言葉が激突したり交《ま》じりあった。後世、このような言葉の混交《こんこう》の光景に出会った人々が、自分たちには理解できない言葉をしゃべる連中のことを「サヘギ」と呼んだことがわかっている。サヘギは「騒がしい連中」という意味で、このサヘギからのちの佐伯氏《さえきし》といった一族も派生した。空海《くうかい》はこの一族である。空海の言語能力はこのサヘギとの出会いから生まれていっただろうとおもわれる。――★05

結ぶ感覚●縄文土器の感覚は、その後の日本民族史上の「美」を語るにあたって、重要なテーマになる。それを「結ぶ感覚」といってもよいとおもう。いわゆる産土《うぶすな》や産霊《むすび》の感覚ですが、それは一万年におよぶ縄文期の周期的なリズムから出たのでしょう。日本人は、縄文の森に覆《おお》われた中で、ほとんど天と大地と海がもたらす狩猟採集の収穫サイクルだけから、何かを考えつづけ、リズムを覚えていった。その後に入ってくる農耕といった、人間が労働をして自然周期にぴったり合わせた労働パターンを繰り返さなくてはならなくなった時期以前に、まずシンプルな大自然のリズム感覚のようなものが育ったのではないかとおもいます。その「リズムをつかむ」ことを「ムスブ」といった。――★02

日本の神話構造の
いちばん奥にあるものが、
この「ムスビ」だった。——★12

共鳴するリズム●そこでは、いわゆる「分割するリズム」は誕生しなくて、「延展《えんてん》するリズム」といってよいとおもいますが、現代ふうにいえば、微分的リズムではなくて、積分的リズムのほうが誕生していたのだとおもいます。それでもパターン性はあって、言葉でいえば、分節をつくる子音《しいん》の少ない、「母音《ぼいん》的な世界」だった。その母音的世界は、分割的ではなくて、何か共鳴するリズムをつくっていた。たとえばひとつの母音があれば、隣の人、あるいは他の集落のもっている母音と共鳴し合っていくようなリズム感だとおもう。そこに水田耕作という集団を分割して分業しなければならない生活システムが入ってきて、日本の美意識も観念も大きく変わったのではないでしょうか。——★02

縄文から弥生へ——日本的なるものの二つの極

縄文文化とそれ以降の文化とはまったく別の民族の文化であるかのようにおもえるほどかけはなれている。それは「日本的なるものの美」を問題としようとする者を困らせる。苛烈《かれつ》な縄文の美を選べば弥生・古墳《こふん》の美は平板に見えてくる。端正な弥生・古墳の美を選べば、縄文の美は邪気《じゃき》にさえ見えてくる。日本の文化と美は、おそらく両者の交互噴出によってこそ、その後の二〇〇〇年を綾《あや》なしたのであろう。――★02

本来、カミとオニは別々のものではなかった。姿をもたずつねに気配の影向《ようごう》のみを感じさせるカミに対し、オニはその成長した霊魂の形姿をとることによって人々を驚かせるという区分があるにすぎなかった。――★02

残響する縄文●日本を見るには地域の差、すなわち空間の差だけではなく、時間の差を見る必要があります。時間の差というのは、最初は縄文生活のスタイルと、そこからずっと遅れて確立する弥生時代のスタイルの時間差にあらわれます。この二つはまったくちがうもので、あとからやってきた弥生スタイルが縄文スタイルをデリートしていくという格好になる。

そうすると縄文スタイルは各地の隅々に追いやられ、いわば日本文化における「後方の観念」というものをひそかに育てるということになってきます。この押しやられた後方の人々が、のちに山人《さんじん》とか鬼《おに》とか土蜘蛛《つちぐも》とかのイメージを付与されていくのです。

けれども、こうした後方のイメージのすべてがネガティブだったかというと、けっしてそういうわけでもなく、たとえば天皇の柩《ひつぎ》を担ぐ八瀬《やせ》の童子《どうじ》が鬼の子孫の伝承をもつように、そこには格別な人々というイメージを付与されました。人々の記憶のどこかに縄文的なるものへの畏怖《いふ》が残っていたのです。――★06

古代大陸ルート▼大陸文化と日本文化をつなぐ古代ルートには主に三種類の「道《みち》」が確定している。北から、ウラル、アルタイをへて満州におよぶステップロード、おなじみの中央アジアを突っ切るシルクロード、ローマからペルシャ湾をへて東南アジアにいたる海上の道を通ってきたガラスロードあるいはセラミックロード。これらはいずれも考古学的に実証されている。このほか思想ルートとしては観音ロードやダルマロードがインドと日本をつなぎ、どんぐりロードや鮨《すし》ロードなどが雲南《うんなん》と日本をつないでいる。――★03

弥生のスタート〈紀元前三〇〇年頃〉――壊された縄文土器

中国で晋《しん》が韓《かん》・趙《ちょう》・魏《ぎ》などに分裂し、戦国時代を迎えたころ、日本で縄文の土器文化が終って弥生土器の時代にとってかわられます。これが稲作の時代のはじまりです。なぜかこのとき縄文土器の多くが壊されて埋められてしまいます。縄文時代がなぜ突然に終わったのかということについてはＡＬＴウイルスのせいだとかいろいろな説があって、まだ真相ははっきりしていません。一方、稲作文化は東北までおよび、田んぼの畝《うね》が「クニ」の語源になったように、ここから日本の国の小さなモデルというものが形になっていきます。——★12

神仙の国▼秦《しん》の始皇帝《しこうてい》が、神仙の国が日本にあるとして徐福《じょふく》を派遣したといわれています。実際に徐福が来たかどうかは別として、弥生以前の縄文時代の日本はかなり穏《おだ》やかな世界に見えていたとおもう。逆にいえば、楽浪郡《らくろうぐん》が開かれて、漢《かん》の官僚制の飛沫がとんできたことは日本にとっては、夢を破られるほどの大事件です。いいかえると、分割支配というものが縄文時代にはなかったのが、だいたい紀元後に「倭《わ》が百余国《ひゃくよこく》に分《わか》れた」という記録がでてくるころから、日本についに分割というかつてない異常な感覚が入ってきた。——★02

青銅器ショック〈紀元前二世紀〉——支配するシンボル

金属については何らの知識もなかったときに、ブロンズの小さな銅鐸《どうたく》だとか、銅剣《どうけん》をみたときに、すごいショックを受けた。縄文時代の模様合わせの世界の中に、その模様合わせを破る強靭《きょうじん》なカルチャー・ショックが登場する。それが青銅器だ。それは鋭利な武器性にも富んでいた。

縄文時代というのは、生命の恐怖だとか輪廻《りんね》の考え方などはない時代だったけれど、縄文人はそれなりに、まず素材のすごさと、縄文のマジック・パワーを破る呪力破りのパワーと、やはり生命の恐怖というものを感じた。そこで初期の素朴な「カミ」のようなものを想定してつくったシンボルの世界が、青銅器をさかいにガラッと支配と被支配の関係のシンボルに変って、ここに鉄の力が加わって、やがて、三種《さんしゅ》の神器《しんき》になるわけです。──★02

縄文ではシンボルの和合と配合によって
ストーリーがおこっていたのに、
青銅器になって競争と争奪戦に変ってしまった。──★02

サナギ◉日本人の魂《たましい》の特質は、それが外側から来臨してくるところにある。折口信夫《おりくちしのぶ》はこれを「外来魂《がいらいこん》」とみなして、タマヨリ（魂寄り）、タマシズメ（魂鎮め）などの日本人特有の精神動向の実態を分析した。サナギはこれらの魂を受信する容器であった。わがアダムとイヴが記紀《きき》神話によってイ・サナギ、イ・サナミと呼ばれているのも、どこかでサナギという言葉が作用していたものとおもわれる。──★01

サナギは銅鐸や鉄鐸《てったく》の「鐸」のこと、小さなサナギはシャーマン（巫者《ふしゃ》）たちがいくつも腰にぶらさげた。やはり内側は空洞です。それを腰や手にしてジャラジャラと音をたてるのが、シャーマンの身に何かのスピリットをもたらす媒介《ばいかい》になりました。サナギは未知の情報の到来を感知するツールだったのです。このサナギは昆虫の「蛹《さなぎ》」にも通じます。蛹も中がからっぽのように見えて、そこからいずれ蝶のような輝くばかりの美しい生命が誕生する。蛹の中に何もなかったようでいて、そこから何かが生じてくるのです。――★08

燕人と越人▼紀元前三世紀あたりは中国北方に燕《えん》が遼東《りょうとう》を占《し》めていて、遼陽《らくよう》に遼東郡をおいています。朝鮮半島・日本海・日本列島の交易をおさえるためでした。秦が燕にとってかわると、遼東郡も秦ルートに変わります。ついで秦が崩壊すると少しの期間だけ燕ルートが復活するのですが、紀元前一九五年に漢帝国が成立して燕を追い散らしてからは、もっぱら漢帝国直轄《ちょっかつ》の交易ネットワークが張りめぐらされていったのです。これが楽浪ほか四郡の設置です。

追い散らされた燕のほうは海側の大同江《だいどうこう》流域に衛氏《えいし》朝鮮をつくり、王険城《おうけんじょう》(平壌)を都《みやこ》にします。弥生晩期の倭人たちがガイジンに交わったのは、この衛氏朝鮮の燕人《えんじん》でしょう。このあと朝鮮半島の各地に拠点が自立し、倭人たちもそれらと交流していくのですが、そこへ大陸江南《こうなん》の稲作農法をもった越人《えつじん》がやってくる。これは照葉樹林文化の日本列島への何度目かの到着です。それとともに漢帝国による華人《かじん》ネットワークも半島から列島のほうに広がっていく。

なぜ極東のはずれの島国にすぎない日本列島がこのような東アジアのネットワーク・パワーの波及の対象になるかというと、列島には倭人の人口が意外に多かったからだとおもわれます。

――★08

水田耕作の定着〈**最古の水田址遺跡は約三〇〇〇年前**〉——**変わる時空意識**

チームをつくらなければ管理できないのが水田です。苗《なえ》を植えてから六か月も待たなければいけないのが稲作です。これは日本の時空間の意識を変えました。風景も食生活も変えていった。さらには、手を加えなければ育たない稲を作ったことで、予祝《よしゅく》の祭りが始まったのです。稲が稔《みの》ってほしいと願う、地震や水害や冷害が来ないようにと祈る日々がはじまったのです。——★12

祈りと稔りが縄文的な日本を大きく変えていった。そこへさらに鉄が入ってくる。——★12

ヤマとシロ●私は、日本の神祇《じんぎ》信仰は山頂・山中の磐座《いわくら》や山あいの磐境《いわさか》に霊力《れいりき》を感じたり、神体山の姿に威力を感じたりしたことに起因しているとおもいます。そうした何かを感じる特定の場所のことを、私たちの祖先は「神奈備《かんなび》」とか「産土《うぶすな》」と呼んできました。何となく神々しい地、厳《おごそ》かな気分になる辺《あた》りという意味でしょう。こうした特定の場所の一角に神籬《ひもろぎ》や榊《さかき》(境木)や注連縄《しめなわ》(標縄)を示し、そこにちょっと「社《やしろ》」をつくったのが、古代的な神社のスタートでした。これは、社という呼称がもとは「屋代《やしろ》」(屋根のある代)であったことからも推測できるように、そこは「代＝シロ」

という考えかたがはたらいていたのです。

シロとは、「代」の文字をあてたことでも推測できるように、何か重要なものの代わりを担っているもののことです。エージェントのことです。たとえば「形代《かたしろ》」とは古語では主に人形《ひとがた》のことをさしますが、これは人の代わりという意味です。土偶や埴輪《はにわ》や雛人形《ひなにんぎょう》は形代です。シロは何かの代理の力をもったものやスペースやそのスペースを象徴するものなのです。日本人は神祇や神奈備や産土を感じる特定の場所に、このシロを用意しました。そして神の来臨を待った。その場所に人格的な神が常住しているとおもったわけではなく、そこにときどき神あるいは神威《しんい》が訪れてくれるというふうに考えたということです。

この神威を「稜威《いつ》」ともいいました。神祇信仰がイザナギやアマテラスやコトシロヌシ（事代主神）といった人格神から始まったわけではないことはしっかり留意しておくべきことです。――★08

一本のヨリシロと一枚の屋根が、
ヤシロを形成する最低の条件である。
ヤシロはまた御屋《みや》（宮）と呼ばれる。
そのミヤがいずれ巨大化してミヤコ（都）をつくった。――★02

苗代と依代●日本の稲作でとくに注目するべきことは、いったん蒔《ま》いた種《たね》を「苗」にして、それをふたたび田植えで移し替えるという方法をとっていることでしょう。私は以前から、日本における「依代《よりしろ》」や「憑坐《よりまし》」や「物実《ものざね》」という考えかたにたいへん興味をもってきました。これらはそこに何かがやってきたり、着いたり、宿ったり、育ったりするとても小さな「座《ざ》」や「棒《ぼう》」や「柵《さく》」のようなものです。

いったい、どうしてこのようなものが多いのかとおもっていたのですが、そのルーツのひとつは「苗」のための「苗代《なえしろ》」にあったのです。

日本の稲作は、東アジアの天水農耕が直播《じかま》きなのに対して、ダイレクトに育てない。いったん苗代という仮の場所に種をまいて、ちょっと育て、その苗を田んぼに移し替えて、それから本格的に育てていく。いわば間接話法です。準備と部分の重視です。だから苗代は、とても大事な「日本という方法」です。それがあることによって、成長が二段階に組み立てられ、やがて育つべきものたちの「幼少性」をいつくしめます。そして、このような農作方法が、おそらく日本の田園というものの根本の単位をつくったのです。――★11

「ハレ」と「ケ」◉古代の日本人は一年のうちで最初に花が咲く「春」という季節をとくにたいせつにしていました。これは稲作文化のなごりです。春がたいせつなら、それに先立つ冬もたいせつになる。もともと「冬」という言葉は、自然や生命の魂がふえるという意味の「殖《ふ》ゆ」という言葉からきています。この冬をへて、しだいに自然や生命の魂のエネルギーが満ちてきて、つぼみが張ってくると「張るの季節」に、すなわち「春」になるのです。やがて収穫の秋がきて、種《たね》が採取され、その種が冬のあいだに熟成して、また春になる。

これが稲作文化を前提にした日本の一年のサイクルです。冬から春へ、春から秋へ、秋から冬へというエネルギーの連続的な移行は、日本人に「ウツロヒ」の感覚を育てます。これは、いいかえれば、冬を「ケ」(褻)とし、春を「ハレ」(晴)として、このケからハレへとエネルギーが循環する構造をもあらわします。ハレとケは非日常性と日常性という意味をもっているのです。これは日本民俗学の根本原理のひとつです。――★04

マツリ●日本人は四季に恵まれた風土の中に、争うようにして多種多様の習俗を入れこみ、これに各地の〝好み〟に応じたカスタムデザインをほどこし、育てあげることにした。その多くは稲作儀礼や出産儀礼の影響の濃い「豊饒《ほうじょう》」をイメージの根幹としているが、そこには日本古来のハレとケのリズムも、つねに息づいていた。これらが離合集散をかさねて世界でもっとも行事の多い国といわれるほどに、マツリの形態を大量発生させた。――★02

竪穴式と高床式▼アジア全体からみると、「竪穴式」が北方系で「高床式」が南方系になっている。

日本にはこの両方が入りこんできた。日本では「竪穴式」が土間《どま》になり、「高床式」がしだいに板敷《いたじき》に進んで、さらに寄棟《よせむね》づくり、切妻《きりづま》づくりというふうに発展する。すべて木と草でつくられた。

――★02

高床式建築の普及――「人の家」と「神の家」

縄文時代、地面を掘りくぼめて床面《ゆかめん》をつくり、これに草ぶきの屋根をぽっかりと伏せた竪穴式住居が生まれた。竪穴式は、弥生・古墳時代を通じて高床式の出現にかかわりなく広く分布する。地方によっては中世、まれには近世まで続いた（伏《ふ》せ庵《あん》）。こうした「土《つち》」に対する執着は、のちには土間として折にふれて日本人の本質的な郷愁を受けもってきた。しかし日本の住宅様式の奔流を決定づけたのは稲作とともに南方ルートで渡来した高床式の出現である。高床は種《たね》もみや穀物の貯蔵にも有効だった。湿気と鼠害《そがい》をのがれる高床は、こうしてクラとしての用途をもちつつ、「人の家」また「神の家」として古代日本を制覇《せいは》する。――★02

「**ここ**」と「**むこう**」●おそらく縄文期に母権的な原始フェミニズムがあったとおもわれます。それがしだいに変質し、奪還《だっかん》されていきます。奪還したのはもっぱら外来の男性中心社会です。また、そのようになったのは外からやってきた農耕民族が強くなったためです。ここに最も基層的な対比である土着と外来の対比、別の言葉でいえば「ここで」(here)と「むこうから」(there)という社会的対比がおこります。――★04

日本化現象がおこった最大の要因は、気象風土のうつろいやすさと変化に富んだ景観にあった。――★02

階級とカミ◉弥生時代は水稲《すいとう》を栽培する農業社会であり、そこに支配層が持ちうる金属器が加わって社会観をつくった。この社会は「階級」を発生させ、支配する者と支配される者のあいだに線を引きはじめたのである。このことはそうした支配者と被支配者の両者をさらに君臨《くんりん》する者、いいかえれば支配者のためのさらなる絶対者としての「カミ」を生むことにもなった。今日知られる日本神話の原型が弥生の稲作時代に準備されていたことは、ほぼ定説になっている。日本は次第に「絶対なるもの」を求めはじめたのだった。――★02

ウツワ◉ウツワ。漢字では「器」という象形《しょうけい》をあてる。その文字には口(サイ)が四つもついている。これは呪力に充ちた祝告《しゅくこく》が激しく祈りたてられているさまである。それゆえ本来の「器」は、その中に祝告を封《ふう》じておくための祭祀具であったらしいことが予想される。

一方、日本語のウツワという言葉は、ウツという語根《ごこん》からつくられてきた。ウツとは「空または全」を意味する古代で最も重要な観念のひとつで、エネルギーがまったく取り払われているか、あるいは逆にエネルギーが充実していくための原基の状態のことをさす。つまり、カラッポのものではあるが、そこにはいつか大切なものが充満するであろうようなもの、それがウツワというものだった。――★02

縄文土器にみられる苛烈な情熱に充ちたウツワの形態が、弥生土器では
まったく姿を消して、簡素で端正な形態になってしまう。
おそらくウツワにこめられるべきエネルギーの意味が、
ふたつの時代をまたぐあいだに変質を迫られたのだろう。――★02

ウツ・ウツツ・ウツロイ●ウツ（空）からはウツツ（現）が派生します。ウツツとはあきらかな現実のことです。夢の世界に対して目が覚めている状態がウツツです。「うつつの人」といえば生きて現にいる人のことであり、「うつつごころ」といえば現実に立脚したしっかりした気持ちのことをさしました。このウツとウツツのあいだにはウツロイがあるのです。

まず、空洞のようなウツがある。そこには何もない。少なくともそう感じられる。そこから何かの折にウツロイが出てくる。そのウツロイを追っていると、どこかからかウツツになって

いるのです。非現実のウツはウツロイをへて現実のウツツになっていくのです。いいかえれば、どんなウツツの現実ももとはといえばウツロイのひとつの結着であって、そのウツロイのもとをただせばウツなるものだったということになります。「無《む》」はいつのまにか「有《ゆう》」になっているのです。――★08

ウツロイと神々●日本は四季のウツロイをもった風土です。このような風土のなかでは神はできるだけ澄《す》んだものでなければなりません。澄んでいなければ注意がゆきとどかない。それでは「澄みません」になる。つまり清明心《せいめいしん》をもつこと、微妙な情報に敏感であること、それが本来の日本の神祇の感覚であり、同時に森や里山《さとやま》という環境での日本人の判断力の源泉だったのです。こうしたことは、日本の神々がちょっとした空気の澄み濁《にご》りをきっかけにやってくるのだという考えかたにつながります。こうして日本には、神は「客なる神」だという見方が定着していったのでした。――★08

カミは気配を伴って訪れる。姿は見えないが、
風に吹かれた音を連れてくる。
これがオトヅレである。――★02

フミとクニと仏

漢委奴国王印〈一世紀前後〉——文字がやって来る

いつ、どのように文字（漢字）がやってきたのかは、まだ考古資料があかさない。漢の王莽《おうもう》時代の貨泉《かせん》が九州に出土していることや、光武帝《こうぶてい》からの印綬《いんじゅ》「漢委奴国王《かんのわのなのこくおう》」の金印の例などから、おそらく一世紀前後の弥生文化期には大陸からの文字の弾頭が列島に届いていたのだろう。——★02

漢委奴国▼中国では時代ごとに王朝が変わる。倭人にとって大きかったのは漢（前漢《ぜんかん》）が衰弱して後漢《ごかん》になったことだ。弥生晩期の一世紀のこと、光武帝が君臨して東アジアに力を及ぼした。四四年に朝鮮半島の廉斯《れんし》の蘇馬諟《そばし》が楽浪に入貢《にゅうこう》し、「漢廉斯邑君《かんれんしゆうくん》」として楽浪郡に所属することになった。その約一〇年後の五七年「倭の奴《な》の国王」が入貢し、例の「漢委奴国王」の金印をもらった。小さな金印は、倭人グループの一人のリーダーに与えられたものである。このとき朝鮮のリーダーは「邑君《ゆうくん》」と、倭のリーダーは「国王」と呼ばれていた。国王とは中国から見て異民族の王、すなわち外臣《がいしん》ということをさす。このちがいはのちのちまで朝鮮と日本の位置づけをゆさぶっ

ていくことになる。——★08

音声と文字のあいだ◉文字のない日本人のボーカリゼーション（音声言語）のみの世界観が、中国から輸入した漢字にぴったりあてはまるわけはない。そこにはどうしても文字表現だけではこめられない「もの」が出てくる。その音声と文字との間に残響している「もの」が、やがてコトダマとか枕詞《まくらことば》や掛詞《かけことば》になり、「ものがたり」になった。——★02

日本の情報文化の歴史は、縄文期の形態文様の競いの中に発芽し、漢字の導入によって最初のクライマックスを迎えている。——★05

日本語の謎◉最近の学説では、弥生時代から古墳時代までのあいだだけで、数十万人に近い移住者が日本にやってきたと考えられている。渡来人《とらいじん》である。ここで驚くべきことがおこった。第一には、日本列島は外来語に席巻されなかったということだ。第二に、そのような外来語は古来の日本語（倭語《わご》）と交《ま》じり、独自の言語構造に育っていった。そして第三に、その言語構造に漢字システムを応用した独自の文字表記システムがあてはまっていったということである。これがいわゆる万葉仮名《まんようがな》というものだった。この三つの出来事が踵《きびす》を接しておこった理由はまだわかっ

ていない。——★05

農具の鉄器化〈二世紀〉と製鉄のはじまり〈六世紀〉——自立に向う倭人文化圏

鉄製品の利用は第一に農耕具、第二に工具としてのはたらきをもつ。しかし、それだけではない。第三には戦いのための武具として、第四にはリーダーの象徴《レガリア》という四つの側面をもっていた。東アジアにおける鉄器の広がりにはすさまじいものがある。紀元前三世紀ごろから朝鮮半島南部の洛東江《らくとうこう》流域などで鉄器の製造がさかんになり、そこでつくられた鉄器が最初に九州に渡って、それが列島の弥生文化圏に波及し、二世紀ごろには農具のほとんどが鉄器化されている。六世紀になると、日本でも製鉄が始まり、中国地方の「たたら」でつくられた鉄が流通しはじめる。倭人の文化圏が大陸からだんだん自立していくのである。——★12

三国時代と邪馬台国▼後漢が滅びると、中国は『三国志《さんごくし》』の三国時代に入ります。三世紀、その三国のひとつの魏が隆盛しているとき、卑弥呼《ひみこ》の邪馬台国《やまたいこく》が栄えます。そこで二三九年、卑弥呼の使者の難升米《なしめ》らが魏に入貢して、例の「親魏倭王《しんぎわおう》」の金印紫綬《きんいんしじゅ》をもらいます。この称号は中国の外臣のなかでは大月氏《おおげつし》(インド)と邪馬台国だけに与えられたものです。倭の力はまあまあ認められていたのです。一方、朝鮮半島では西南部に韓族《かんぞく》がたくさんの小国をつくりました。まとめて馬韓《ばかん》・辰韓《しんかん》・弁韓《べんかん》です。日本列島でもこのころ出雲《いずも》王朝のようなクニがいくつかできつつあったでしょう。しかし三世紀も後半になると、中国が混乱していきます。日本は東アジア・グローバリズムの独楽《こま》でした。——★08

「魏志倭人伝」〈280—297〉の日本——文様の縄文と織物の弥生

三世紀の西日本の状態を伝える「魏志倭人伝《ぎしわじんでん》」には、「禾稲《かとう》、紵麻《ちょま》を種《う》え、蚕桑緝積《さんそうしゅうせき》し、細紵《さいちょ》、縑緜《けんめん》を出《いだ》す」とある。すでに縄文のエネルギッシュな呪力が衰え、代って稲作の豊饒を祈る象徴主義が誕生し、紵麻や大麻《たいま》による四、五〇センチ幅の布《ぬの》が出現し、養蚕による絹織物がスタートしていたことがうかがえる。袈裟衣《けさごろも》や貫頭衣《かんとうい》を常用しはじめていた時代なのである。ここに〝文様の縄文〟と〝織物の弥生〟ともいうべき二大要素が出揃《でそろ》った。以降、日本の着物と文様の歴史は、原則的にはこの二大要素の多様な組みあわせによって進むことになる。——★02

キモノとムスビ●日本には、南方から「編《あ》む技術」が、大陸から「織《お》る技術」が到来した。平織《ひらおり》と綾織《あやおり》も並存的に発達した。しかし、日本の多湿な風土にふさわしく定着したのは平織文化のほうだった。平織の布地はななめや曲線による截断《さいだん》をすると切り口がほつれるために、いきおい直線截《ちょくせんだ》ちになる。これが〝キモノ〟のかたちをつくった。この直線的な布地を着こなすべく、一方では布地を体にあわせるための多種多様な紐《ひも》が用いられ、しばしば日本古来の「結《むす》び」の観念に呼応していった。

日本のキモノ文化は紐結びによる「ムスビ（産霊）の文化」でもある。それは、各地の葬礼《そうれい》や擬死再生儀礼《ぎしさいせいぎれい》ともあいまって、「魂《たましい》をふるい立たせたり鎮《しず》めたりする衣《ころも》」という考え方をわれわれに植えつけた。古代貴族社会は、こうした観念技術を背景にもつ衣冠束帯《いかんそくたい》の体制文化にほかならない。――★02

今日なお、キモノが「形見《かたみ》」として重視されるのは、キモノには魂の形が残響していると考えられたからである。――★02

天孫降臨●天孫降臨《てんそんこうりん》神話で、日向《ひゅうが》や高千穂《たかちほ》に降臨してきた神々というのは、このくらいの時期（三世紀）に朝鮮半島から来た人々や、それらと交《ま》じりあった倭人のリーダーたちではないかと考えられる。――★12

邪馬台国から大和朝廷へ〈三世紀〉――北九州部族集団

歴史は最初の記録された絶対支配者として邪馬台国の卑弥呼をあげる。しかし当時はまだ群小国家が乱立して競いあっていた時期だった。これらの真の統一のためには、もう一時代を待たなければばならない。のちの『古事記《こじき》』や『日本書紀《にほんしょき》』が記《しる》した崇神《すじん》天皇（十代）あるいは応神《おうじん》天皇（十五代）による日本征圧だ。これが大陸や朝鮮半島からやってきた北方騎馬民族によるものであったかどうか、まだ真偽《しんぎ》のほどはあきらかになってはいない。けれども、畿内《きない》につくられた統一大和朝廷《やまとちょうてい》の主人公が、もともと畿内にいた豪族ではなく、北九州からきた部族集団の一族であったことはほぼ確実だ。そしてまた、その一族から仁徳《にんとく》天皇（十六代）や倭の五王《ごおう》と呼ばれる天皇一族が誕生したこともあきらかだ。――――★02

卑弥呼と崇神●卑弥呼についてはそれこそ数々の仮説がでているが、最近は卑弥呼をヤマトトトヒモモソヒメ（百襲姫）に擬定《ぎてい》する説が流行していて、その奥で実務政治をおこなっていたのが崇神天皇ことミマキイリヒコではなかったかともいわれる。奈良の箸墓《はしはか》も卑弥呼の墓ではないかというのだ。――――★09

崇神天皇〈三―四世紀?〉と日本統一事業――ヤマトタケルの「活躍」

今日の神話研究や歴史研究では、神武《じんむ》天皇とそのあとにつづく八代の天皇は「欠史八代《けっしはちだい》」といわれていて、実在が疑わしい。神武・綏靖《すいぜい》（二代）から孝元《こうげん》（八代）・開化《かいか》（九代）まで、フィクションだと考えられている。それで、十代目の崇神天皇ことミマキイリヒコから実在天皇の歴史がはじまったのではないか、ということになっている。崇神も、神武と同じにハックニシラススメラミコトと書かれているが、崇神こそ日本の最初の祭祀王としてのスメラミコトだという説が有力になってきた。この崇神天皇は各地に吉備津彦《きびつひこ》らの四道将軍《しどうしょうぐん》を派遣するなどして、周辺を征圧しようとしたらしいが、ただし、どうも治めきれていない。そこで次の垂仁《すいにん》（十一代）と景行《けいこう》（十二代）がその衣鉢《いはつ》を継ぎ、統一事業を進めた。このとき景行天皇の皇子のヤマトタケルが活躍する。ヤマトタケルは九州でクマソタケルを討ち、出雲でイズモタケルを討ったというふうになっている。――★12

出雲王朝●どうやら出雲にはかなり力をもったリーダーがいたらしい。それゆえ大和朝廷が日本を治めていくには、その出雲のリーダーと何らかの話をつけていく必要があった。それがオオクニヌシの「国譲《くにゆず》り」という神話になって残っているのではないか。こういう地域リーダーは出雲にだけいたのではなく、北九州にも吉備《きび》にも近江にも紀州にもかなり強大な力をもったリーダーがいた。――★12

五胡十六国と朝鮮▼四世紀は、北方の遊牧民たちが中国市場に流れこんでくる五胡十六国《ごこじゅうろっこく》の時代です。華人の国は晋が江南に追われて東晋《とうしん》になったように、不安定な情勢は朝鮮半島にも影響を及ぼします。最初に北方の激変に乗じて高句麗《こうくり》がおこり、それに呼応して半島南部の新羅《しらぎ》や百済《くだら》が勃興《ぼっこう》する。そこに抜け目なく倭人たちの出張活動が加わった。そのことを証《あか》しているのが「広開土王碑《こうかいどおうひ》」の文面です。高句麗・新羅・百済・倭が四つ巴《よどもえ》になっていったのです。多くの渡来人が北九州や能登《のと》半島から列島各地に入っていったでしょう。倭韓《わかん》がしだいに交じっているのです。――★08

日本の古代史は、朝鮮半島とかなりの部分の重なりをもったまま、しだいに日本化を進めていったと考えるべきです。だからこそここに、なかなかほどけない結び目がある。――★12

漢字の定着〈四世紀〉と七支刀――日本語化の苦闘

四世紀になると、ぞくぞくと海を渡ってきた渡来人グループによって、もはや断片的な文字ではなく、主語述語をそなえた一群の文字団が大和朝廷やその周辺にもたらされる。記紀が示す応神天皇一五年（五世紀）の百済の学者阿直岐《あらき》が献上したという横刀《たち》は、いまでは石上神宮《いそのかみじんぐう》にある七支刀《しちしとう》にあたると同定されているが、その刀身に金象嵌《きんぞうがん》されている文字と内容は、こうした状況をあかすひとつの実証例である。しかしこうしてもたらされた漢文《かんぶん》は、およそ縄文以来の日本語のオラル・コミュニケーションの世界とは似ても似つかぬものだった。ここにいよいよ漢字一字一音を日本語にあてはめるという想像を絶する苦心が開始した。――★02

漢字表記のテクノロジー▼漢字一字一音を日本語に最初にあてはめた史料は、日本にはなく中国にある。『三国志』魏志倭人伝にみえる「卑弥呼《ひみこ》」「邪馬台《やまと》」などの例こそ、中国側の史官《しかん》が聞きなれぬ日本語音を前に、漢字の表意性を捨ててしまった最初の例だった。それはボーディサットヴァというインド語音を「菩薩《ぼさつ》」とあてる手法を開発していた卓抜《たくばつ》な中国翻訳技術が、日本文化史にもたらした最大のヒントであったといってよい。こうした背景をもとに、渡来人およびその周辺の土着のコミュニケーターにより、漢字漢文方式の中に少しずつ日本語が混入されはじめた。このような試行の顛末《てんまつ》を、太安万侶《おおのやすまろ》は「上古《じょうこ》の時、言意《ことばこころ》ならびに朴《すなほ》にして、文《ふみ》を敷《し》き句《く》を構《かま》ふること、字《じ》に於《お》きてすなはち難《かた》し」（古事記序《こじきじょ》）と述べ、自分としては「あるいは一句の中に音訓を交《まじ》え用《もち》い、あるいは一事《いちじ》の内《うち》に全く訓をもって録《しる》した」と綴ったものだった。——★02

「伴」と「部」〈四—五世紀〉の組織観——品部へ

「伴《とも》」というのは一定の居住空間で仲間が共同しながら仕事をしていく組織のメンバーのありかたのことをいいます。もうひとつの「部《べ》」は人々を居住空間から引き離して一定の場所に集め、そこで集中して仕事を完遂《かんすい》する組織のメンバーのありかたをさします。「伴」は古来の日本から継続していたものであり、「部」はだいたい四世紀から五世紀にかけて新しく入ってきた技術集団による組織観です。ところがそのうち、日本人はこの二つの「伴」と「部」の特色をまぜはじめ、「品部《ともべ》」といった職能性や組織性をフュージョンする集団をつくっていきました。別々のコードをつかって新たなモードにしてしまったわけです。――★06

もともと海外から社会文化のコード（要素）を輸入して、これを和漢折衷ないしは和漢並立などの新たなモード（様子）に編集するのが得意な日本文化である。――★05

神功皇后伝説◉神功皇后《じんぐうこうごう》については、いわゆる三韓征伐《さんかんせいばつ》とか新羅征伐という奇妙なフィクションのような話が、明治・大正・昭和までずっと伝えられてきました。神功皇后が新羅に行ったという話は、どう考えたらいいのか。攻め込んだとも考えられるけれど、神功皇后のルーツが新羅からやってきた一族ではなかったかとも考えられます。少なくとも、どこかで密接な関係をもっていたでしょう。この神功皇后が生んだのが、実質上の日本統一をはたした天皇とおぼしい、つまり大和朝廷の基盤を確立したとみなされている応神天皇（十五代）です。――★12

須恵器伝来〈五世紀〉――食器とされなかったヤキモノ
縄文土器や弥生土器は轆轤《ろくろ》や窯《かま》をつかわない野焼による焼成《しょうせい》であるが、これが古墳時代の須恵器《すえき》になると轆轤と窯が登場する。中国あるいは朝鮮半島から専門の技術者が渡来して指導した成果であった。その起源は三国時代の朝鮮土器をへて、古代中国の灰陶《かいとう》や黒陶《こくとう》にまで遡《さかのぼ》る。しかし日本人は、須恵器を「斎瓮《いわいべ》」とか「祝部《いわいべ》」とかと呼んで、ウツワを格別な神器《しんき》としてのみ扱うことを続けた。一般の食器にはこうしたヤキモノがつかわれることはなかった。——★02

大和磐余稚桜宮〈五世紀〉——「神の庭」から「都」へ

神武四年、鳥見《とりみ》の山中に霊畤《れいじ》をつくり皇祖《こうそ》の天神《てんじん》をまつったという。霊畤とは、古代中国の皇帝が泰山《たいざん》の山頂で封禅《ほうぜん》をするための祭祀の庭である。これが本当だとすれば、鳥見の霊畤が日本最古の庭ということになるが、おそらくは『日本書紀』の編纂者《へんさんしゃ》が、古代中国の記述を借りて神武記にこれを擬《ぎ》したのであろう。

しかし、実際にもかなり古くからさまざまの「神の庭」はあったとおもわれる。三輪山《みわさん》山頂にのこる巨大な磐座をはじめとする各地の神域は、そうした最初の庭の名残りであり、そういう意味では日本の庭は、まず「神の降ります庭」からはじまった。「神の庭」はやがて山中から平地に降り、中央政権のマツリゴトの中心である「宮《みや》の庭」を形成する。これがいわゆる「都《みやこ》」（宮処）であった。これ以降、天皇の行宮《あんぐう》するところ、大なり小なりの庭が出現したといってよい。なかでも五世紀の履中《りちゅう》天皇（十七代）の大和磐余稚桜宮《やまといわれわかざくらのみや》は、池をつくり両枝舟《ふたまたぶね》を浮かべていたことで有名である。——★02

日本列島そのものが海に浮かぶ島であり、海の中の小さな庭であった。「国」というものが、そもそも「庭」の見立てであったのかもしれない。——★06

庭と市●もともと日本には三つの庭がありました。これを「神庭《こうにわ》」「斎庭《いつきのにわ》」「市庭《いちば》」というふうに見ておきます。神庭は神が降りてくる庭で、そこに結界《けっかい》が生じ、祭祀がおこなわれます。たいていは常緑の一本の木(依代)が立っている。そうすると、そこに神が降りてくる。この神庭の構造をモデル化したもの、それがヒモロギ(神籬)です。

斎庭は、そこで浄《きよ》めたり、籠《こ》もったり、神聖な裁きを待つところです。「斎《いっ》く」とか「斎《い》む」というのはいささか難しい古代語で、基本的には清浄にして神との交流を求めることなのですが、そこから転じて大事を守るとか、大事に仕《つか》えるとか、そのために穢《けが》れを遠ざける、あるいは禁忌《きんき》をたてるという意味にもなって、さらに転じていわゆる〝お白州〟のような場所をも示しました。この斎庭のモデルは能舞台にも生きています。

市庭は、これそこが日本のマーケットの原型で、そこでこそ売買や取引がされた。いま「市場《いちば》」といわれているものにほかなりません。かつては虹《にじ》が立つところに市が立つというしきたりもあったので、そのため藤原氏は自分の屋敷の庭まで提供したことがあったものです。

網野善彦《あみのよしひこ》氏が強調する「無縁《むえん》」や「楽《らく》」とはまさにこのような市《いち》のことで、中世ネットワーカーが有主《うしゅ》の縁《えん》を切って自由販売をしたところ、それが無縁・楽という市庭でした。――★06

「倭の五王」〈五世紀〉――国家未満の日本と自立の鍵

「倭の五王」をもって、あるいはそのラストランナーとなった第二十一代天皇の雄略《ゆうりゃく》をもって日本誕生が成立したとはいいがたく、日本自立がなされたとも、まだいいがたい。雄略が「大王＝オオキミ」の一人であったことは動かないけれど、また倭国が東アジア社会でおおむね認知されていることは確定的であろうが、この大王によって統一がはたされたとはなお認めがたいのだ。朝鮮半島との同盟と確執のしがらみもまだまだ続くのだし、任那四県《みまなよんけん》の百済への割譲《かつじょう》もこのあとにおこる。

それに国として自立するというには何らの律令《りつりょう》や条例がなく、ナショナル・イデオロギーとなるべき方針もない。われわれの祖国にそうした国家形成の種子《しゅし》となるべきものが入ってくるのは、少なくとも五一三年に百済から五経博士《ごきょうはかせ》が来たのちのこと、さらには五五二年に百済の聖明王《せいめいおう》（聖王《せいおう》）のはからいで仏教がやってきてのちのことである。日本自立というなら、このあと、倭王《わおう》たちが一世紀にわたって中国への朝貢《ちょうこう》をしなくなるのであるが、その六世紀中の変遷《へんせん》のほうにこそ自立の鍵がある。――★09

継体天皇の出現〈507〉と遣隋使〈607〉――「日本」を準備する一〇〇年

日本がまだ倭国と呼ばれていたころ、越前・近江を本拠とする男大迹王《をほどのおおきみ》が河内《かわち》・山背《やましろ》に勢力をのばし、やがて時の実力者大伴金村《おおとものかなむら》に迎えられて大和《やまと》に入った。大和政権を刷新《さっしん》する古代の新しい大王、継体《けいたい》天皇（二十六代）の出現である。これが五〇七年のことだった。

そのちょうど一〇〇年後の六〇七年、蘇我馬子《そがのうまこ》に擁立《ようりつ》された聖徳太子《しょうとくたいし》が小野妹子《おののいもこ》を随《ずい》に送っている。この一〇〇年間こそ真に「日本」が準備された時期である。各地に屯倉《みやけ》が設けられた。氏姓制度がととのい、各種の生産体制が検討された。ミヤコの体裁が考慮され、道がのびた。言葉《ミコト》がその道を行きかった。多くの渡来人がやってきて、生産技術とともに観念技術をもたらした。そして、仏教がどっと流れこんできた。かくして大伴《おおとも》氏の時代が終り、蘇我氏の時代になっていく。最小国家としての「日本」は、ここにはじまったのである。――★02

継体天皇というのは、いまの天皇の直接のルーツです。アマテラスでもなく崇神でもなく雄略でもなく、継体天皇が直近のルーツなのです。――★12

アジアとマンダラ▼ガンジスの森に芽生えたヒンドゥー教や仏教は多神多仏的になりました。これは森には雨期があっていたずらに動けないこと、森の四方八方にはさまざまな現象や情報の多様性が待っていることに起因しています。

森林型の日々では拙速《せっそく》や浅慮《せんりょ》は禁物です。むしろ周囲からたくさんの知識を聞き、動物に詳《くわ》しい者の意見、キノコに詳しい意見、毒に詳しい意見、洪水に詳しい意見などをマンダラ的に組み合わせる必要がある。そして時機を待つ必要がある。焦《あせ》って動けばかえって事態が悪化する危険性があるのです。そのあいだはじっとしていられる気持ちをもつ必要もあります。このようなアジア的な森林型の環境に、ヨーガや座禅やマンダラが発祥していったのは、当然のことです。座禅は焦らずに時機を待って熟考することを、マンダラは情報を多方から収集してその専門家を配列することを示します。こうしてアジアには多義集合的な社会文化が広がっていきました。——★08

仏教密伝〈四―六世紀〉——もうひとつのイデオロギー

仏教はふつうは経伝《きょうでん》ですが、経伝とともに必ず密伝《みつでん》というものがある。歴史のおもしろいところは、この両者のあいだにつねにズレがあることです。そのズレぐあいを測っていくと、なぜ経伝がつくられ、密伝が派生していったかということが見えてきます。ナショナル・イデオロギーとパーソナル・イデオロギー、あるいはメジャー・イデオロギーとマイナー・イデオロギーとの闘いという構図が浮かびあがってくる。日本への仏教伝来は五三〇年からだいたい五五二年あたりの欽明《きんめい》天皇（二十九代）時代だといわれていますが、それよりも早く密伝の方が伝来していました。おそらく日本には、華厳《けごん》的なるものと密教《みっきょう》的なるもの、それに加えて私的な禅的なものがそれぞれのルートによって入りこんできたのだと考えられます。――★04

密教と禅●密教的なるものは修験《しゅげん》の一種として日本の山岳地帯で発達します。これを「雑密《ぞうみつ》」といいます。その伝わり方は大乗《だいじょう》仏教の伝え方とはまったくちがい、一人一人の性格や心情に応じて入ってくる。一方、禅的なるものは、鎌倉時代の栄西《えいさい》と道元《どうげん》が伝えたとはされるものの、もっと個別的な禅は早くも聖徳太子の時代には入っていたようにおもいます。「世間虚仮《せけんこけ》・唯仏是真《ゆいぶつぜしん》」の強烈なニヒリズムはまさしく禅的です。――★04

仏教公伝〈六世紀中頃〉――神仏を同視する

六世紀、欽明天皇は百済から献上された金銅仏《こんどうぶつ》や経典を前に、おおいにとまどった。神々と仏はどちらが霊力があるのか。古代日本人は大いに考えこんだにちがいない。すでに各地には祖霊崇拝《それいすうはい》的信仰が先行していた時代だった。この時点では、まだ「氏神《うじがみ》」が仏法に先行していた。ところがそれが次の用明《ようめい》天皇の代になると、はやくも「天皇《すめらみこと》　仏法を信《う》けたまひ神道《しんとう》を尊《とうと》ひたまふ」（『日本書紀』）という神仏同視がはじまった。つづく聖徳太子の代では、「氏神」の社《やしろ》より「氏寺《うじでら》」が選択されるにい

たった。太子が父君用明天皇の追善《ついぜん》と鎮魂《ちんこん》のために建てたのは、神社ではなく法隆寺《ほうりゅうじ》であった。——★02

人格神との出会い◉大王《おおきみ》に統括された豪族社会と氏族社会が登場し、海を渡って今来《いまき》の仏像が日本列島に到来すると、日本人（倭人）は初めて人格神に出会います。欽明天皇が「端厳《きらきら》し」という感想をもらした百済の聖明王から贈られた仏像は、まことに小さな像ですが、まさに人の形をしていました。こんなものは一度も見たことがない。そこでその仏像を「蕃神」とも「漢神」とも呼びました。両方ともカラカミとか「あだしくにのかみ」と読みます。韓《から》の国あるいは漢《かん》の国から来た神というニュアンスです。つまり、「よその神」という意味です。仏とはおもっていなかったのです。——★08

面影だけ。それが日本の神の本質です。——★08

渡来人▼日本が「倭国」であったころから、百済や新羅などと日本は密接な関係にありました。ときにはその一部と同盟的であったり、また一緒の国のような動きをしていたこともあります。儒教《じゅきょう》も仏教も、当時のハイテク技術も呪術のようなものも、たいていは朝鮮半島から入ってきました。仏像をもたらしてくれたのは百済の聖明王です。

こういうぐあいだったのだから、古代日本と古代朝鮮の関係はアジアの端にあって、一種のシーソーのようになっていたはずです。なにより、たくさんの人々が日本列島に入って住みはじめます。また半島にも行っています。蘇我氏や秦《はた》氏はそういう部族でしょう。かつてそういう人々を「帰化人《きかじん》」といい、その後はこの言葉はよくないというので「渡来人」というふうになったのですが、両方ともぴったりこない。むしろ「一部がまざっている」といったほうがいいのではないかとおもいます。ハイブリッド日本が進捗《しんちょく》していったのです。――★11

六世紀に流入し、また芽生えた祖型現象の大半は、その後の日本文化のそこかしこで噴出する。――★02

六世紀に到来したもの――観念技術と生産技術

最初から仏教の力が他を圧したわけではなかった。物部《もののべ》氏と蘇我氏の抗争にみられるように、六世紀はあらゆる文化・思想・技術の祖型が渡来し、また吹き出た時期だった。渡来してきたのは儒教であり道教《どうきょう》であり、またさまざまの呪法と技法であった。これら観念技術および生産技術にかかわる渡来人（今来《いまき》の才伎《てひと》）に刺激され、縄文・弥生以来の土着の呪法や技法も喚起されて各処に吹き出てきた。物部と蘇我の抗争はそれらのあいだにおこった最大ではあるが、ひとつの例にすぎない。

★02

蘇我物部抗争〈587〉と聖徳太子——「三宝の奴」

有力部族であった蘇我稲目《そがのいなめ》の一族が飛鳥《あすか》の地に仏像を安置することになると、各地各氏族の神祇《じんぎ》信仰を集めて勢力を伸ばそうとしていた物部尾輿《もののべのおこし》の一族とのあいだに対立がおこり、よく知られているように蘇我氏が優位となって、その制圧力が広がります。つづいて聖徳太子が仏教こそは国の「三宝《さんぽう》」(仏《ぶっ》・法《ぽう》・僧《そう》)になると認めるに及んでからは、こののち日本の為政者はことごとく鎮護《ちんご》仏教国家のもとの「三宝の奴《やっこ》」(聖武《しょうむ》天皇)となりました。蕃神《ばんしん》の像は仏像というものだ、仏教という教えにもとづくものだということもわかってきて、仏《ほとけ》という発音をとって「浮屠《ふと》」とか「浮図宗《ふとしゅう》」というふうに呼んだり綴ったりするようにもなっていきます。——★08

言葉の戦争◉古代史は部族間の武力と表現力の抗争の歴史だ。六世紀後半を象徴する大伴・物部・蘇我三氏の武力抗争は、そのまま神や仏をめぐる表現力抗争でもあった。「力《ちから》」と「武《ぶ》」の優劣は、つねに「美《び》」と「文《ぶん》」の優劣によっても争われた。たとえば一基の塔は、力のシンボルであるとともに美のシンボルであり、その塔をめぐる「文」は文化性・文様性のシンボルでもあった。古代史はそれらを同時に表現する。そしてそれはまた久しく文字をもっていなかった日本において

は「言葉の戦争」にもなった。——★02

日本語の国へ◉渡来文化は仏教をはじめ、必ず文字文化を伴っていた。漢字文化である。すでにコトダマの感覚をきずきあげつつあった日本人は、このはげしい象形性と音韻性をもつ漢字に遭遇《そうぐう》してその定着力に驚き、新しい文字表現様式を生み出そうとした。

ミコトに文字があてはめられると、それは法律になった。カタリに文字があてはめられると、それは歴史になった。日本が急速に国家としての体面を整えた原動力のひとつには、こうした文字言語世界の確立に対する古代日本人の強い憧憬《しょうけい》が認められる。——★02

口頭《こうとう》文化から文字文化への想像を絶する工夫の歴史がやがて万葉仮名として結実し、日本は「日本語の国」となった。——★02

古代仏教の展開——氏族仏教から仏教国家へ

各豪族が氏寺を建てるという氏族仏教が流行し、蘇我氏の法興寺《ほうこうじ》（飛鳥寺《あすかでら》）をはじめ、巨勢《こせ》氏の巨勢寺《こせでら》、葛城《かつらぎ》氏の葛城寺《かつらぎでら》、紀《きの》氏の紀寺《きのてら》、秦氏の蜂岡寺《はちおかでら》（広隆寺《こうりゅうじ》）、藤原氏の山階寺《やましなでら》（興福寺《こうふくじ》）などが次々に発願《ほつがん》建寺《けんじ》されました。

寺がこのようにふえてくると、その寺院《じいん》塔頭《たっちゅう》に居住勤務する僧侶や尼僧《にそう》を管理するための規約が必要になります。また、その階位には僧正《そうじょう》・僧都《そうず》・律師《りっし》といったクラシフィケーションがなされ、服装制などにも区別が生じていきます。こうして、これらの寺々の上位に大官大寺《だいかんだいじ》が建てられるようになり、多くの政治的局面が鎮護仏教のシステムに組み入れられることになっていくのです。まさに日本における仏教国家というヴィジョンとシステムの出現でした。——★08

仏教と神事的な世界●日本には、もともと土着的な宗教的世界があります。それを宗教的世界観と呼べるかどうかはさておくとしても、それは各地の土地の力と結びついた「多神」の世界です。たぶんにアニミスティックでシャーマニックな要素の濃いものです。このような多神による考え方は日本独特な組み合わせはありながらも、同時にどこかで神仙的タオイズムの影響をかなり受けています。

けれども、神をあがめる考え方を国家方針にとりこむには早すぎたようです。物部氏による崇神《すうじん》思想は蘇我氏が戦略の中心にもってきた新参の仏教システムによって排斥《はいせき》されてしまいます。けれども実は、神事的な世界は決して壊滅してしまうことはなく、散っていきながらも雑密《ぞうみつ》をくわえこんでいったのです。多くは山岳に逃げたり、あるいは漂泊《ひょうはく》の芸能民になりながら、やがて日本の芸能史の流れを歴史の底のほうから支えつづける人々に継承されていったのです。

——★04

万葉の国家構想

七世紀の五つのステージ――飛鳥と白鳳

七世紀は、①聖徳太子と蘇我馬子の時代、②蘇我蝦夷《そがのえみし》と入鹿《いるか》の時代、③中大兄皇子《なかのおおえのみこ》＝天智《てんち》の時代、④天武《てんむ》と舎人《とねり》の時代、⑤持統《じとう》と藤原不比等《ふじわらのふひと》の時代、の順に進行する。大きく前半を飛鳥文化、後半を白鳳《はくほう》文化としてくくる。その境い目はほぼ六七〇年の法隆寺炎上にある。

しかし、東アジア全体から七世紀の日本をみる場合には、天智二年(663)、百済の応援にかけつけた日本軍が白村江《はくそんこう》において唐《とう》・新羅連合軍に大破《たいは》された年をもって一線を引く。五年後には高句麗も滅亡して、極東情勢が古代最大の変化をみせた。このような〝極東のゆらぎ〟の中で日本の位置をともかくも確立した背景には、遣隋使《けんずいし》・遣唐使《けんとうし》たちの長期にわたる活躍があった。――★02

隋帝国▼六世紀後半から七世紀にかけて、中国にはふたたび大帝国が出現します。隋《ずい》帝国です。その直前、まだ隋の力が半島に及んでいない時期、新羅がすかさず台頭してきます。隋は急激な膨張政策をとりました。その波頭《はとう》が極東をめざして六一〇年に始まった三次にわたる高句麗征服になっていくのです。やむなく高句麗と百済は隋の冊封《さくふう》をうけます。冊封とは中国に対して臣下《しんか》にあたる関係をとりむすぶことをいいます。これは新羅にとっても安閑《あんかん》としていられません。ついに冊封をうけました。――★08

朝鮮半島がつねに緩衝《かんしょう》地帯になることによって、日本はぬくぬくと翼を広げてきた。とくにこの七世紀前後はそれが重大な意味をもちます。――★02

アメタリシヒコの使者〈600〉――『隋書』東夷伝より

激動する極東状勢のなか、倭人のリーダーたちも安閑としていられない。しかし冊封関係にはなりたくない。そこで六〇〇年ちょうどに、姓は「アメ」、字《あざな》が「タリシヒコ」（タラシヒコ）、号を「オホキミ」という一人の倭王が隋に使者をおくって、われわれの国を認めてほしいということを告げたのです。有名な『隋書《ずいしょ》』東夷伝《とういでん》の記述です。

アメ・タリシヒコというのですから、これはあきらかに大王《おおきみ》であり、天皇に近い存在でしょう。おそらくは推古《すいこ》天皇か聖徳太子か、あるいはその側近が僭称《せんしょう》していたリーダーだったろうとおもわれます。こういう大王がいたとすると、このときには倭の国々の主要な領域が新たな大王によって統一されかかっていたということになります。つまり大和朝廷か、それに準ずる勢力ができつつあったということになります。それとともにそのころの倭国のリーダーは東アジアのなかでかなり強気になっていたということがわかります。アメ・タリシヒコのことは、なぜか『古事記』にも『日本書紀』にも記載がありません。——★08

「天皇」の登場〈607〉——遣隋使、小野妹子の国書

六〇七年、小野妹子が遣隋使として派遣されます。妹子は「日出《ひい》ずる処《ところ》の天子《てんし》、書《しょ》を日没《ひぼっ》する処の天子に致《いた》す」という、例の国書を携《たずさ》えていた。この国書と使者に対して煬帝《ようだい》が怒ったというのは事実でしょう。ひとつには「日出ずる処の天子」の国は中国の冊封をうけようとしなかったからで、もうひとつは「天子」といういいかたにカチンときたからです。そのせいか、『日本書紀』はこの国書の文面を記載していません。そのかわり、翌年の条に「東の天皇、敬《つつ》しみて西の皇帝に白《もう》す」というふうに記述した。ずいぶん遠慮したいいぶんになっていますが、この記述は見逃せない。ついに「天皇」という概念が登場したのです。——★08

アジアと日本の無常▼インド・チベット、中国・朝鮮半島、さらにテラワーダ（小乗《しょうじょう》仏教）の東南アジアを含めて、仏教は漢字文化圏よりもずっと広い領域を覆《おお》っています。かつ、その各地域の受容発展形態を相違させている点で、ひじょうに重要な文化函数になっています。ちょっと乱暴

に日本と他の地域との仏教性格の特徴の差をいいますと、やはり日本には「無常《むじょう》」という観念が、他のアジア地域より強すぎるほど投影しています。それは中国の老荘思想《ろうそうしそう》にはじまる「無為《むい》」という観念ともまたちがうもので、いわば「わが世誰《よたれ》ぞ、常《つね》ならむ」といった〝いろは歌〟にうたわれているような、哀感《あいかん》をともなった無常観につながっています。インドもチベットも、また東南アジアの仏教も、もっとエネルギーが逆巻《さかま》き渦巻くようなところがあるわけですが、日本ではそうしたエネルギッシュな仏教は大きくならず、のちの空海や日蓮《にちれん》のような人は、むしろ例外のほうに属するのです。――★02

無常観の展開◉聖徳太子（と伝えられる人物）は、ある日、『天寿国繍帳《てんじゅこくしゅうちょう》』の銘文《めいぶん》に「世間虚仮《せけんこけ》・唯仏是真《ゆいぶつぜしん》」と書きます。「世間はすべて虚妄《きょもう》のものなのだから、ひたすら仏《ほとけ》に祈って真実を求めたい」というメッセージです。日本における「世間無常」の最初の表現でした。ついで私が注目するのは空海です。『三教指帰《さんごうしいき》』のラストの「十韻之詩《じゅういんのし》」、その後半には、花鳥風月に「はなかさ」をおぼえる感覚がすでにあらわれています。それだけでなく、水も風の流れも「常ならぬ」ことを示し、色《しき》・声《しょう》・香《こう》・味《み》・触《そく》・法《ほう》の六塵《ろくじん》さえうつろいやすく、人間の徳目さえ自分で縛《しば》りつけていては何にもならないという哲学が表明されています。「遊山慕仙詩《ゆさんぼせんし》」の一節では、もっとはっきりと「無常」が言及されています。無常というものはたいへん速いということ、しかもずっと昔からその無常は継続しているのだという認識が刻印されているのです。この無常が速いという見方は、のちに「無常迅速《むじょうじんそく》」という言葉として多くの心を打ちました。――★08

そもそも無常感は「常ならむもの」「有為転変」なのだから、じっとはしていない。諸行が無常として動いている。それゆえ「常」が否定されたとか、恒常性や不変性の絶対否定だと考えてしまっては、その消息がつかみがたくなっている。――★07

太子と馬子は、仏教によって国を治める、すなわち「鎮護仏教国家」をつくることをめざした。――★10

大化の改新〈645〉と天智天皇〈626―672〉――古代の「官僚制」

有能だった聖徳太子が意外にも早く死んでしまい、そのあと蘇我氏が権勢をふるって、天皇の権威さえおびやかすようになっていきます。そこにおこったのが「乙巳《いっし》の変」と、その後の「大化《たいか》の改新《かいしん》」です。蘇我蝦夷《えみし》・入鹿《いるか》の親子が、中大兄皇子と中臣鎌足《なかとみのかまたり》のクーデターによって倒されていった事件と国政改革です。このとき『天皇記』や『国記《こっき》』などのナショナル・ドキュメントが焼き払われてしまいます。中大兄皇子はそののちに天智天皇となって、公地公民《こうちこうみん》・班田収授《はんでんしゅうじゅ》をはじめとしたポリティカル・イノベーションにとりくみます。国司《こくし》や郡司《ぐんじ》、駅馬《えきば》や伝馬《てんま》、戸籍や計帳《けいちょう》は、このときの発案です。ただし、実際にこれらすべてが実施されたかどうかはわかりませんし、これはすべて

中国の国づくりにならったものでした。――★10

半島動乱▼六世紀になると、しだいに新羅が強くなってきて、半島の突端にあった「加羅《から》」を併合します。加羅は文書《もんじょ》によっては「伽耶《かや》」とか「任那《みまな》」となっており、以前の日本史の教科書ではたいてい「任那の日本府」があったといわれているところです。それが新羅に吸収されそうになったので、百済は日本に応援を求めます。この状況の変化は、中国に「随」と、それにつづく「唐」という巨大な帝国がふたたび登場してきたことと関係があります。唐の太宗《たいそう》は高句麗の征服をもくろみました。――★11

白村江の戦い〈663〉――はじめての交戦、はじめての敗戦

日本列島の統一がはかられつつあるとき、朝鮮半島では新羅が勢力を拡張していきます。六一八年に隋が滅びて唐に代わり、その唐の圧力を新羅が利用したためです。唐は隋と同様、高句麗を征服しようとするのですが、なかなかうまくいかない。そこで新羅の金春秋《きんしゅんじゅう》（武烈王《ぶれつおう》）が唐の戦略の矛先《ほこさき》を高句麗から百済に転換させ、唐が百済を征服するように外交します。それが功を奏した。百済はそれを察知して日本にたっての援護を頼みます。日本は（まだ倭というべきですが）、百済と組んで唐・新羅の連合軍と対決することになります。

ここに激突したのが六六三年の白村江の海戦です。六八歳の女帝斉明《さいめい》は二人の息子、中大兄皇子と大海人皇子《おおあまのみこ》を従えて北九州に向います。しかし唐・新羅連合軍は百済・倭の同盟軍をこっぱみじんに打ち砕きました。この敗戦は百済の滅亡とともに、倭をして完全に朝鮮半島から撤退させることを決断させます。新羅はこれを機《き》にまたまた唐と連合して高句麗を撃《う》ち、ここに朝鮮半島を統一してしまうのです。白村江の敗戦は、日本の歴史にとってきわめて決定的な敗戦です。外国と本格的に交戦した戦いでの敗北であり、日本の方針を大きく変更させた敗戦でもあります。――★08

白村江の敗戦で、日本はやっと「日本」になる。――★11

幻の加耶▼中国の支配力が強かった朝鮮半島において、諸国がこの勢力の減退を機会にしだいに自立し、やがて高句麗・新羅・百済が三国鼎立していった時期に、わが倭国はどのように百済型の勢力と交流をしたのか。日韓外交史はここに始まり、そしていくつもの謎をのこして、韓半島は新羅から高麗へ、日本は白村江の敗戦後に天智・天武時代を迎えて、記紀の編纂や律令制の確立に向かっていったのだ。このとき最も密接な日朝関係を最初に築いていたのが、まさに倭国と加耶《かや》の諸国だったわけである。もしも竹島《たけしま》問題のルーツのルーツをさかのぼるとすれば、ここにこそあったのである。

いまのところ、加耶の実在を示す最も古い史料は高句麗の広開土王碑《こうかいどおうひ》である。その記事の中に「任那加羅」という言葉が出てくる。年号では四〇〇年ちょうどになる。この任那加羅が金官国《きんかんこく》の別名だった。金官国が存続中の時代は、この国々こそが倭国と深い関係にあったとおぼしい。つまり日本は加耶の国々となんらかの濃い交流関係や重合関係をもっていたはずなのである。ただ『日本書紀』はこの地域をなぜか「任那」とよんで、「みまな」「イムナ」と発音した。まさに倭国が西日本を統合して、朝鮮半島南部との重なり合いを模索していた時期になる。けれども、「任那＝加羅＝金官国」が栄えていたのも、ここが下限だったのである。加耶の国々はついにひとつにまとまることなく、新興の百済および新羅によって分割されたのだ。——★17

大和朝廷と東北〈七—八世紀〉——エミシの国

七世紀から八世紀にかけて、古代大和朝廷は東北の「まつろわぬ民《たみ》」を制圧するために何度にもわたって、蝦夷《エミシ》に攻撃を仕掛けていた。東北に「道奥国《みちのくのくに》」の名が付けられたのが斉明天皇の六五九年で、それが天武天皇六七六年までに「陸奥国《むつのくに》」になった。これが「みちのく」の発生だ。ついで「大宝律令《たいほうりつりょう》」(701)「養老律令《ようろうりつりょう》」(757)が制定されると、八世紀には鎮守将軍《ちんじゅしょうぐん》や按察使《あぜち》などが派遣されるようになった。このとき東北は律令の用語でいう「化外《けがい》」「境外《けいがい》」「外蕃《がいばん》」とされた。大和朝廷が辺境の東北経営に乗り出したわけである。しかし実際の事情はきわめて複雑で、蝦夷《エミシ》(＝東北在住者)

はいっこうに治まらない。巨勢麻呂《こせのまろ》や佐伯石湯《さえきのいわゆ》らが次々に鎮東将軍《ちんとうしょうぐん》や征蝦夷将軍《せいえみししょうぐん》として派遣され、大伴旅人《おおとものたびと》や家持《やかもち》の一族までかりだされたが、それでもうまくいかない。――★16

藤原氏誕生〈669〉――言葉の一族と水の一族

神官《しんかん》は祝詞《のりと》や宣命《せんみょう》をしゃべらなければならなかった。それが神を遊ばせることだからである。大化の改新を中大兄皇子とともに挙行した藤原鎌足《ふじわらのかまたり》は、もとは中臣鎌足といった。その中臣氏はこのような「神の言葉」の管理をする一族だったともいわれている。一方、藤原氏は水を管理する一族だった。水を管理するとは治水技術をこころえていたということで、したがってポリティカルな能力をもっていた。鎌足が中臣から藤原に「氏姓《しせい》の変換」をはかったということは、そのころコトダマだけによる統治に限界が見えてきたということを暗示する。――★03

壬申の乱〈672〉と天武天皇〈631―686〉――国号「日本」の制定

天智天皇が亡くなると、息子の大友皇子《おおとものみこ》と、弟の大海人皇子とのあいだで皇位継承をめぐって戦争がおこります。これが古代史上最大の内乱といわれる「壬申《じんしん》の乱《らん》」です。各地の豪族たちを巻きこんだ国を二分しての戦争でしたが、結果は大海人皇子が圧倒的に勝利します。勝った大海人皇子は飛鳥《あすか》浄御原宮《きよみがはらのみや》で天武天皇となって、天皇の王権をいままで以上に強大なものにしていく政策を次々に行います。そのひとつが、「日本」という国名を決めたことであり、天皇の祖先神を祀《まつ》る場所として「伊勢神宮」をつくったことです。――★10

天武の国家祭祀●壬申の乱までは日本ではカミへの信仰はあっても、それを祀《まつ》るための神殿などはあまりつくられていなかったのです。日本ではカミはどこかに常住しているものではなくて、山とか大きな木とか岩にやってくるもの、人間が祭りをすることによって、そこに訪れてくるものと考えられていたからです。ところが天武天皇はそのような時々やってくるカミのために、特定の場所を定めて壮大な神社をつくります。それがそれがアマテラスを主神とする伊勢神宮《いせじんぐう》(内宮《ないぐう》)でした。そして、カミを祀る儀式を国家行事として定め、その霊威《れいい》を受けて天皇の力というものを示します。一方ではさかんにお寺や仏像も造り、仏教的な儀式も国家祭祀のなかに組みこんでいきました。

このように神仏を両方とも国づくりにつかっていく方法は、天武天皇のあとの持統天皇にも引き継がれます。持統天皇は天武天皇の奥さんです。この路線を次の聖武天皇もほぼ引き継ぎます。天武天皇たちは、今の日本人とはちがって、仏教と神祇《じんぎ》をどんなふうに合わせていくかということを、かなり考えて国家戦略として組みたてていったのです。――★10

デュアル・スタンダードという方法◉日本の神仏習合はかなり早くに準備されていたといえます。仏教というシステムを一方で「鎮護仏教」というふうに国の軸におきながら、他方では寺院と神社をまぜたような「神宮寺《じんぐうじ》」をいっぱいつくり、そこに日本風の編集を加えているのです。和漢混淆《こんこう》も早くから試みられます。天皇の称号に八世紀からはすべて（神武までさかのぼって）、漢風諡号《かんぷうしごう》と和風の諡名《おくりな》をつけたのです。こういう和漢をいかすデュアル・スタンダードともいうべき方法が芽生えたのは、天智天皇と天武天皇という兄弟天皇の時代です。ちなみに天智は「漢風の帝王」、天武は「和風の天皇」です。――★11

日本は古代以来ずっと「中国的なるもの」をつねに一方の軸において、他方で「日本的なるもの」をつくってきた。――★11

神仏習合のはじまり〈七世紀後半〉――神宮寺と神願寺

仏教の普及で神祇信仰が廃《すた》れたかというと、そういうことにはなりません。仏教派は神祇派がたいして社会的な権力をもたないかぎりは、それを駆逐しようとはしなかったのです。のみならずたいへん奇妙なことがおこっていった。各地に「神宮寺」や「神願寺《じんがんじ》」が次々につくられていったのです。宇佐《うさ》神宮寺、住吉《すみよし》神宮寺をはじめ、気比《けひ》神宮寺、若狭比古《わかさひこ》神願寺、伊勢大《いせだい》神宮寺、八幡比売《やはたひめ》神宮寺、補陀洛山《ふだらくさん》神宮寺（中禅寺《ちゅうぜんじ》）、三輪《みわ》神宮寺、高雄《たかお》神願寺、賀茂《かも》神宮寺、熱田《あつた》神宮寺、鹿島《かしま》神宮寺、気多《けた》神宮寺、石上《いそのかみ》神宮寺、岩清水《いわしみず》神宮寺などです。いずれも七世紀後半から九世紀のあいだに建立《こんりゅう》されている。そうとうに早い時期です。

この神宮寺あるいは神願寺の寺名を見ると、それらがことごとくその後の日本を代表する産土《うぶすな》の地に建っていたことがわかります。ここで神祇の力と仏教の力が接近し、早くも奇妙に重なっているのです。「あわせ」や「かさね」がおこっているのです。のちに牽強付会《けんきょうふかい》されたものも多いのでいちがいには確定できないけれど、この神宮寺建立の事情を書いた文書《もんじょ》(これを「縁起《えんぎ》」といいます)を読みますと、神が苦悩しているので仏の力を借りたというようなことが、たくさん書いてあります。このように、神が何かをいったと解釈することを「神託があった」といいます。こうした神宮寺ではたいてい「神前読経《しんぜんどきょう》」がおこなわれ、「巫僧《ふそう》」が出現し、しかも神宮寺の近くに新たな社《やしろ》や祠《ほこら》を認め、これを「鎮守《ちんじゅ》」と呼ぶようになっていったのです。――――★08

狭い国の神仏●日本において神仏が相助け《あいたすけ》あって習合《しゅうごう》したという理由を考えるのは、大変にむずかしいことですが、そこにはやはり日本の狭さということがあるとおもいます。インドや中国の思想を導入しても、これはそのそれぞれの風土のサイズにみあうものとしてはもってこられない。縮小するしかない。それに、それを受け止める場所だってそんなにいくつもあるわけじゃない。霊山《れいざん》だってだいたいかぎられてくる。そうすると、神も仏も、結局は同じ場所で結界化するしかないわけです。最澄《さいちょう》が比叡山《ひえいざん》を選地《せんち》すると、そこはすでに山王日吉《さんのうひよし》の結界だったし、空海が高野山《こうやさん》を選地すると、そこは丹生明神《にうみょうじん》の結界だったりする。だいたい日本の名山という名山はすべて神様のすまいですから、これはもう一緒にするしかない。――★02

宣命書きの出現〈七世紀〉と万葉仮名――当意即妙の音訓テクノロジー

七世紀、漢字を上から下へ読み下せるようにするため、小字《しょうじ》の音仮名《おんがな》を挿入して考案された宣命《せんみょう》書きが出現して、事情を一変させた。つづく万葉仮名は、アメを阿米と綴るだけでなく、天と書いて表意性を国語化し、さらに漢字のもつコンセプトをいかした若月《ミカヅキ》・丸雪《アラレ》などの語法を加味した多種異様な表記を樹立する。まさに「当意《とうい》」に「即妙《そくみょう》」をもってあてた画期的な飛躍であった。一方では八世紀になると鎮護国家仏教が隆盛、写経が流行して中国の書体そのままにその書の息吹を学ぶことがはじまっていた。すでに王羲之《おうぎし》も「千字文《せんじもん》」も伝わっていた。――★02

記紀〈七世紀後半〉の記述スタイル――正史は中国式に

記紀では、『古事記』あるいはその元《もと》のもののほうが、少し先に成立しました。律令制度や貨幣制度とともにできたと考えればいいでしょう。『古事記』は、天武天皇らのオーダーによって稗田阿礼《ひえだのあれ》という語り部に語らせた伝承を、太安万侶が万葉仮名という文字の表記を工夫しながら採録して再編集したものです。一方、『日本書紀』は、元正天皇《げんしょう》のオーダーによって舎人《とねり》親王《しんのう》が編纂《へんさん》します。『古事記』と『日本書紀』の決定的なちがいは、『古事記』が（呉音《ごおん》の）万葉仮名による日本語（倭語《わご》）で書かれていて、『日本書紀』は（漢音の）漢文だということです。『古事記』は天皇家のルーツや王権の由来を、歴史を遡《さかのぼ》って明確にしておくためにつくられたものでしたが、『日本書紀』のほうは日本という国の正史をしっかりまとめようという意図でつくられています。すなわち、正当な日本の歴史を文字にして書き残そうとするときに、日本人は漢文という中国式の記述スタイルをつかったわけです。────★10

「まこと」と物語●日本はなんとか国家システムをととのえ神話システムをつくりました。しかし、このシステムの統一作業はもともと確信があってのことではなく、さまざまな事情を寄せ集めてできたものなので、そこに中心になるべき〝柱〟を据《す》えなければならなくなります。そこで上代《じょうだい》、日本の初期リーダーたちは「まこと」というコンセプトをつくります。「まこと」は真事であって真言です。

むろん「まこと」とはいえ、その実体は各所から寄せ集めた骨格なのでとうていはっきりしないものなのですが、日本の中心にはそうしたはっきりしない中心というものがあるのです。そして、そのはっきりしない中心をもとにシステムをつくる。これがカレル・ウォルフレンの『日本権力構造の謎』によって批判的に指摘された「決定中心のないシステム」としか呼びようのないものの起源です。

いったん集成された「まこと」は万葉期には大きな力をもちはじめます。またそれにともなう言霊《ことだま》思想も生まれていきます。ただ、神々のシステムについてはアジアの方々から借りてきた「神」の来歴によって〝物語〟がつくられただけなので、何らの系統だった序列をつくれないままにおわります。日本の神々は寄せ集めなのです。アッサンブラージュが本質です。そのかわりに、そうした神々の来歴を含んだ〝物語〟そのものが真相を保存する唯一の情報様式になります。

――★04

言語があって物語が編集されたのではなく、物語の編集が進んで言語が確立する。――★08

モノガタリ◉物語はモノ・カタリである。モノとは「物」でもあるが、むしろ「霊《もの》」であった。もののけのモノ、ものすごしやものめづらしのモノ、さらにはもののあはれのモノが、古代世界の隙間には魑魅魍魎《ちみもうりょう》のごとくとびかっていた。人々はそのモノの気配をとらえて語りつぐ。その語りつぐことをカタリといった。古代王権は各地のカタリの名人を集め、モノの歴史を語らせた。記紀や「風土記《ふどき》」にのこるさまざまな神異《しんい》の話はそうしたモノたちが生きていた時代の記録である。

★02

言霊と語り部●

ギリシア語があってホメロスが叙事詩を書いたのではなく、ホメロスらの語り部たちがいてギリシア語が生まれていった。そのあとさきが重要なのです。物語を編集しているうちに、言語がしだいに体系化していったのです。

日本のばあいは、長らく文字がなかったので、語りは文字に頼らない何らかの方法で継承されていたと推測されます。文字に頼らないということは、声や身振りや形や色を、場面ごとの語り言葉のなかの順番や特徴などで活性化させていったということです。そこに独得の編集方法が発露《はつろ》していたということです。ということは、日本では語り部がとても重大な役割を先駆的に担っていたということなのです。語り部の脳裡《のうり》のなかに特異な編集方法がひそんでいたということなのです。それはおそらく言霊《ことだま》による編集だったでしょう。

ところが奈良末期、古代日本の言語がそうした特定の語り部の脳裡から開放されていくようになっていきました。それまでは出雲の語部《かたりべ》の君《きみ》、大伴の談《かたり》の連《むらじ》、中臣や安倍の志斐《しい》の連《むらじ》などがいて、とくに宮中では忌部《いんべ》氏や高橋氏が重用《ちょうよう》されていたのです。それが律令国家が拡張し、文字の使用が普及していくにつれ、拡散し、またその主要部分を藤原氏が支配下におくようになります。

では、古い言霊による語り部の編集方法はどうなっていったのか。消えていったのか。そんなことはありません。一部はわかりにくくなったでしょうが、新たな万葉仮名や文字表記をえて、「風土記」となり、『古事記』となり、長歌《ちょうか》や和歌《わか》や反歌《はんか》になって記録されていったのです。こうして、各地に語り部を散らせていくことになったのです。――★08

もとより『日本書紀』は不備だらけなのであるが、この不備は、もともとは意図的だったかもしれないのだ。その意図を誰が完遂しようとしたかといえば、これはいうまでもなく、藤原氏だった。――★09

藤原不比等〈659―720〉と藤原一族の陰謀――血のマネジメント

最初に藤原という姓を授かったのは大化の改新で活躍した中臣鎌足ですが、その藤原姓を継承して、以後平安時代までつづく藤原摂関《せっかん》政治の基礎をかためたのが不比等《ふひと》です。不比等は自分の娘を文武《もんむ》天皇の皇后にして聖武天皇を産ませ、また別な娘（光明子《こうみょうし》）をその聖武天皇に嫁《とつ》がせて光明皇后《こうみょうこうごう》として紫微中台《しびちゅうだい》をつくるというふうに、天皇一族の血をマネジメントし、絶大な権力を築きました。つづいて不比等の孫の仲麻呂《なかまろ》が政治の実権を握るころには、それまで天皇家について政《まつりごと》の一端を司《つかさど》っていた忌部《いんべ》氏とか高橋氏とか大伴氏、さらには紀一族《きのいちぞく》が、ことごとく藤原氏によって追い落

とされていきます。――★12

藤原京遷都〈694〉から天平へ――不比等百年の計

まず、持統天皇期に藤原京《ふじわらきょう》がつくられた。次いで、大宝律令が制定され、記紀が編集された。このような法制と国史が整備されたということは、「言葉」が国家によって管理されはじめたことを意味した。多くの寺院も建てられた。土地所有制度も一新された（三世一身法《さんぜいっしんのほう》など）。律令国家は着々と準備を整えた。藤原不比等はそのほとんどの国家プロジェクトに手を出そうとした。あまつさえ、不比等は天皇家の血縁（外戚《がいせき》）となることを計画した。こうして、聖武天皇と光明皇后の誕生が、不比等百年の計《けい》の怖るべき端緒《たんちょ》となった。それが「天平《てんぴょう》」のスタートだ。――★02

情報交換とは、古代中世でいえば象徴交換のようなものである。――★03

古代の市◉藤原京のころにもうけられた市《いち》は、そののちの平城京《へいじょうきょう》や恭仁京《くにきょう》などでもおおいに発達する。市は三九人の職員たちによって商品の品質と価格の管理、および度量衡《どりょうこう》の監査をするところであって、またもちろん売買のマーケットでもあり、情報の交換のためのコミュニケーション・プラザでもあった。平城京の東西市の場は、すでに古代庶民による歌垣《うたがき》の場であったこと

が推定されている。そこは、セックスこそが交換される市であったのだ。――★03

万葉の時代――歌謡から和歌へ、集団から個人へ

七世紀は「天皇」が確立する時期でもあるが、それにともなって各方面にわたる儀礼の統合と改変が展開した。そのうち文化史上に特筆すべきは芸能と文芸である。そこには各地の土風《くにぶり》が中央の朝廷に取りこまれるという特徴、かつては神の遊びであったものが人の遊びに移りはじめるという特徴、また集団のパフォーマンスがしだいに個人のパフォーマンスとしても成立するという特徴がある。呪能《じゅのう》が芸能に、呪詞《じゅし》が文芸に向かいはじめたのであった。

こうした展開の中から誕生した古代最大の文芸の精華が『万葉集』に収められたウタだった。『万葉集』には歌謡から和歌への、集団から個人への大きな飛躍がしるされている。とくに柿本人麻呂《かきのもとのひとまろ》に代表される「代作《だいさく》」という独特の表現法は、古代日本が真底《しんそこ》にかかえているタマ（魂）の世界を通してきわめて絶妙に湧出《ゆうしゅつ》（タマフリなど）させるのにうってつけだった。そこには、モノが物であって霊であり、コトが事であって言であるという原則が貫《つらぬ》かれていた。万葉人は日月を、草木を、恋を死をとらえつつ、それかあらぬか古代観念がさまざまな依代（オブジェ）と振舞《ふるまい》（パフォーマンス）によって支えられていたことを証《あか》してくれた。――★02

五七調●古事記・日本書紀には約一〇〇首の、万葉集には約四五〇〇首の「歌」が収められている。記紀歌謡は口誦性《こうしょうせい》が強く、物語性に富んでいる。すでに枕詞や序詞《じょことば》が多用されていた。記紀歌謡の音数や音律は、五音・六音・七音・八音がなだらかに林立していた。それがやがて万葉に向かって五音・七音に定着していった。いわゆる五七調・七五調である。長音が七、短音が五。おそらくは記紀の神謡や歌謡をまとめたとおぼしい「歌舞所《うたまいどころ》」が、さまざまな律動イメージを最大公約数的に倭語律《わごりつ》として、五七調・七五調をリテラルに編集していったのであろう。——★17

人麻呂の方法●言霊《ことだま》の原理とは、「それを言えばそうなると思える」ことだ。その言葉づかいがモノやコトと直結するということなのである。柿本人麻呂がいくつもの枕詞を自在にオリジネートできたというのも、この核心を掴んでいたからだったろう。

ところで、このような人麻呂はただの個人として突如として出現したと言っていいのかという問題がある。だいたい名前の人麻呂（人麿）からして、〝人丸〟のようで、変である。そこで人麻呂は一人の歌人ではなくて「人麻呂集団」の代名詞だというような説も出てきたのだが、また人麻呂にはそれなりのコトダマ一族としての背景もあったのかもしれないとも思えるのだが、そのへん、なかなか確証がない。

私は人麻呂の長歌と反歌（短歌）の編集方法にはその時代の突端のアブダクションが先陣を切っ

ていたとみなしている。いいかえれば、人麻呂の歌は天武朝によって切り開かれた「日本」という国の観念エンジンのインターフェースになっていると思っている。われわれは、この人麻呂の「和歌というインターフェース」を使って、古代万葉の世界観や社会観や生死観を覗いているのである。――★17

古代日本における言霊《ことだま》の力は、わかるようでいてわかっていない。そもそも記紀の記述には「言霊」という言葉はどこにも一回も使われていない。――★17

『万葉集』〈七世紀後半―八世紀〉――家持をめぐる編集方針

大伴家持《おおとものやかもち》は『万葉集』をいったいどのように編集したのか。家持が最初に手にしたのは雄略天皇から奈良朝初期までの歌を集めた六巻ほどの歌集です。家持は、これらを中心として奈良時代の官人《かんじん》、東国《とうごく》から来た防人《さきもり》の歌、地域の歌謡など一〇巻ぶんを付け加えました。そしておそらく、家持の死後に、家持とその同時代の歌を日付順に編集した四巻ぶんが付け足されたのでしょう。その全二〇巻が、いま私たちが見ている『万葉集』です。この『万葉集』の登場で、日本人は新しい日本文字への第一歩を踏み出しました。それが万葉仮名です。漢字を音訓両読みしたのです。――★12

万葉の「時」◉日本語の「時《とき》」という言葉は時刻のことではありません。時の移行、時の幅、すなわちウツロヒをさしているのです。総じて、古代中世の人々は「時」を広げてつかおうとしています。広げてというのは、時の領域をひろめにとったり、時そのものを伸び縮みさせているということです。もっと決定的な例は「時がない」という言葉があったことです。古語では「ときなし」（時なし）というのですが、いろいろの意味になる。たとえば『万葉集』の天武天皇と大伴坂上郎女《おおとものさかのうえのいらつめ》の次の歌では「たえまない」という意味で「時なし」が使われます。

み吉野の　耳我《みみが》の嶺《みね》に　時なくそ　雪は振《ふ》りける　間《ま》なくそ　雨は零《ふ》りける

うち渡す竹田《たけだ》の原に鳴く鶴《たづ》の間《ま》なく時なし吾《あ》が恋《こ》ふらくは

この二つの歌では「時」と「間」という言葉がまったく同じ意味でつかわれている。われわれはつねに「時間」という言葉を何げなくつかって暮らしているのですが、ふつうは「時」と「間」とが同じ用法のうちにあるとはおもいません。しかし、古代では日本人は「まもなく」という意味のままに「時なく」という言葉をつかっていたのです。――――★04

歌枕と見立て◉歌枕《うたまくら》というのは、『万葉集』以来、和歌のなかに詠《よ》みこまれてきた地名のことです。名所です。それはどこの地名でもよいというものではなくて、有名な歌に読まれた地名が、さらに後世になっても歌いつがれていくうちに、ある定着したイメージをもつようになったのです。

しかもそういう歌枕には人間の喜怒哀楽が暗示されていました。たとえば「明石《あかし》」という歌枕は「明かし」を、「宇治《うじ》」は「憂《う》し」を、「小倉山《おぐらやま》」なら「小暗《おぐら》」を、といったように、必ずある感情やイメージを連想させるように、歌のなかで使われました。場所と心境をつないだのです。こういうイメージの連想の仕方を「見立《みた》て」といいます。——★10

また、見立ては、歌を忘れないための方法でもあったのです。——★06

見立てと遊芸●見立てというのは、たんに何かに似ているというだけではなくて、AのものとBのものとが、あるいはAの一部とBの並びとが、見方によって近くなるということです。つまり「近さ」をつくってものを見る見方です。そうすることによって、物事や出来事を互いに移し替えられるのです。——★11

見立ての基本はまさに真似であって、もじりであり、借用であって、援用です。しかし、その真似や借用や援用にとことん芸当《げいとう》を傾けたのが、日本の芸能であり遊芸《ゆげい》であり、文芸でした。だから見立てを軽視してしまうと、芸能も遊芸も文芸も何もなくなってしまいます。そもそも能《のう》を大成した世阿弥《ぜあみ》は「ものまね」をこそ哲学とした芸能者だったわけですし、芭蕉《ばしょう》は西行《さいぎょう》を、利休《りきゅう》は定家《ていか》を追随《ついずい》し、日本の作庭師《さくていし》たちは「借景《しゃっけい》」をこそ発見したのです。——★06

ろ

華厳、マンダラ、南無阿弥陀仏。

●平城建都から院政まで

平城メトロポリス

東アジアと天平文化▼天平《てんぴょう》文化がひとり日本の所産であるはずがない。天平は八世紀東アジア文化圏とつながっている。そこは儒教圏で仏教文化圏で、漢字文化圏である。その仏教も、シルクロードを渡ってきた顕教《けんきょう》と南方ルートを通ってきた密教《みっきょう》とのぶつかりあっている場所である。天平のひとつひとつの遺産を見るには、たとえ仏像の衣《ころも》の襞《ひだ》の細部であっても、そこに流沙《りゅうさ》や黄塵《こうじん》や海流の匂いをかぎとらなければならない。われわれが正倉院宝物《しょうそういんほうもつ》の細部に目をみはるのは、そこに世界史《ヒストリー》の叙述がひそんでいるからだ。——★02

華厳と雑密の世紀〈八世紀〉——ビルシャナ仏から大日如来へ

八世紀の天平は「華厳《けごん》の世紀」である。前時代の白鳳《はくほう》期より進行していた『金光明最勝王経《こんこうみょうさいしょうおうきょう》』や『仁王経《にんのうきょう》』の流布は、八世紀になってしだいに『梵網経《ぼんもうきょう》』や『華厳経《けごんきょう》』の世界観に移りはじめた。これには唐《とう》や新羅《しらぎ》の仏教グループの作用がおおいにはたらいていたが、聖武《しょうむ》天皇や藤原一族にとっても「華厳」は国家シンボリズムの恰好の材料だった。

不比等《ふひと》に代って天下を治めた藤原仲麻呂《ふじわらのなかまろ》を中心に、天平は華厳色を強める。けれどもその一方で、時代の底辺には密教や神道による複雑なミスティシズムが生まれつつあった。それはまだ密教や神道というはっきりした形をもたなかったとはいうものの、雑密《ぞうみつ》という混合様式によって神仏習合《しんぶつしゅうごう》の要素を深めていった。われわれが天平彫刻の一部に異様な魅力をおぼえるのは、こうした雑密の力による場合が少なくない。天平は「華厳と雑密の世紀」でもあったのである。

やがて奈良末期になり、最澄《さいちょう》や空海《くうかい》を代表とする山林修行が認められはじめると、時代は大きく密教文化の方に曲っていくことになる。これが〝華厳のビルシャナ仏〟から〝密教の大日如来《だいにちにょらい》〟への転換である。――――★02

華厳が定着し、崩《くず》れ去っていくまでが日本の古代史なのです。――――★04

華厳のイマジネーション◉空海は「六塵《りくじん》ことごとく文字なり」といいますが、そういった塵《ちり》一粒が文字であって化仏《けぶつ》であるというイメージは、華厳によって広まったのでしょう。『華厳経』はものすごく宇宙的なオブジェ思想のお経です。「事事無礙法界《じじむげほっかい》」とか「理事無礙法界《りじむげほっかい》」とか法界ということを強調したり、「即事而真《そくじにしん》」といって〝事〟をよく追求しているわけですが、これが日本人にもとからあった一本の樹も敷居もカマドもみんな神様であるといった、いわゆる八百万《やおろず》の神の考え方に比較的融合しやすかったにちがいありません。それゆえ天平人は『華厳経』の教義はわからなくても、そのイメージはディティールでパッとつかまえられたのだろうとおもいます。――★02

平城京の言語空間〈八世紀〉――言葉の見本市

万葉仮名《まんようがな》の使用とはべつに（つまりは日本語とはべつに）、平城京では中国語や朝鮮語も交《か》わされた。とりわけ唐から帰った吉備真備《きびのまきび》や玄昉《げんぼう》が朝廷につくころから大仏開眼会《かいげんえ》におよぶ天平の最盛期には、おりからぞくぞくとおとずれた渡来僧や渡来商人が交わす外国語によって、平城京界隈《かいわい》はさながら「言葉の見本市」であるかのようなバラエティを見せたはずである。――★03

奈良三彩――人器に向うウツワ

考古学では、祝部土器《いわいべどき》の火度《かど》の高いものを須恵器《すえき》、火度の低いものを土師器《はじき》と呼ぶ。その壷《つぼ》や甕《かめ》の内側には俗に青海波文《せいがいはもん》と呼ばれる重円打文《じゅうえんだもん》があって、内側からたたいて土をのばしていたことがしのばれるが、この青海波文がなくなったとき、日本のウツワは奈良平安時代に入る。奈良三彩《さんさい》や平安緑釉《りょくゆう》などの大陸技術の模倣時代に突入する。

それはヤキモノがそろそろ神器《しんき》から人器《じんき》に向いつつあることを示していた。それまでは木製の食器が主につかわれてきた。奈良三彩が出る段階で、日本のヤキモノの歴史も中国にはじまった大きな国際的セラミックの傘の中に入ってしまうのだ。――★02

大仏開眼〈752〉――**華厳ネットワーク・プロジェクト**

聖武天皇は日本に華厳を取り入れたと想定されている天皇です。しかし、実際には藤原氏が中心になりながら華厳仏教を国内化したのではないかとおもいます。それは総国分寺《そうこくぶんじ》としての東大寺《とうだいじ》を中心に、全国に国分寺（つまり国を分ける寺）を配置して、日本列島に強力な華厳ネットワークを敷くという戦略でした。ネットワークの中心は「大仏」（ビルシャナ仏）です。このしくみはすでに唐の則天武后《そくてんぶこう》（武則天《ぶそくてん》）が『華厳経』からえたイデオロギーによって確立したシナリオ戦略の受け売りなのですが、それが日本では大仏開眼の一大ナショナル・プロジェクトとして日本中を巻き込む恰好になります。――★04

本来は、ビルシャナ宇宙のために説かれてきた万葉化仏《まんようけぶつ》の華厳世界観が、日本では藤原一族の国家イデオロギーに転用されていった。――★04

山林修行僧◉宮都《きゅうと》における仏法の展開とはところを別にして、ヤマにこもり修行にはげみつつ法力《ほうりき》を鍛える者たちの動向も目立ちはじめていた。修験《しゅげん》や雑密、すなわち山林修行僧の勃興である。八世紀、このような宮都仏教と山岳仏教は相容《あいい》れぬまま別様に展開し、いったんは宮都中心の華厳鎮護《ちんご》仏教によって押しきられるという恰好になる。山林修行派のニューリーダーである行基《ぎょうき》が国家によって懐柔され、ついに東大寺大仏開眼という華厳観によるナショナル・プロジェクトに組みこまれたのは、その顛末《てんまつ》をよくものがたる。ヤマの神は、一敗地にまみれたのである。——★02

南都六宗と密教◉いわゆる南都六宗《なんとろくしゅう》のような〝考え方〟だけでは、中国仏教が唐以降に禅《ぜん》などの他は衰退《すいたい》してしまったように、日本の仏教も衰退していたにちがいない。しかし日本仏教はそうならないで、南都六宗の陰にかくれて静かに進行していた山岳密教によって蘇生する。蘇生にあたっては最澄と空海の役割と業績が絶大だったが、それはもとはといえば南伝《なんでん》仏教をうまく雑密として採り入れ、さらにこれを純密化《じゅんみつか》したからだった。奈良末・平安初期に、南の流れがするすると日本に入り、それがついには空海のような自在な力に結びついたことが大きかった。——★02

華厳の挫折——幻の仏国土

聖武天皇や藤原一族がフレームアップした幻の華厳国家は、大がかりな国分寺ネットワークを準備しながらも、もはや支配イデオロギーとしてはそれ以上前へすすむことはできなくなってしまう。天平のナショナル・プロジェクトは挫折する。———★04

古代文化と水銀◉（鳥居《とりい》などの）朱色は、中国の錬丹術《れんたんじゅつ》からきたもので、硫化水銀《りゅうかすいぎん》の粉末をさす丹砂《たんしゃ》や朱砂《すさ》が原料です。それを日本では「ニウ」と呼び、丹生という字をあてた。丹生は微量をうまく扱うと不老長寿の薬になるといわれていた。中国錬金術を錬丹術と名づけるのは、この「丹《に》」を貴重視したせいで、したがって丹生の朱色を鳥居や神殿に塗るのは、不老長寿を祈願するタオイズムに近い神仙《しんせん》型の思想だった。

水俣病《みなまたびょう》で知られたように、水銀は量をまちがえればすぐに異常をきたす毒薬である。古代でも奈良の大仏開眼のおりには大量の水銀が大仏鍍金《めっき》につかわれ、水銀中毒による多くの死者や病人が出たという記録がのこっている。それでもなお、当時は水銀はきわめて大事な資源とされていて、おそらくは水銀鉱脈をめぐる激しい闘いが四国、紀伊、伊勢を結ぶ中央構造線ルートでくりひろげられていただろう。

空海も丹生とは深くかかわっていた。空海がなぜ高野山《こうやさん》に入ったかというと、高野山は水銀鉱脈の最も豊富な地域のひとつだったからである。それを古い文献は高野山にはニブツヒメ（丹生都比売）という女神がいて、そのニブツヒメが山を押さえていたと書く。むろんこれはニウ一族ともいうべき水銀採掘一族の異名だった。――★04

縮景のデザイン●日本のイメージ・アイテムのあまりの数の多さは、やがて「どのようにイメージを管理するか」という工夫を発達させる。

華厳蓮華蔵《れんげぞう》世界や密教マンダラ世界はそうした〝世界セッティング〟の原型であるが、この原型は多くのイメージ・セットが衣食住のあらゆる場面で生かされ、伝承されてきた。東海道五十三次が『華厳経』入法界品《にゅうほっかいぼん》になぞらえられたように、一本の街道、一列の行列、一膳《ぜん》の食事、一体の身体はそれぞれ内なる象徴組織をたくわえはじめ、また四国八十八ヵ所に代表される聖ネットワークのシステムが、やはり衣食住のさまざまなレベルに適用されたのだ。人々は近所の寺社めぐりにも、庭の中の築山《つきやま》にも、また地図や双六《すごろく》の中にさえ三界六道《さんがいろくどう》の浄土や地獄を知ることができるようになったのだ。これがいわゆる〝縮景《しゅっけい》のデザイン〟の進行である。――★02

日本の神々がたくさんいるというのは、
たんに神名が多いというのではなく、カミの気配をよります
オブジェに満ちているということなのです。――★04

奈良麻呂の乱〈743〉と淳仁即位〈758〉———天皇と皇帝

橘諸兄《たちばなのもろえ》が死に、名門の橘氏の失脚があきらかになった。焦った橘奈良麻呂《たちばなのならまろ》はクーデターをめぐらすものの、失敗した（奈良麻呂の乱）。藤原一族はのこる大伴《おおとも》一族の追い落としを謀《はか》っていた。

権力はあきらかに二重構造の様相を呈してきた。一方に太政官《だじょうかん》制度があって、その頂点に右大臣《うだいじん》の藤原豊成《ふじわらのとよなり》がいる。他方に紫微中台《しびちゅうだい》があって、光明皇后と藤原仲麻呂がいる。女帝は皇位をあらわす権威としてのみ君臨しているだけである。仲麻呂はここで一気に権力の頂点の掌握をめざした。「大倭《やまと》」を「大和」と改称し、孝謙《こうけん》を譲位させて中国風に「皇帝」と呼び変え、大炊王《おおいおう》を新天皇に即位させるという計画を練《ね》った。かくて天平宝字《てんぴょうほうじ》二年（758）、淳仁《じゅんにん》天皇が誕生する。

それにしても皇帝の名を冠するという狙いは仲麻呂らしい。孝謙は「宝字称徳孝謙皇帝《ほうじしょうとくこうけんこうてい》」となり、亡くなった聖武にも「勝宝感神聖武皇帝《しょうほうかんじんしょうむこうてい》」の諡号《おくりな》がおくられたばかりか、過去の天皇にも漢風諡号《しごう》をつけた。仲麻呂は天皇は天皇家の血筋が継承するが、皇帝は天皇家以外の者が着任する可能性があるとみなしたのである。———★09

女帝の時代◉阿倍内親王《あべのないしんのう》が孝謙＝称徳《しょうとく》天皇になるまでに、日本の天皇家は推古《すいこ》、皇極《こうぎょく》＝斉明《さいめい》、持統《じとう》、元明《げんめい》、元正《げんしょう》の実に五人の女帝を出現させている。孝謙＝称徳を入れると六人八代になる。

推古が即位した五九二年から孝謙が即位した七四九年までの、わずか一五〇年間ほどのあいだに六人八代が次々に女帝になったわけなのである。人材が払底《ふってい》していたわけではない。男系の男子がいなかったわけではない。そこに権力をのぼりつめようとした権謀術数《けんぼうじゅっすう》が渦巻いた。

古代日本の女帝の傾向には大きく三段階があった。第一段階は三世紀の卑弥呼《ひみこ》・台与《とよ》などの女王期のシャーマンとしての女帝期で、その息吹は神功皇后《じんぐうこうごう》や飯豊王女《いいとよおうじょ》にもうかがえる。いわば「巫女王《ふじょおう》」の時代だ。第二段階は推古天皇から持統天皇までの期間で、先帝の皇后が未亡人としての女帝になった時期になる。推古は敏達《びだつ》天皇の皇后、皇極＝斉明は舒明《じょめい》天皇の皇后、持統は天武《てんむ》天皇の皇后である。つまり既婚者が女王になった。夫の先帝の遺志を継ぐという意味でもはなはだ神政的色彩が濃い。「司祭王《しさいおう》」の時代といってよい。

第三段階は元明天皇からの時代で、ここでは皇女《ひめみこ》であることが条件になる。未婚の皇女が天皇になった。もはや皇后は即位できなくなっていく。日本史ではこれをこそ「女帝の時代」という。このルールでいえば、二十一世紀の女帝も未婚の皇女こそがお世継《よつぎ》になる。――★09

東北王化の戦争〈八―九世紀〉と征夷大将軍――まつろわぬ民

宝亀《ほうき》八年(777)には蝦夷《えみし》の連合軍が出羽国《でわのくに》に押し入り、三年後には伊治《これはり》のアザマロが反乱をおこし、東北が騒然となってきた。「まつろわぬ民」の動向だった。折からの道鏡《どうきょう》の乱行で国政コントロールを欠いた光仁《こうにん》天皇とその側近の力では、とうていそういう東北にまで手がまわらない。そこに登場してきたのが勇猛なアテルイとその一党である。

アテルイは胆沢《いざわ》(現在の水沢市・胆沢郡・江刺《えさし》郡)の豪族だったようだ。戦闘力があったようだ。延暦《えんりゃく》一二年(793)には中央から派遣されてきた大伴弟麻呂《おおとものおとまろ》の一軍と戦ってこれを破り、平安遷都《せんと》の渦中の朝廷を大いに動揺させた。桓武天皇期、坂上田村麻呂《さかのうえのたむらまろ》が征夷大将軍となり、延暦二一年(802)に胆沢城を築くと、ここでやっとアテルイの軍勢を蹴《けち》散らした。もっともアテルイが首を刎《は》ねられたからといって、蝦夷《エミシ》の反乱は収まったわけではなかった。征夷将軍《せいいしょうぐん》となった文室綿麻呂《ふんやのわたまろ》が事態を収拾する弘仁《こうにん》二年(811)まで、余波は続いた。これを総称して歴史家たちは「三十八年戦争」という。古代王権と辺境東北とのあいだの、三八年にわたる「東北王化《おうか》の戦争」だった。——★16

末法へ向う平安

平安時代の実質的なスタートは、宝亀元年(770)に光仁天皇が着位した日からはじまっている。対比的な「対《つい》」の時代意識はここから準備されていた。この年、さしもの猛威をふるった道鏡が下野国《しもつけのくに》に流され、代わって和気清麻呂《わけのきよまろ》が都に復帰した。清麻呂は平安京造営の立役者である。またこの年、最澄と空海が社会デビューするチャンスを与えることになった山林修行僧の公認許可がおりている。平安初期が密教文化の昂揚《こうよう》を迎えたのはこのことを契機とする。

光仁天皇と平安京誕生〈794〉――隠された血

いろいろの意味をこめて宝亀元年は暗示に富んだ年だった。何よりシンボリックであるのは、久しく絶えていた天智《てんち》系の血を継ぐ光仁天皇が誕生したことである。ここに、天武系と天智系というふたつの大きな血の流れが「対《つい》」となって日本の歴史を織りなすことになる。光仁天皇の子の桓武天皇には、もうひとつの「対」が隠されている。桓武には、天智系の血とは別に、生母高野新笠《たかののにいがさ》から受け継いだ百済《くだら》亡命一族の血が流れていた。桓武自身、「漢」と「和」の対の血を意識していた。その桓武が選んだ新京の地が、山門《ヤマト》である平城に対するに、山背《ヤマシロ》である山城《やましろ》であったことは、すこぶる興味深い。こうしてさまざまな対比をこめて、幅九〇メートルにもおよぶ朱雀大路《すざくおおじ》をはさんで左京《さきょう》と右京《うきょう》を配した平安京が誕生した。——★02

風水▼風水《ふうすい》を一言でいえば「得水蔵風《とくすいぞうふう》」を見る方法をいう。水の流れ、風の流れを計測しながら、地勢水勢を見る。土地そのものの見方、場所そのものの見方が風水である。長安もソウルも平安京も、いずれもこの風水によって選ばれた。つまり選地術あるいは占地術なのである。——★07

大和文化と京文化●大和文化は、風景と文物と人物を仏教化する文化と、大陸の影響をフィルタリングする能力とをもってきた。そこには古代グローバリズムをいちはやく審美化する独自の装置があった。大和力はそもそも漢字を万葉仮名として使ってみせたのだ。奈良にはそういうソフトウェアが漲《みなぎ》っている。京都はそれらをうんとソフィスティケートして、もっと言うのなら女性化してきた。京都は黒髪や簾《すだれ》のような文化力なのだ。そして『枕草子《まくらのそうし》』のように、世の中のものを「選んで」「好み」に徹していけるミヤコ感覚としての「雅《みや》び」のインターフェースをつくりあげた。公家文化の本性が開花する。——★17

複雑奇妙な平安〈九―十二世紀〉――対の時代

平安時代。その名に反して複雑奇妙な時代である。「王朝文化」といいながら朝儀《ちょうぎ》よりも「夜儀《よぎ》の文化」の栄えた時代であったし、「男は業平《なりひら》、女は小町《こまち》」のダンディズムとエレガンスの時代であったが、一方では「聖《ひじり》と群盗《ぐんとう》」の時代でもあった。唐風《からふう》と和風が入りまじり、男手《おのこで》と女手《おんなで》が相互にからみ、真名《まな》と仮名《かな》がそれぞれに美を競った時代でもあった。阿弥陀《あみだ》浄土《じょうど》観の大流行の陰には加持祈祷《かじきとう》をふるう密教パワーが作用していたし、美しい扇面《せんめん》法華経《ほけきょう》のイデアの裏では、血なまぐさい怨霊《おんりょう》におびえる日々が続いていた。

このような「平安時代、実は不安時代」ともいうべき時代の特徴を一言でいえば「対《つい》の時代」ということになろうか。その最も代表的な対構造が、天皇と上皇《じょうこう》の関係に、また天皇一族に対する藤原一族の摂関体制に象徴されていた。――★02

こういう日本を見ていると、日本人はもともと、互いに異なる特色をもつ現象や役職や機能を横に並べて、それらを併存させることがそうとう好きなのかとおもわせます。――★08

「みやび」と「ひなび」◉こうして古代社会文化がつくられていくのですが、海外に学んだ律令《りつりょう》や制度だけでかためたタガだけではゆるみがきます。そこに、上代《じょうだい》以前から日本人に入りこんでいた「山」の思想とでもいうべきもの、あるいは山に入ってしまった者たちの思想というものが滲《にじ》み出してきます。そのうえに大陸から運ばれてきた神仙思想がまじるとともに、すでに力をえている仏教的無常感が重なっていきます。それが豪族貴族社会に降りてくるのです。「山」から「都《みやこ》」に降りてくる。そこに「花鳥風月」のイメージの立ち上がりがあり、古代文化の特質を象徴する「あはれ」と「みやび」の文化の発露があったのです。──★04

「みやび」というのは「宮びる」「宮処《みやこ》ぶる」という意味からつくられた言葉で、都っぽいということ、つまりシティ感覚です。この感覚が届かないところが「ひなび」です。「みやび」と「ひなび」の相互一対の感覚はその後の日本文化では何度も浮上し、何度も対比され、そして何度も組み合わせられます。──★06

大極殿と清涼殿──和漢と宮廷

平城京や平安京は、中国の長安《ちょうあん》を真似てつくられたので、政治の中心となる大極殿《だいごくでん》は徹底して中国風でした。瓦《かわら》屋根を石の柱で支え、フロアに磚《せん》というタイルを敷きつめた建物で、天皇や貴族たちはテーブルと椅子で執務をしました。一方、大極殿と近接してつくられた清涼殿《せいりょうでん》のほうは徹底して和様式です。すなわち、白木《しらき》の木造の高床式で、檜皮葺《ひはだぶき》の屋根です。当時は、政《まつりごと》はすべて朝のうちにおこなわれたので、大極殿は朝堂院《ちょうどういん》を併設しています。「王朝」とか「朝廷」という言葉の「朝」もそこからきています。ところが夕方以降は、天皇も貴族も「生活」に移る。そこは「和」なのです。「あした」という言葉は、いまは翌日という意味ですが、もともとは夕方のことで、元旦の「旦」と書いて「あした」と呼んでいたものです。つまり一日の区切りは夕方におかれ、夕方を境にして生活の様式が「漢」から「和」へ切り換えられていたのです。――★12

女房の文化◉内裏《だいり》でこそ、日本は中国経由ではない独自の日本の文化を育みます。なかでももっとも盛んだったのが和歌《わか》でした。朝廷では漢字能力が必須でしたが、内裏では歌の能力が求められました。奈良・平安時代の日本人にとって、和歌は今日の私たちが考える以上に重要な教養であり、コミュニケーションの手段であって、もっといえば日本人の「心《こころ》」というものを伝承していくための大切な方法だと考えていたわけです。この和歌の文化を担っていたのが、藤原氏を中心とした貴族とともに、内裏に住む女性たちでした。まとめて「女房《にょうぼう》の文化」といいます。宮廷はいわばこういう女性たちのサロン社会でもあり、『源氏物語』が描いたようにそのサロンに男性貴族たちは遊んだのです。――★10

平安の美術〈九―十二世紀〉――マンダラ・アートから浄土教美術へ

平安時代を美術史で区分すると、初期は官能的ともいえる密教美術からはじまる。マンダラ・アートの全盛であるが、そこには「六塵《りくじん》ことごとく文字なり」といった空海の真言《しんごん》観に代表されるような文字感覚に対する異常な熱意が準備されていた。やがてこれに呼応するかのように草仮名《そうがな》が登場すると、しだいに流麗《りゅうれい》な美意識が育まれ、いわゆる国風暗黒時代を脱出する。このあたりから唐絵《からえ》に対する大和絵《やまとえ》、男絵《おとこえ》に対する女絵《おんなえ》といった方向が広がりはじめ、十世紀劈頭の『古今和歌集《こきんわかしゅう》』の時代を迎えて、物語感覚ともいうべき「もの」を語ったり合せたりする感覚が自在になってくる。ここで「もの」とは漢字をあてがえば「霊」にあたるような呪能めいた気配のことである。必ずしも「もののあはれ」ばかりが王朝感覚であるわけではない。このような十世紀的感覚の誕生は、天慶《てんぎょう》元年（938）に空也《くうや》が都大路《みやこおおじ》で念仏を唱《とな》え歩いた時期と呼応する。すなわち「聖」と「俗」が市中の真ん中で合わせられた時期にあたっていた。これ以降、美術史は浄土教美術の傘を広げる。───★02

日本は「主題の国」というよりも「方法の国」だろう。───★08

あわせ◉「あわせ」は王朝美学の原点でもある。とくに言葉をあわせ、色をあわせた。言葉あわせは枕詞《まくらことば》や掛詞《かけことば》となり、色あわせはいわゆる襲《かさね》の色目《いろめ》として十二単衣《じゅうにひとえ》にまで発展した。香《こう》あわせでは、それらがさらにすすんで芳香《ほうこう》をあわせるにまでいたる。おもしろいことに、それら「あわせ」を隠すには「金《きん》」が用いられた。「金」は表向きの色として選ばれ、その内側に、さまざまな「あわ

せ世界」が展開したのである。――――★03

「あわせ」の流行は「歌合《うたあ》わせ」に始まります。正確には「歌合」と綴ります。歌合わせは左右に分かれて歌を出しあい、これを判者《はんじゃ》が優劣を決め、判詞《はんし》で批評するという遊びです。優雅にみえますが、当事者にとってはなかなか真剣なもので、貴族の日記にはよく当日の激しい模様が綴られています。天皇主催の歌合わせも何度も開催されました。日本文化史における目利《めき》きの歴史のスタートといってもよいでしょう。

この歌合から、やがて「物合《もの》わせ」が派生して、貝合わせ、扇合わせ、花合わせ、草合わせ、菖蒲根《しょうぶね》合わせ、前栽《せんざい》合わせ（植木で合わせる）などになっていきました。それが武将のレベルになると、犬合わせ（闘犬）、牛合わせ（闘牛）のような激しいものになっていきます。

こうした「あわせ」の多様性はまさに二つのものを合わせるという「一対」の対《つい》感覚から出ています。これをチームの対向性とみなすとき、この状態を「番《ばん》」といいます。「つがい」です。ですから「一番」というのは「あわせ」や「つがい」の順番が最初の組ということです。「あわせ」は、時代が進むにつれ、ツール（道具性）も、ロール（役割性）も、ルール（競技性）もだんだん凝ったものになり、連歌に至ります。――――★06

あわせ・そろい・きそい◉日本には「あわせ・そろい・きそい」という方法があります。「あわせ」（合わせ)は二つのものを合わせること、「そろい」(揃い)は合わせたものを揃えていくことをあらわします。さらにそこに比較がおこると「きそい」(競い)になります。大事なことは、最初に競争や闘いがあるのではなく、まず「あわせ」のための場があるということです。逆に、「あわせ」がないと、場が成立しない。ところがいったん場が成立すると、そこに強弱や遅速《ちそく》といった関係が生まれてきます。そこで初めて「きそい」になり、それで終るかというと、今度はそれを再編集して「そろい」になっていくわけです。ここにもうひとつ、「かさね」が加わることもあります。――★12

この時期、彼方《かなた》の風と此方《こなた》の風は似たり寄ったりしていたのだ。花鳥風月の風はこうしてととのえられていったにちがいない。――★03

漢風と和風〈九―十二世紀〉――二つの風とうつろい

平安時代には二つの風が吹いている。

最初の風は大陸や半島から吹いてきた風で、この風は天平時代のシルクロードの流砂《りゅうさ》をはこぶ風はむろんのこと、ずっとその前からわれわれの国に吹きつづけてきた風である。これは「漢風《かんふう》」とか「唐風」とか呼ばれた風だった。平安京の造営にふみきった桓武天皇は、この風をしきりに強く感じようとする。天皇自身に大陸や半島の血がうけつがれていたからだった。この風は、だいたい九世紀のおわりころまで強く吹いていた。貴族たちが漢詩文《かんしぶん》や唐風の意匠をよろこんだ時期である。その香りは『懐風藻《かいふうそう》』や『文華秀麗集《ぶんかしゅうれいしゅう》』に嗅《か》ぐことができる。

貞観《じょうがん》五年(863)のこと、都《みやこ》に疫病《えきびょう》が流行し、これをおさめるために大内裏《だいだいり》のそばにある神泉苑《しんせんえん》で御霊会《ごりょうえ》がもうけられた。大規模な都市祭礼の嚆矢《こうし》として注目されるこの祭礼は、のちに八坂《やさか》神社の祇園祭《ぎおんまつり》へ発展したものであるが、もともとは、早良親王《さわらしんのう》をはじめとした「おもい」を達せられずに死んでいった六人の皇族たちの霊を慰撫《いぶ》するためのものでもあった。呪術が必要だったのだ。しかし仰々しい御霊会のかいなく、都は大いに荒れはじめ、貞観八年(866)には応天門《おうてんもん》が、一八年(876)には唐風意匠のシンボル大極殿までもが焼亡するにおよび、寛平《かんぴょう》六年(894)、ついに菅原道真《すがわらのみちざね》は遣唐使《けんとうし》廃止の建言《けんげん》を奏上する。が、その道真も「おもい」なかばで左遷をくらう。世は「うつろい」の表象を見せはじめたのであった。

ちょうどそのころである。われわれの国にもその「うつろい」にふさわしい趣向や文字の試みが台頭しはじめた。『竹取《たけとり》』『伊勢《いせ》』の物語が生まれ、『古今和歌集』が登場してきた。これが新しいもうひとつの風だった。「和風」とか「国風《こくふう》」とか呼ばれている風である。この第二の風の色は藤原摂関政治が爛熟するにつれてしだいに濃厚になる。おおむね十世紀から十一世紀のおわりまで、この風は吹きやまない。それは「おもい」を「うつろい」にこめた風として、また、宮廷文化を飾る女房たちの〝女の風〟として、『枕草子』や『源氏物語』や『和泉式部日記《いずみしきぶにっき》』に吹きこまれていった。——★05

和漢の並立●和漢の並立で特筆すべきなのは、奈良時代末期から平安時代にかけておこったきわめて大きな変化です。

第一には、万葉仮名から仮名文字が出現したことです。漢字から仮名が生まれて、その漢字と仮名が併用された。仮名文字は二つあります。女手から育まれた平仮名《ひらがな》と、漢文の音訓読をしているうちに工夫された記号や符号から生まれた片仮名《かたかな》です。とくに平仮名の出現はこの時期の一番大きな事件ともいうべきもので、改革や変革というよりも「創出」とか「編集文化的な発明」といったほうがいいでしょう。

第二には、漢風の様式と和風の様式がいろいろな場面で両立していったことです。なかでも建築様式にそれがあらわれた。

第三には、紀貫之《きのつらゆき》が編集にあたって勅撰集《ちょくせんしゅう》『古今和歌集』の序文に、漢字だけの「真名序《まなじょ》」と仮名だけの「仮名序《かなじょ》」が並列されたことでしょう。ついで第四には、さまざまな表現分野で巧みな和様化が進みました。わかりやすいのは、奈良天平時代では宝相華《ほっそうげ》文様《もんよう》のように左右対称の模様や文様が重視されていたのに、平安文化が進むうちに、左右対称がくずれて左右非対称が好まれるようになったことです。――★08

空海『秘密曼荼羅十住心論』〈830頃〉——華厳国家主義批判

山林修行者の中から、新しい時代のリーダーが出現しました。それが最澄と空海です。もっとも、二人はすぐには行動をおこしません。まだ充分な理論も修法《しゅほう》も確保できていなかったからです。二人がひそかに中国に渡ろうとしたのは、保守化した奈良仏教にかわるもっとダイナミックな仏教を求めていたからですが、それが、神秘主義的な雑密に代わる本格的な密教であり、華厳《けごん》に代わる密教だったのです。

のちに空海は『秘密曼荼羅十住心論《ひみつまんだらじゅうじゅうしんろん》』の中で十段階にわたる精神階梯をかかげ、その八段目に法華《ほっけ》世界観を、九段階目に華厳世界観をあげています。そして、最後の十段階目を密厳浄土《みつごんじょうど》にあてました。これは日本における最初の華厳思想の本格的紹介であるとともに、その華厳よりもすぐれた密教思想を掲《かか》げたという意義をもちます。空海は天平時代に形式的に登場してきた華厳国家主義ともいうべき考え方を、ここで二重に批判したのです。——★04

空海の書と平仮名●空海は比類ないコンセプチュアル・アーティストだ。高野山を世界模型とみたてた建築家でもある。マンダラ絵図に光を埋めこんだ名うてのグラフィック・デザイナーであって、世に三筆《さんぴつ》と呼ばれるほどの書道家すなわち天才的カリグラファーだ。日本の書が空海という特異な思想家から流出しはじめたということは、日本の書がその後の独得を謳歌《おうか》する大きな奔出力《ほんしゅつりょく》になるのであるが、いまひとつ日本の書の独得にあずかったのは、女手から平仮名が生まれたという大胆である。女手《おんなて》から生まれた新しい草《そう》の仮名ぶりをみていると、そこに文化史のもつひとつの強運があったとおもわざるをえなくなる。――★03

空海はまさに説明の天才だった。言葉の階梯や意味の構造にパースペクティブをつけ、順序よくこれを登攀《とうはん》させる才能にめっぽう長《た》けていた。ただし並大抵な方法ではなかった。――★06

三筆から三跡へ〈九―十一世紀〉――平仮名の誕生

万葉仮名の書体は楷書《かいしょ》と行書《ぎょうしょ》にかぎられている。これをのちに「男手《おとこで》」と呼んだ。男手が字間をあける放書《はなちがき》をもっぱらとするのに対し、これが何度も筆写されるにしたがってくずれてくると、それは「草《そう》」と呼ばれ、さらにこれが平安期に様変わりして定着した書体を「女手《おんなで》」と呼んだ。いわゆる平仮名がここに登場する。このあたり、文字の表記法の変化にまじっていよいよ書法の跡も息づいてくる。

そうした書法に呼吸がひそむことを大胆にとりだしてみせたのが、ほかならぬ空海である。空海によって王羲之《おうぎし》と顔真卿《がんしんけい》が合流し、空海によって文字と言葉の意（意密《いみつ》）と音（語密《ごみつ》）と形（身密《しんみつ》）が統合された。その空海の右には最澄が、左には橘逸勢《たちばなのはやなり》が、さらには嵯峨《さが》天皇の書があった。これら三者三様の書は、やがて小野道風《おののみちかぜ》や藤原佐理《ふじわらのすけまさ》、行成《ゆきなり》らによって典雅に仕上げられていった。――★02

いろは歌●いろは歌は、およそ九世紀から十世紀にかけて出現したものですが、誰がつくったのかはさだかではありません。空海という説や空海のあと密教を復興した覚鑁《かくばん》という根来《ねごろ》の怪僧がつくったという説もありますが、これは国語学的に成り立たない。空海の時代には日本語の発音文字には「ゑ」の入った四八字がつかわれていたのです。おそらくは真言密教僧のグループの中で長期にわたって編集されてきたのだとおもわれます。内容は『涅槃経《ねはんぎょう》』にある有名な文句「諸行無常《しょぎょうむじょう》、是生滅法《ぜしょうめつぽう》、生滅滅已《しょうめつめつい》、寂滅為楽《じゃくめついらく》」を参照して、これに声明《しょうみょう》のリズムやメロディを加えたものでしょう。――★04

古代仏教と神祇信仰のシステム化――内包する多様性

日本仏教は浄土宗と日蓮《にちれん》宗と禅宗が確立する直前までの時点では、主要に八宗《はっしゅう》を数えます。倶舎《くしゃ》宗・成実《じょうじつ》宗・律《りつ》宗・法相《ほっそう》宗・三論《さんろん》宗・華厳宗・天台《てんだい》宗・真言宗の八つです。これら八宗は密教が用意した教理システムをちゃっかり活用しています。つまり名目は八宗が併存しているのですが、実際にはいくつもの派の教義や作法を兼学《けんがく》する者が多く、しかも全宗派に共通して密教が提供していた教理があって、みんなそれに乗っかっています。

一方で、新たに神祇《じんぎ》体制がつくられていきました。これは最初こそ中国の祝祭システムを真似てつくったものですが、そこにきわめて独自な日本的方法が編み出されていったのです。唐の「祠令《しれい》」では国の公的な祭祀《さいし》を、「祀《し》」（天の神の祭祀）、「祭《さい》」（土地の神の祭祀）、「享《こう》」（死者の霊の祭祀）、「釈奠《せきてん》」（古来の聖人や祖師《そし》の祭祀）の四種に区別していました。これが東アジアの社会の核にある「まつり」の系統というものです。ところが、日本の「神祇令《じんぎりょう》」は、最初の二つの「祀」と「祭」についてはそのままとりいれるのですが、そこに天皇の即位儀礼や大祓《おおはらえ》の儀礼を加えました。また、あとの二つについては神宮寺と鎮守《ちんじゅ》の関係のように、日本各地の民俗行事の多様性に任せてしまったのです。——★08

日本全土に神と仏とが入り乱れる季節がやってくる。——★02

本地垂迹思想のはじまり〈九世紀〉——あわせとかさねの信仰編集

外来の仏教がもたらしたものは、わかりやすくいえば仏像と経典でした。その仏像に似せて八幡大菩薩《はちまんだいぼさつ》のような神像がつくられ、神前で経典の読経もできるようにするというのは、まさに「あわせ・かさね」です。これらは最初は地方におこったことです。その流れはやがて、仏教側からの解釈で、本源としての仏《ほとけ》や菩薩《ぼさつ》が、衆生《しゅじょう》を救うためにその「迹《あと》」を諸方に垂《た》れて、それが神となって姿をあらわしたのだという考えかたとして情報編集されました。このような考えかたを「本地垂迹《ほんちすいじゃく》」といいます。本地というのは本源のことです。——★08

人神感覚●空海の「即身成仏《そくしんじょうぶつ》」の思想は、神仏習合史の上からみれば、いわば「即神成仏」でもあった。死後、充分の時を経なければ神にも仏にもなれないと考えてきた日本人の他界観念に、大変化がおとずれる。生きながらも聖化作用を得ることが可能になったのである。このような考え方が、一方で「人神《じんしん》」の感覚を育んだ。平安期に流行する御霊《ごりょう》信仰は、まさにこの人神感覚の上に成立する。菅原道真が天神《てんじん》になったのはその一例だった。——★02

宇多天皇〈867—931〉の宮廷サロン——寛平延喜の時代

最初期の宮廷サロンでは平城京の長屋王《ながやのおおきみ》のサロンが有名でした。平安朝では、まず惟喬親王《これたかしんのう》のサロンがありました。このサロンは和風文化の前駆体《ぜんくたい》ともいうべきサロンで、貫之の一族の紀有常《きのありつね》や有常娘《ありつねのむすめ》を妻とした在原業平《ありわらのなりひら》が出入りしています。業平に遍照《へんじょう》・小野小町《おののこまち》などを加えて「六歌仙《ろっかせん》」といわれた時期です。けれども有常も業平も、また惟喬親王も、ありあまる文才や詩魂《しこん》がありながらも、もろもろの事情で失意のうちに王朝文化を飾れなかった。そうしたあとに宇多《うだ》天皇が即位します。途中、阿衡《あこう》の紛議《ふんぎ》などがあり、それまで自在に権力をふるっていた藤原基経《ふじわらのもとつね》の横暴に懲《こ》りた宇多天皇は、関白《かんぱく》をおかずに親《みず》から政務をとって、前代の摂関政治に代わる親政を敷こうとします。これがいわゆる「寛平延喜《かんぴょうえんぎ》の時代」の開幕です。ここで菅原道真や紀長谷雄《きのはせお》らの学者文人が異例に登用され、宮廷行事のなかに、「歌合」がとりこまれました。――★08

菅原道真失脚〈899〉――遣唐使廃止と怨霊

寛平二年(890)に橘広相《たちばなのひろみ》が、翌年に藤原基経《ふじわらのもとつね》があいついで死んで、政界地図が一瞬の空白期をむかえたあたりから、菅原道真の昇進にはめざましい加速がついている。こういう時期は日本史上でもしばしばおとずれるもので、だいたいはこのような時期に天皇親政の声があがる。このときも宇多天皇に好機がめぐり、その宇多天皇に道真も重用された。遣唐使の廃止も提案された。「もはや通りいっぺんのグローバリゼーションでもないでしょう」という提言である。

昌泰《しょうたい》二年(899)、五四歳の菅原道真は右大臣に任命される。藤原氏以外では吉備真備《きびのまきび》以来の大抜擢である。同時期に左大臣となった藤原時平《ふじわらのときひら》が奸計《かんけい》をめぐらした。翌年、時平とともに従二位《じゅうにい》となった道真は、その一〇日後の主上御覧《しゅじょうごらん》の踏歌《あらればしり》の席上で、太宰員外帥《だざいのいんげのそち》(太宰権帥《だざいのごんのそち》)に配置換えされるという決定がくだされた。左遷、かつ追放である。道真の死後、いわゆる道真の祟《たた》りが都につづいて、しばし御霊会をもうけたものの、その祟りが鎮《しず》まらないために、ついに北野天満宮が祀《まつ》られ、さらにそこに「飛梅《とびうめ》」伝説が加わった。……菅原道真はまた『新撰万葉集』で漢詩と和歌を対応させて編集したが、この方法は重要なもので、それをさらに発展させたのが関白頼忠《よりただ》の子の藤原公任《ふじわらのきんとう》が編集した『和漢朗詠集《わかんろうえいしゅう》』(1018頃)だった。――★05

『古今和歌集』奏上〈905〉――日本の芽生え

歴史文化的な「日本という意識」は、『古今和歌集』の冒頭に紀貫之が書いた真名序《まなじょ》と仮名序《かなじょ》あたりで生まれました。あるいはその前の万葉仮名によって初めて「日本」というものがうっすら芽生えました。――★14

日本文化史でたったひとつ決定的な「発明」をいえと問われたら、私は迷うことなく仮名が発明されたことをあげます。――★08

貫之の日本語計画◉紀貫之がやってのけたことは、まとめれば三つあります。私はこれを総称して「貫之の日本語計画」と名づけています。ひとつは、『古今和歌集』に真名序と仮名序をつくって、これを一緒に掲載した。

もうひとつは『土佐日記』を書いたことです。貫之は日記を仮名の文章にしたのです。これは二つの企てとしてきわめて異例のことでした。第一には、本来は漢文日記であるべきものを和文の仮名で書いたということです。第二に「男もすなる日記といふものを女もしてみむとてするなり」というように、男女をひっくりかえして文体的な擬装をおもいついた。いまでいうならトランスジェンダーです。こうした擬装《ぎそう》は「日本という文化」をつくりだすための「くにぶり」（風俗・国風）をつくりだすための、きわめて有効な実験でした（歌舞伎の女形《おやま》、宝塚の男装《だんそう》などもおもいあわせていただきたい）。貫之はそのことをあきらかに自覚しています。そして「[1]言霊《ことだま》の幸《さき》はふ国《くに》」に、いまだおこっていない和語和文和字の表現様式をつくりだしたいと考えたにちがいありません。

貫之がどのように「書」を書いていたかということにも、このような日本語計画はあらわれます。それは奈良時代の意匠表現の多くが左右対称性を重んじたのに対して、あえて対称性をくずし、それでもなお新たなバランスをつくりだそうとした意図のあらわれでもありました。これはその後えんえんと続く日本の書道のトリガーを引きます。——★08

摂関政治の開始〈十世紀〉——実権を握る藤原北家

実は日本の天皇制度では、天皇が現実の政務を執《と》らずに代行者が執政《しっせい》するという例は、古来このかた数多かった。推古天皇のときに聖徳太子《しょうとくたいし》が摂政《せっしょう》に立った例など、その典型だ。しかし、古代天皇制度ではこれはあくまで例外措置《そち》ないしは臨時措置だった。ずっと天皇親政という建前が意識されていた。それが十世紀から摂関政治が慣例になって、天皇親政が天皇不執政に変わっていった。

この変則システムをおもい立ったのはもとはといえば藤原不比等である。そこから外戚《がいせき》政治が始まり、摂政と関白《かんぱく》をおく制度がしだいに定着していった。幼帝《ようてい》のための補佐という名目だが、実質は廷臣《ていしん》の最上層を構成する藤原北家《ほっけ》が女子を入内《じゅだい》させて、外戚たる天皇の舅《しゅうと》が政務の実権を握るというシステムである。それでも恒常的な律令官《りつりょうかん》制と公卿《くげ》による議定《ぎじょう》政治のフレームは健在で、天皇が百官《ひゃっかん》に君臨《くんりん》するということには変わりはなかった。——★09

延喜・天暦の治〈十世紀〉と混乱する地方——武力勢力の台頭

古代律令制がくずれ、平安朝の〝規制緩和〟がすすむと、各地の支配は地方官の受領《ずりょう》に委《ゆだ》ねられるようになり、九世紀を通して中央集権力が衰えるとともに受領の国内支配における裁量権が拡大していった。受領というのは任国《にんごく》に赴いた国司《こくし》の長官で、多くは「守《かみ》」、あるいは「介《すけ》」の名をもった。これらは宇多《うだ》・醍醐朝《だいごちょう》の「延喜・天暦《てんりゃく》の改革」によって大いに進行し、それにもとづいて、①中央財政の構造改革、②土地制度の改革（荘園整理令）、③富豪層と王臣《おうしん》家の私的結合の分断、④受領による国衙《こくが》機構の改編などに向かっていったのだが、それが一方では各地に群盗の出没や在地領主や任官《にんかん》たちの武装反乱を促進してしまった。朝廷はすぐさま令外官《りょうげのかん》として押領使《おうりょうし》などを派遣したものの、事態はいっこうに収まらない。もはや中央からの鎮圧では無理だったのである。平安期の貴族社会では考えられない武力勢力が台頭していたからだ。——★16

承平・天慶の乱〈935—941〉——将門と純友

平将門《たいらのまさかど》や藤原純友《ふじわらのすみとも》などの猛者《もさ》によって朝廷に対する謀反《むほん》が勃発し、これが大乱の兆しをもたらすと〈承平《しょうへい》・天慶の乱〉、この不穏を平定する力としては、〝武力に対しては武力を〟ということで、東国《とうごく》や西国《さいごく》からのしてきた「兵《つわもの》」の軍団にその解決を頼むしかなくなっていた。

平将門は下総《しもうさ》で決起し、常陸《ひたち》の国府《こくふ》を襲撃したのち上野《こうづけ》・下野《しもつけ》の国府も占領して新政権の樹立を狙った。藤原純友は伊予《いよ》の日振島《ひぶりじま》を根拠に瀬戸内海の海賊を率《ひき》いて、伊予の国府や太宰府《だざいふ》を襲った。どちらも、とうてい中央でも受領でも抑えられない力になっていた。——★16

市の聖、空也〈903—972〉——都大路での念仏〈938〉

日読《ひよ》み・月読《つきよ》みが「日知《ひじ》り」(聖)の原型である。かれらは各村にはたいてい一人はいた天を眺め海を見つめる気象観測者であり、またそれゆえに日常の些事《さじ》をこえる超越者のおもむきをもっていた。しかし山の「日知り」はむしろ修験の者に代表されていた。空也に代表される「市《いち》の聖」はその都市部への流入を企てた者たちだ。——★03

空也《くうや》は「市の聖」とも「阿弥陀聖《あみだ》」とも呼ばれた日本最初の念仏ネットワーカーです。それだけではなく、まだわからないことがたくさんあるのですが、易行《いぎょう》の実践、阿弥陀一仏信仰の先駆、「南無阿弥陀仏」の唱導《しょうどう》、他力《たりき》の提唱など、法然《ほうねん》のプレモデルとしての活動がさまざまに特色されるのです。

空也のことがもっとあきらかになってくれば、その後の源信から法然に及んだ念仏重視の浄土信仰の実態が見えてくるとも予想されるのです。——★15

念仏ブーム◉密教の考えかたや宇宙観は、貴族や民衆にとってはなかなかわかりにくいものです。なにしろ深山幽谷《しんざんゆうこく》で勤行《ごんぎょう》をしているのです。そこで、平安時代の半ばころになると、もっと簡明で新しい感覚によって人々を仏の世界に導こうという人々が出てきます。それがすなわち「市の聖」のような念仏上人《ねんぶつしょうにん》たちで、山から降りて市井《しせい》にまじり、あるいは遊行の民となり、ネットワーカーとして各地を動きながら仏教を説いていきます。空也が代表します。こうして、ここに念仏ブームが始まるのです。——★12

空也の喫茶◉空也上人《しょうにん》がみずから茶筅《ちゃせん》をけずり、茶を煎《せん》じて、京都に猛威をふるう悪疫に罹《かか》った病人に茶をふるまったという伝説がある。栄西《えいさい》が『喫茶養生記《きっさようじょうき》』をあらわす二〇〇年前のことである。実のことをいえば、日本人の喫茶の体験はけっこう古い。『正倉院文書《しょうそういんもんじょ》』作物帳《さくもつちょう》にも、茶（苦菜《にがな》）の値段や茶木を植えた記述が見えるし、確実な記録にのこっているわけではないが、行基によって飲茶《いんちゃ》の普及が試みられたという話もある。——★05

末法到来と『往生要集』〈984〉——心に浄土をおもう

仏教では釈迦寂滅《しゃかじゃくめつ》から数えて正法《しょうぼう》と像法《ぞうほう》の時をへて、おおかた二千年を食《は》むと「末法《まっぽう》」にいたると考えた。この下降史観ともいうべき末法年の数え方には諸説があるのだが、わが国では永承《えいしょう》七年(1052)に末法に入ると考えるのが一般的だった。末法到来の声は比叡山《ひえいざん》の山中にも聞こえていた。その恐怖への予想は『日本霊異記《にほんりょういき》』や最澄の言葉の中にも見えている。もともと角大師良源《つのだいしりょうげん》が横川《よこかわ》に常行堂《じょうぎょうどう》をつくったのも、末法にそなえて念仏三昧《ねんぶつざんまい》に行《ぎょう》ずる者のための結構だった。

念仏三昧とは、口に南無阿弥陀仏《なむあみだぶつ》を唱え、心に浄土をおもうことにある。この「おもい」は、さかのぼれば平将門が乱をおこした天慶の時代のころより、空也をはじめとする「市の聖」たちによって都大路にもたらされている。

その空也の「市の念仏」にたいして「山の念仏」があった。「市の念仏」が民衆的であったのにたいし、「山の念仏」は貴族や知識人の心をとらえたのである。とりわけ源信《げんしん》が『往生要集《おうじょうようしゅう》』を著して、往生極楽の思想化につとめた永観《えいがん》二年(984)のころになると、知的貴族たちの中には都を捨てて叡山を訪れる者が急にふえている。とくに源信が横川首楞厳院《しゅりょうごんいん》の東南に丈六《じょうろく》阿弥陀を安置する華台院《けだいいん》をいとなんで迎講《むかえこう》を、また釈迦堂《しゃかどう》をつくって釈迦講《しゃかこう》をはじめると、皇后彰子《こうごうしょうし》や道長正室倫子《みちながのせいしつりんし》を筆頭に僧俗五百人以上の者たちが集《つど》うてきた。——★05

末法と終末▼興味深いことに、この時期はヨーロッパにおいても終末思想が大流行していた。キリスト没後千年が一〇三三年にあたったからである。東洋の末法とはわずかに二〇年ほどずれていただけだった。ヨーロッパでは「メメント・モリ」（死後を想え）の合言葉とともに、いわゆるダンス・マカブル（死の舞踏）が各地を走りぬけた。そして、スペインの岬の果てのサンチャゴ・デ・コンポステーラへの巡礼がさかんになった。――★06

変貌する京〈十世紀末〉――流行する呪法

十世紀もおわりにちかくなると、平安の栄華をうたっていた京《みやこ》は、『往生要集』の章がすすむごとくに変貌しはじめる。この世を「穢土《えど》」とみなし、この世ならぬ「浄土」を欣求《ごんぐ》すれば、そこに「極楽《ごくらく》」がみえてくる。そんなニヒリスティックな思想が『往生要集』によってあっというまに広まった。すでに、多くの遊宴は仏道に縁《えにし》を結ぶための結縁《けちえん》の会に変りつつあった。

一方、摂関政治の確立とともに進行していた荘園の地方化は、多くの没落貴族をつくりつつあった。権勢に直接かかわりあえない貴族は、みずからの家の家学《かがく》や稼業をベースとして、私的な呪法《じゅほう》による往生の方法や末法をのりきる策を工夫した。平安中期に、本命星《ほんめいせい》や本命曜《ほんめいよう》などの星宿《せいしゅく》をもとにした星占《ほしうらな》い、衰日《すいにち》や方違《かたたが》えの占法《せんぽう》、また夢占《ゆめうら》などの陰陽道《おんみょうどう》を中心とした信仰や呪法が進行したのはこのためである。その大半は、もともとは方術《ほうじゅつ》と密教との習合によっていた。――★03

アジアのユートピア▼浄土という考えかたが一般化するのは、中国に育った浄土教の地域的な拡大のせいによる。それは仏教伝来以前から神仙の国への憧れともむすびつき、あっというまに人々の心をとらえていった。アジアにおけるユートピア思想が日本の四方の浄土の中へ結集していったのである。――★06

山と海が常世であるならば、
その間にある野は無常の世であった。――★02

山中他界と浄土◉日本には古くから「山中他界《さんちゅうたかい》」という観念がありました。人々は死ぬと魂が山の彼方に飛んでいき、そこで往生をとげるという考え方です。実際にも、多くの地で野辺《のべ》の送りが山中や山麓でおこなわれていたものです。やがてこの山中他界の観念は仏教思想と混交《こんこう》し、浄土思想をはぐくみます。つまり山中に浄土がある、山の向こうに浄土があるというイメージに育っていくのです。

なかでも西方阿弥陀浄土《さいほうあみだじょうど》すなわち極楽浄土が日本では普及しました。これは平安時代中期になって、それまでは比叡山の山中を中心に研鑽《けんさん》されていた天台法華の教義が「山」からしだいに「都《みやこ》」へ降りてくるにしたがって普及したもので、『往生要集』が普及の一役を買っています。この本は地獄と極楽のイメージをわかりやすく説明していたからです。

もっとも、仏教の浄土は極楽浄土とはかぎらない。西方は極楽浄土ですが、東方にも別の浄土があった。これは薬師如来《やくしにょらい》がつかさどる瑠璃光《るりこう》浄土というもので、略して「浄瑠璃《じょうるり》」といいます。のちに歌舞伎の原型となった人形浄瑠璃の浄瑠璃は、東方薬師浄土で奏でられている世にも妙《たえ》なる音楽のことだったわけです。西方と東方ばかりではない、仏教では北方には弥勒菩薩《みろくぼさつ》あるいは毘沙門天《びしゃもんてん》の、南方には釈迦《しゃか》如来の管理する浄土も想定されていたのですが、これはあまりはやらなかったようです。――★04

慶滋保胤〈933―1002〉と平等院――浄土模型の流行

慶滋保胤《よししげのやすたね》をリーダーとした文人貴族たちも往生や浄土に深い関心をもち、勧学会《かんがくえ》とか二十五三昧会《にじゅうござんまいえ》といった念仏と詩歌を研修するサロンをつくります。そこに加えて末法思想が流行し、宇治《うじ》の平等院《びょうどういん》に代表される阿弥陀堂や観音堂《かんのんどう》がたくさんつくられる。それらは〝この世の浄土〟としての浄土模型そのものです。誰もが競ってお堂をつくりたがった。これがいわゆる「欣求浄土《ごんぐじょうど》」の思想です。幸田露伴の『連環記』はこの保胤をモデルにしたものです。――★04

天台本覚思想●本来は多様であったはずの浄土を阿弥陀浄土だけにしぼったのは、天台本覚思想《てんだいほんがく》の強力なロジックによっている。天台本覚思想とは、本来は天台法華の考えかたや密教議論や『大乗起信論《だいじょうきしんろん》』にもとづくもので、その内容は、一般には「草木国土悉皆浄土《そうもくこくどしっかいじょうど》」とか「山川《さんせん》草木悉皆成仏《そうもくしっかいじょうぶつ》」というフレーズで知られています。これは、一本の草木も国土のそこかしこの現象もことごとく浄土の対象になるというもので、穢土と浄土のあいだに距離をおいた源信の往生思想からすると、浄土がはなはだ間近まで引き寄せられています。どこでも浄土だという見方です。「己心《こしん》の浄土」といういいかたもした。自分の手元の浄土という意味です。

この本覚思想が和様の解釈をともなって、たいそう広範囲に流行するのです。目の前のすべてのものが浄土になる対象で、そのようにおもえば自分も成仏《じょうぶつ》できるというのですから、これは民衆にもうけいれやすかった。のちの法然《ほうねん》や親鸞《しんらん》にもつながる思想です。——★08

「山川草木悉皆成仏」や「己心の浄土」の感覚は、その後の日本の遊芸、すなわち能、連歌、茶の湯、立花《たてはな》、作庭、陶芸など、まことに広い分野で生かされていきます。——★08

建築の平安——寝殿造りと間

古代の日本を「柱《はしら》の時代」と呼ぶことがある。まず何よりも先に柱があり、それが神そのものや、また神の依代《よりしろ》を意味していたからだ（真柱《しんばしら》）。かくして柱は社《やしろ》のみならず宮殿や寺院の象徴ともなった。

そうした柱に囲まれた母屋《もや》と、その母屋のまわりに張り出した庇《ひさし》の部分、この母屋と庇とがその後の住居様式の原型である。それは日本人が独創したものではなく、雲南《うんなん》地方などの東アジアの住居構造から派生したものではあったが、日本人はそこに「様式の完成」を求め、とくに柱と柱の間《あいだ》を〃一間《ひとま》〃と呼ぶことにより、「間《ま》と面《めん》の文化」の方へ踏み出していった。

ただ不思議なことに、母屋《もや》には仕切りがなかった。壁によって部屋を区切る西欧型の分割観はなぜか日本には育たなかった。そのかわり、開放的な母屋には屏風《びょうぶ》、衝立《ついたて》て、壁代《かべしろ》、几帳《きちょう》などの〃間《ま》にあわせるもの〃が発達し、四季の「うつろい」を「間」と「面」で映し出す感覚が王朝文化の美を主導した。屏風や襖《ふすま》があるから「間」の感覚が発達したのではなく、その逆なのである。母屋は、最初は塗籠《ぬりごめ》という寝室にあたる区切りがあるだけで、他は御簾《みす》や几帳のようなものでゾーニングするにすぎないのだが、平安期の中で、ついに母屋を北半分と南半分に割ってつかうということがおこる。ハレとケに分かれるといってもいいが、これをきっかけにやがて小割の部屋が発生してくる。そこから寝殿造《しんでんづくり》から書院造《しょいんづくり》への移行がはじまった。————★02

間と無常●「間《ま》」というのは「あいだ」ということではなく、「関係」ということです。対《つい》構造におけるテンションをつくるということが、平安期の、いわゆる左右相称から左右競合の美への展出を支えたのです。そうしたなかで、日本は「無のデザイン」といったもの、文学的には「無常」と

いうものを発見します。——★02

別々の二つの片方のもののあいだに生まれる何ともいえない隔たり、それが一と一とをふくんだ「間」というものです。——★04

間と真●上代および古代初期においては、「間」は最初のうちは「あいだ」をさす言葉ではなかった。もともと「ま」という言葉には「真」という字があてられていた。「真」という言葉は、真剣とか真理とか真相とかというふうにつかわれるように、究極的な真《しん》なるものをさしていたのです。たとえば真事あるいは真言は「まこと」であって、上代人のよるべをあらわす最も基本的なコンセプトです。しかも、この「真」というコンセプトは、「二」を意味していたのです。おまけにその二は、一の序数としての二ではなく、一と一とが両側から寄ってきてつくりあげる合一としての「二」を象徴していた。では、その二である「真」を成り立たせているもともとの「一」を何と呼ぶかというと、それは「片《かた》」と呼ばれていた。「片」とは、片方や片一方のことです。ということは「真」はその内側に二つの片方をふくんでいたということになります。それなら、その片方と片方を取り出してみたらどうなるか。その取り出した片方と片方を暫定的に置いておいた状態、それこそが「間」なのです。——★04

あはれからあっぱれへ

一条の世〈十―十一世紀〉――道長政治の確立

一条《いちじょう》の世とは、紫式部や清少納言らの日本の女流文芸が頂点に達した時期であるが、そこには複雑な血筋の蛇行があった。劈頭《へきとう》に村上《むらかみ》天皇がいた。醍醐天皇の皇子《みこ》で、摂関をおかずに親政をしいた。いわゆる「天暦の治《ち》」だ。この村上天皇に二人の皇子がいて、その皇子の冷泉《れいぜい》と円融《えんゆう》が十世紀末に次々に天皇になった。このあと、天皇譜《ふ》は冷泉系と円融系が代わるがわる立つことになり、冷泉・円融ののちは、次が冷泉系の花山《かざん》天皇、次が代わって円融系の一条天皇、さらに冷泉系に戻って三条《さんじょう》天皇が立ち、そのあとは円融系の後一条《ごいちじょう》天皇と後朱雀《ごすざく》天皇が続いていった。ここで冷泉系は後退した。藤原兼家《ふじわらのかねいえ》と道長《みちなが》は、円融系のほうの一条天皇の外戚《がいせき》なのである。

日本の天皇家には、天智系と天武系をはじめ、桓武・嵯峨時代の二所朝廷《にしょちょうてい》といい、この冷泉・円融系の対立といい、さらには日本を真二つに分断した南北朝といい、実はたえず千々《ちぢ》に乱れてきたものだ。そのため、これをどちらに立って誰が支援するかというのが日本史の起伏をつくってきた。兼家・道長親子にもそのシナリオが強烈に発動した。それが藤原文化というものであり、そこに後宮《こうきゅう》文化の血の本質が躍ったのである。

もっとも抜け目のない藤原一族は、不比等・仲麻呂の時代からルーレットには赤にも黒にもチップを置いてきた。兼家も娘の超子《とおこ》を冷泉天皇に、詮子《あきこ》を円融天皇のほうに入れて、両系の天秤をはかっている。結局、超子からは三条天皇が生まれたが、超子がはやく死んだため、冷泉系は伸び悩む。逆に詮子は一条を生んで、七歳で天皇に就《つ》かせた。兼家の摂関家の地位はここで不動のものとなる。このシナリオを完璧に仕上げていくのが藤原道長で、彰子《あきこ》を入内《じゅだい》させて一条天皇の中宮《ちゅうぐう》とすると、「一条の世」を望月のごとくに完成させた。――★09

『三宝絵詞』〈984〉――再燃するモノたち

永観二年(984)に源為憲《みなもとのためのり》が編集した仏教説話集『三宝絵詞《さんぼうえことば》』によると、十世紀のころはすでに、各種の物語が「草木《そうもく》よりも生《お》い茂《しげ》り、その数は浜の真砂《まさご》ほどだった」という状況にあったらしい。つまりこの時期、人々は数多くの昔物語をカタログのように読みくらべ、何がウツツ(現実)であり、何がユメ(虚構)であるかを選別できる位置にいたのであろう。当時の昔物語は古代のモノたちが一斉に再燃した最後のカタリ集成ともいうべきもので、その多くが「もの言わぬものにもの言はせ、情《なさけ》なきものに情をつける物語」であった。しかし時代はもっと新しい消息を求めていた。――★02

『枕草子』〈996頃〉——**「小さきもの」への関心**

もともと私たちは、何かが欠けていたり、足りなくてもかまわないともおもってきたようです。それは「不足の美」とか「事足《ことた》りぬ美」と呼ばれたものでした。むしろ不足によってこそ、完全や満足というものではあらわせないことが出現するとみなしたのです。不足をいかに美しくするかということによって、人々のなかに満足の美というものを感じさせるのです。『枕草子』はそれを「小さきもの」といいました。——★12

それは、もともとは列島のサイズや日本人の体のサイズから来ているのかとおもっていたのですが、『枕草子』をよく読むと、どうもそういうことではない。清少納言《せいしょうなごん》は「変化の小ささ」に関心をもっているのです。微妙な変化の小ささです。たんなるサイズではない。葉っぱの色づきのような、季節の変化のちょっとした「うつろい」に感じる微妙な変化と似た小ささです。それが「小さきもの」という対象を見る目におよんでいたということです。これは芭蕉《ばしょう》の俳諧《はいかい》にあらわれる「しをり」や「ほそみ」の感覚にもつながるもので、「よく見ればなづな花さく垣根かな」です。——★11

われわれは「強くて激しい自然」というものをあまり思考の対象にしたり、感覚の対象にしたりしていないようなところがある。——★04

ちいさなカミ◉どうも日本の神さまはスケールからいっても小ぶりになっている。あまりスフィンクスのような大型がいない。むしろスクナヒコナ（少名毘古那）のような小さい神さまに特徴がある。つまり、何かつぶつぶしたキラキラしたものに霊力を感じるようなところがある。もともと日本人はどういう神さまが好きだったのだろうか。――★02

『源氏物語』〈1008頃〉――**本当の物語**

律令国家が生まれると、口承型のカタリは記録型のカタリに吸収される。とくに歴史的事象のカタリは次々に〝正史〟の内側にとりこまれていった。生きたカタリは死んだカタリの中に吸収された。しばらくはそれで維持されていた。しかしやがて、律令制にひびが入り、土地所有制が乱《みだ》れてきて、ふたたび各地のモノたちがうごめきはじめると、言葉に敏感な人々は〝本当の物語〟を求めはじめた。紫式部《むらさきしきぶ》はそうした時代の要請をいちはやく感受したすぐれた見者《けんじゃ》（ボワイアン）である。『源氏物語』の蛍《ほたる》の巻《まき》には、「神代《かみよ》より世にある事をしるしおきけるなり。日本紀《にほんき》などはただ片《かた》そばぞかし……」の〝正史〟や表面をつくろった旧型物語（昔物語）に対する痛烈な批判が見えている。紫式部は新しいモノ・カタリを求め、そして『竹取物語《たけとりものがたり》』にその萌芽《ほうが》を認めたのだ。――★02

はかなし◉女房の文化が充実してきたころ、「はかなし」という言葉がさかんに使われるようになります。「はか」は、今日でも「はかどる」「はかばかしい」「はかがいく」と使うように、事態が進捗《しんちょく》する単位をあらわします。漢字では「計」や「量」や「果」をあてる。積極的な単位です。その「はか」がうまく積めなければ、ふつうなら「はかどらない」ということになって、これは消極的で否定的な意味をもつ。ところが、「はか」がないこと、つまり「はかなし」という意味は、このころから少しずつ新しい意味をもちはじめたのです。「はかなし」はそれなりの美や奥行きをもつようになったのです。とくに和泉式部にはこの言葉が目立ちます。――★08

「はかなし」の美がありうることを発見してみると、いったいこの世に「はかなくないもの」なんてないのではないかというふうになっていった。――★08

「やまとごころ」と「もののあはれ」◉いまは「やまとごころ」というと、男たちの勇ましい心意気をあらわす言葉になっていますが、本来はそうじゃなかった。女性たちが、日本の言葉と文字で育んだ「もののあはれ」という感覚こそが、「やまとごころ」だったのです。『源氏物語』は貴族社会の物語であり、『平家物語《へいけものがたり》』は武士たちの物語です。この二つの物語のあいだに、貴族の世から武家の世への大きな時代の転換がおこっていた。にもかかわらず、『源氏物語』と『平家物語』には、時代を超えてつながっていくある共通点があります。それは『源氏物語』が「もののあはれ」なら、『平

家物語』もまた「あはれ」や「無常観」を物語っているということです。――★10

絵巻の時代へ〈十一世紀〉――消息の拡大

平安時代は「消息の拡大」をめざした。物語ばかりではない。和歌は詞書《ことばがき》をふやし、寺社は縁起《えんぎ》をふやしている。藤原文化そのものが「消息集」なのだ。モノの消息よりもヒトの消息に対する関心だ。モノの消息の終焉こそ、古代の終焉なのである。

こうした時代の変質に拍車をかけたのは、後宮《こうきゅう》の女房たちによる「女手《おんなで》の自覚」であろう。仮名の普及である。これは人々に思考の速度を与え、イメージの検討の余裕を与える画期的な動向となった。清少納言の批評力は、漢文的素養が仮名による表現の自由を得たときのすばらしい飛翔をなした。十一世紀後半に成立したとみられる源隆国《みなもとのたかくに》の『宇治大納言物語《うじだいなごんものがたり》』もそうした一例だった。女手はまた女絵《おんなえ》を生んだ。絵巻の時代がはじまった。――★02

物語と風●物語や絵巻が陸続《りくぞく》と生まれた背景には、古代から中世にかけての「遊行」や「遊芸」の動向があったことも忘れることはできない。『竹取物語』が読まれはじめたころは、空也が都大路に念仏を説きはじめたころでもある。かつて山の民《たみ》によって管理されていたカタリの伝統は、遊行僧や聖《ひじり》が山から降りてくるにつれて新しいスタイルをともなって巷間《こうかん》ににじみだしたことでもあろう。また、風とともに去るような遊芸の民が、かつてのカタリの世界をさまざまな芸におきかえて人々をたのしませたでもあろう。さらにいうならば、「風」こそカタリの隠れた本質を、時代を越えて運んでいたともいうべきである。——★02

風景、風光、風趣、風流、風聞、風来……
こうした「風の文化」の確立は、
まさに物語や絵巻が担った
もうひとつの重要な成果であった。——★02

主人公の美術◉中国では、詩・書・画が一致して山水長巻《さんすいちょうかん》のような図巻がでてくるときに、物語とかになるよりも、自然を描くほうに画巻が集中していくという傾向があります。日本では逆です。禅林《ぜんりん》文化が入ってきて山水画を描きましたが、それまでは、いわば宮中の姫君《ひめぎみ》たちの物語絵だったり説話絵だったりしたのです。つまり日本の場合は「主人公の美術」という傾向があるのです。主人公を描いていくことが特徴なんです。

絵巻物の特徴は、サロンの芸術であり、主人公の美術であり、名場面集です。描く方からすると挿絵的な性格がある。ひじょうに現代的で今様《いまよう》だという気がします。決して伝統にとらわれていないし、屏風絵《びょうぶえ》や襖絵《ふすまえ》のもつ四季絵《しきえ》や月次《つきなみ》性にもとらわれていない。伝統的なものから解放されたような、若々しい今様のエネルギーによって描かれたものだという気がします。しかもそこには古来の語部《かたりべ》の伝統が生きている。——★02

傾奇の関白——「歌舞伎」の起源

長元《ちょうげん》五年(1032)の賀茂祭《かものまつり》で、関白藤原頼通《かんぱくふじわらのよりみち》が小舎人童《こどねりわらわ》に派手な服装をさせ斎王渡御《さいおうとぎょ》の供奉《ぐぶ》に立てたとき、『小右記《しょうゆうき》』の筆者は「今日のこと、関白深く傾奇《かぶき》の気あり」と綴っています。「傾奇」はのちの「歌舞伎」の起源です。——★04

過差●中国の「逸格《いっかく》」にあたるのは、日本ではおおむね「異風異体《いふういたい》」です。ほかにバサラとかカブキがある。いずれも「やりすぎ」といいますか、つまり「過差《かさ》」ということです。能の前身の田楽《でんがく》や風流《ふりゅう》の踊りなどでは、やはり異風異体が最大のエネルギー源になります。また「禁色《きんじき》」を破ることも、ひとつのパワーでした。——★02

前九年〈1051—1062〉・後三年〈1083—1087〉の役——北の有事

承平・天慶の乱のあと、頼朝が征夷大将軍を〝復活〟させるまでに、時代社会を変更させる事態が進んでいた。まずは列島各地で多田源氏(源満仲《みなもとのみつなか》)、伊勢平氏(平維衡《たいらのこれひら》)、武蔵七党(横山党・児玉党)などの武士団が、次々にあらわれた。ついで武蔵の押領使《おうりょうし》だった平忠常《たいらのただつね》が房総半島一帯を巻き込んでおこした大きな反乱(1028–1031)を、源頼信《みなもとのよりのぶ》が平定して源氏の東国進出の橋頭堡《きょうとうほ》をつくることになった。これがきっかけで兵《つわもの》(もののふ)のパワーは東北に舞台を移し、いわゆる前九年《ぜんくねん》・後三年《ごさんねん》の役《えき》の奥州《おうしゅう》十二年合戦《じゅうにねんかっせん》をくりひろげた。

前九年・後三年の役は、奥州安倍《あべ》一族と清原《きよはら》一族の主導権争いに、源頼義《みなもとのよしいえ》などの源平《げんぺい》を代表する武将が絡んだ合戦である。承平・天慶の乱とともに日本の中世の本質を見極めるにあたっても、また「兵《つわもの》」の登場という点からも、そして「北の有事」の新たな意味を知るうえでも、きわめて重大な経緯をもっている。——★16

地方豪族の武門が貴族性をいつわりながらのし上がっていく。——★02

奥州藤原氏の繁栄〈十一—十二世紀〉——貴族を装う豪族

奥州《おうしゅう》藤原氏の清衡《きよひら》はもともと安倍氏という力のある家の娘をもらった経清《きよつね》の子で、藤原氏とは縁もゆかりもなかった。それが藤原氏を名のって、将門の乱に戦功のあった藤原秀郷《ふじわらのひでさと》の子孫だとみずからいうようになる。とともに源氏の義家《よしいえ》とも結んで清原氏の遺領《いりょう》のすべてをごっそりもらってしまう。——★02

兵と武士●歴史学では、十世紀の武力集団のことは武士団とはいわない。武士ではあるが、武家ともいわない。平将門らの武力集団は一時的な戦闘時にたとえ一千余の兵力を集められたとしても、ふだんは農業に従事している「兵」だった。それが十二世紀になると各地に所領をもつ在地領主でありつつ、かつ一族郎党《いちぞくろうとう》を率いた常時の戦闘能力をもった集団に変化する。これが武士団である。三浦《みうら》氏も大庭《おおば》氏も北条《ほうじょう》氏も武田《たけだ》氏も武蔵七党も、そして各地の源氏（村上《むらかみ》源氏や清和《せいわ》源氏）も平氏《へいし》（桓武平氏や伊勢平氏）も、こうした戦闘集団としての武士団なのである。そういう戦闘集団が日本列島各地で鎬《しのぎ》を削っていた。――★09

院政のスタート〈1086〉と北面の武士――寄進と托身

武士の発生はあきらかに反律令的性格から出てきます。荘園《しょうえん》制度、つまり貴族が班田法《はんでんほう》を崩しながら開墾などを名目に土地所有をしていくわけですが、農民は農民で、公民《こうみん》としての義務をのがれるために自分の口分田《くぶんでん》を貴族に寄進してしまう。そうすると、そういう農民は貴族の家族構成員のはしくれみたいなものになるわけです。それから土地農民のほうはいくつかの農家が集りグループをつくりながら「名《みょう》」を形成する。こういう共同体は当然律令とは反するわけですから、やっぱり貴族の保護を求めて、荘民《しょうみん》化する。そういった共同体リーダーや口分田を寄進した農民との間に

「家礼《けらい》を致す」という関係をつくるうちに、武家になっていくわけです。つまり、日本では「寄進と托身《たくしん》」ということが武家をつくる土台になっているのです。――★02

武士というのは、もともと地方豪族たちが自分たちの土地や財産を守るために自発的に組織した武装集団でした。それがやがて都《みやこ》に呼ばれて天皇や貴族の警備員をつとめるようになった。朝廷のなかにも大きな変化がおこります。白河《しらかわ》天皇が院政《いんせい》という体制をつくり、藤原家を押さえて政権を握ってしまった。それまでの天皇というのは、藤原家の意のままに即位したり退位させられたりして、利用されっぱなしになっていたのですが、ところが白河天皇は、退位しても上皇《じょうこう》という「院《いん》」の位となって、そのままトップの座に居続けた。「上皇」（法皇《ほうおう》）はそれまでは形式的な役職で、制度的にも何の決まりも縛りもなかったので、白河上皇は好きなように政治を動かすことができました。このとき、白河上皇が私設警備団として登用したのが「北面《ほくめん》の武士」という集団です。文武両道にすぐれた武士が選《え》りすぐられた。――★10

院政と治天●応徳《おうとく》三年（1086）に白河天皇が退位して上皇による院政が確立すると、律令による太政官制《だじょうかんせい》に大きな変更が加わって、まったく新たな政体が誕生した。この政体が南北朝末期に後円融《ごえんゆう》天皇が死去した明徳《めいとく》四年（1393）まで続いたのだ。その後も、後小松《ごこまつ》・後花園《ごはなぞの》をはじめ現役退位して上皇になった天皇は何人もいるが、権力を保持した例はなく、院政とはいわない。

院政とは上皇が実権をもって執政することで、この実権者のことを「治天の君《ちてんのきみ》」あるいは「治天」といった。———★09

永長の大田楽〈1096〉——「例外」のエネルギー

永長《えいちょう》元年（1096）のこと、京都は田楽《でんがく》の大流行に見舞われた。時の堀河《ほりかわ》天皇はこれを清涼殿に招いて天覧《てんらん》田楽とした。記念すべき民衆芸能の凱歌であった。世に「永長の大田楽」という。貴族の「例」の文化と、田楽の「例外」のエネルギーが並び、「格」と「破格」が並んだひとつの象徴的な事件である。ちょうど白河法皇が院の北面に武士をおいたころのこと、いよいよ武家が中央に登場しはじめるころのことである。いわば、公家の正面性を、はじめて武家の非正面性が突いた時期でもある。以来、芸能の自立は不思議に武家の自立と軌を一にして発展する。———★02

芸能の発展と武家の進出が
ほぼ同一のサイクルをもっていたことに注目したい。
両者はいずれ芸道と武道という「道《みち》」を共有する。———★02

タオイズム▼タオイズムを知ることは日本の思想史や文化史を知るうえでたいへん重要です。タオイズムがわからなければ日本はわからないという面も少なくない。日本には歌道とか華道とか茶道とか、あるいは武士道とか道徳とか道義といったいい方がたくさんありますが、そこでつかわれる「道」という言葉には、どこかでタオイズムの「道」がかかわっている。すなわち〝究極の方法〟が「道」なのです。英語でいえば〝WAY〟というものだったのです。――★04

みやびと風流●平安期、「風流」と綴ってミヤビと読ませている例がある。ミヤビは「宮ぶ」からきた名詞で、本来は「雅」という漢字があてられる。もっとも本家の中国の「雅」は雅正《がせい》といっていささか厳格であり、おおむねシンメトリカルなイメージが強かったのだが、わが王朝美学では墨流しのように左右がたがいにまじりあう、まさしく「風《かぜ》の按配」であるかのようなたおやかなデザインをたのしんだ。それは左京と右京のディストーション（ゆがみ）という都市構造の変化にもあらわれた。このミヤビという統合感覚を成立させているのが、「をかし」や「あはれ」であったろう。――★03

風流から遁世へ●「風流」をフリュウと訓《よ》むと、これは祭でつくられる華麗な作り物のことや風流踊りのことをさします。中世から近世にかけて描かれた遊楽図を見ると、派手な衣装で乱舞する群衆とともに、五、六人ものおとながスッポリ入るような大がかりな花笠がはなやかに描かれていますが、この花笠のような仰々しく飾り立てたものが風流《ふりゅう》であり、こういうお祭り自体も風流祭りとか風流踊りと呼ばれていたのです。ようするに派手なデコレーションや、それにともなって浮き立つ心そのものが風流なのです。

奈良時代から、時の政府は民衆の華美なふるまいを厳しく禁じてきています。とくに色の使用と奇妙な扮装《ふんそう》をすることにはうるさく、たびたび禁色の令や異風異体の禁令を出してきた。それでも、田楽ブームほどの熱狂はそれまでには類例がなかったのです。

日本の十一世紀や十二世紀は、そうした異風異体ブームをもはや上から抑えることができなくなった決定的な時代です。そこに律令制の完全な崩壊をみることもできます。これ以降、異風異体ブームは念仏踊りなどの宗教性をふくみつつ、また決して衰えることなく、というよりも時代の水面に没することなく、ずっとつづく。とくに十二世紀は田楽ブームをはじめ、後白河《ごしらかわ》法皇もとりこになった今様ブームや白拍子《しらびょうし》ブーム、大日能忍《だいにちのうにん》が火付け役になった達磨《だるま》宗ブームなどがかさなって、まさに「過差《かさ》」の大パレードが進行した時代です。貴族といえどもこの「過差」には無縁でいられない。気取ったかれらは座敷の中でこっそりと歌合せに熱中したのです。そこにまた、こうした「過差」を離れる西行に代表される「数寄《すき》の遁世《とんぜ》」が発生したのです。——★04

好きと数寄●数寄《すき》という変わった言葉は、もともとは「好き」に発しています。何かが好きになること、好きになったことにこだわること、それが「好き」です。もともと「好き」は平安期には好色《こうしょく》という意味をもっていました。ところが『宇津保物語《うつほものがたり》』蔵開《くらびらき》などに「ただ今のすきはあぢきなくぞ侍《はべ》る」とあるときの「すき」では、風雅《ふうが》なことや風流《ふうりゅう》な風情《ふぜい》を好きになることを意味しています。好色にひそむやむにやまれぬ気分が、しだいに風物への関心と重なっていったのです。なぜそうなっていったかといえば、平安王朝期の色好《いろごの》みはもともと互いに風雅を尽《つく》しての色恋沙汰《いろこいざた》だったからでした。

けれども数寄はそれだけにはとどまらなかったのです。実は数寄という言葉の響きは、同じ発音の「透《す》き」にも「鋤《す》き」にも「漉《す》き」にも、また「梳《す》き」にも「剝《す》き」にも通じていたのです。隙間（透き間）にも通じていた。すなわち数寄は何かを櫛のようなもの、あるいは柵や歯のようなもので透き通らせていくという多様多彩なイメージをもっていたのです。——★08

梳いて、漉いて、鋤いて、透いて、空いて、
なお残るもの、それが
数寄というものではなかったかとおもうのです。——★08

「三十六人家集」〈1110〉——王朝感覚の爛熟

書の歴史は古今集的世界の展開とともに、あるいは散らし書きの妙《みょう》（「寸松庵色紙《すんしょうあんしきし》」）へ、あるいは細心の極微《ごくみ》の妙（「関戸本《せきどぼん》」）へと造型の振幅をみせつつ感性をみがきあげ、やがて、あでやかな粘葉装《でっちょうそう》

の「三十六人家集《さんじゅうろくにんかしゅう》」に集結する。そこにはもはや万葉仮名時代の苦闘はなく、爛熟しすぎた王朝感覚の審美《しんび》のみが静まりかえる。ここまでがひとつの奔流《ほんりゅう》の太初《たいしょ》と太終《たいじゅう》である。やがて武家社会が日本をおおうと、新しい幕があけられる。禅林墨跡《ぼくせき》の独尊力《どくそんりょく》、隠逸《いんいつ》の文人たちの好尚力《こうしょう》、宗教改革者たち（親鸞や日蓮）の翻案力《ほんあん》などが乱世の隅々に及んで……書にも文字文化にも正確な時代性が刻印されることになる。――★02

「風」の文化――風合、風情、花鳥風月

貴族中心の美意識に新興の武家社会が次々に介入してくると、「あはれ」と「みやび」はたちまち分散し、一方では「あっぱれ」的な感覚が生じてくるとともに、なんとか「あはれ」をさらに深くとどめようとする「余情《よせい》」や「有心《うしん》」が発達します。そのうえ、貴族でもなく武家でもない第三の道を選ぶ者も出てくる。それが「数寄の遁世」と呼ばれている隠棲《いんせい》もしくは漂泊《ひょうはく》の様式です。たとえば西行や長明《ちょうめい》の登場です。そして、これを機会に花鳥風月を友とする風合《ふうあい》や風情といった「風」の文化が全国に散っていきます。――★04

あはれとあっぱれ◉たとえば緋縅《ひおどし》の鎧に身をつつんだ年若い紅顔の美少年のような武士が、源平の戦いで死んでいく。それは公家的にいえば「あはれ」です。しかしそうやって死んでいく者を、

武家では「あはれ」とはいわず、「あっぱれ」としたわけです。──★13

武士は貴族にはなれません。出自は東国や西国の田舎で、都人《みやこびと》である貴族の「みやび」(雅び)というものが身についていない。「あはれ」の感覚を知ってはいても、貴族のように「もののあはれ」を詠《えい》じたり、なかなか上手な文芸にしたりすることはできません。清盛《きよもり》のように貴族の雅びを強引に権力と財力でものにしようとした武士は結局は笑いものにされてしまいます。そこで武士たちは「あはれ」を「あっぱれ」というふうに破裂音を使って言い替えることによって、貴族の美意識を武士の美意識にしていったのです。──★10

ここから先、日本は縄文的でいささか荒々しいスサビ(荒さび)のエネルギーと、弥生的で静かなスサビ(遊び)という二つのスサビのストリームが交互に交差し、交じりあい、また分離自立していく。──★04

は

歩く西行、坐る道元。

●鎌倉幕府から戦国まで

道理と今様

中世がおもしろいのは、古代アニミズムを背景とした観念技術がひとつひとつ具体化され、また解体されて、村や都を変質させ、祭祀《さいし》から富を派生させ、人々の意識の動向につねに抑圧と解放を自覚した反応が見られるからである。――★03

西行出家〈1140〉――遊行の先駆者として

遊行上人《ゆぎょうしょうにん》のように外を動く僧がふえてくると、やがて僧侶でもないのに「遊行」という生き方をライフスタイルとして真似る人々が、たくさん出てきます。現実社会の権力や財産を捨てて、山裾《やますそ》に庵《いおり》を結んだり、旅を住処《すみか》にしたりすることによって仏《ほとけ》の道に近づこうとしたわけです。

ついでは、仏の道というよりも、世をはかなむ生きざまを美意識として高めていくような人々も出てきます。その代表的な人物が、歌枕《うたまくら》をめぐって諸国を遍歴《へんれき》した能因法師《のういんほうし》であり、武家を捨てて歌に遊んだ西行《さいぎょう》でした。のちに民衆のあいだに踊り念仏を広めた一遍《いっぺん》も西行を遊行の先駆者として尊敬してましたし、世阿弥《ぜあみ》も西行を主人公とした能をつくっています。江戸時代になると松尾芭蕉《まつおばしょう》

が西行を真似て日本中を旅して『奥《おく》の細道《ほそみち》』のような俳句をつくります。――★10

『作庭記』の時代〈十二世紀〉――名所の感覚

平安期に誕生した寝殿造《しんでんづくり》の庭は、その後にもっぱら「遊宴《ゆうえん》の庭」の伝統を生み、欣求浄土《ごんぐじょうど》の思潮とともに各地に造園された。「浄土の庭」は、そこに西方《さいほう》浄土が出現することをめざして華麗な阿弥陀堂《あみだどう》などの建築結構の伝統を生んだ。歴史は「遊宴《ゆうえん》の庭」に花月を散らし、歌枕を咲かせ、「浄土の庭」に此岸《しがん》と彼岸《ひがん》を分ける池や州浜《すはま》を発達させたのである。しかし、これらもやがて融合して、十二世紀の鳥羽殿《とばどの》の広大な庭園などに合流された。今日なお「秋の山」を残す鳥羽殿庭園は、春夏秋冬それぞれの山を配するほどであったという。『作庭記《さくていき》』の時代であった。――★02

保元・平治の乱〈1156・1160〉――天皇対上皇

西行と平清盛《たいらのきよもり》は同じ北面の武士で、かつ同い歳です。平氏は地方の反乱を治めて実績をあげながら、独自に西国に勢力をのばして中国と貿易を始めて、経済力を蓄えていきます。その平家のライバルが、東国から出てきた源氏一門でした。こうした背景のもと、保元《ほうげん》・平治《へいじ》の乱で天皇方と上皇《じょうこう》方が割れるということがおこります。保元の乱では後白河《ごしらかわ》天皇と崇徳《すとく》上皇が対立して、そこに平氏と源氏が互いに絡んで争闘します。後白河側が平清盛や源義朝《みなもとのよしとも》で、崇徳側が藤原頼長《ふじわらのよりなが》や源為朝《みなもとのためとも》です。

次の平治の乱では清盛・重盛《しげもり》が勝って、義朝・頼朝《よりとも》が負けました。――★14

王朝女歌の系譜●藤末鎌初《とうまつけんしょ》を源平武士の華麗壮烈な表舞台だと思いこみすぎると、ついつい時代を「男」の社会文化とみなしがちであるが、これはまちがいだ。男の社会が半分、女の感覚が半分なのである。とくにこの時代、後白河をとりまいた遊女《ゆうじょ》や白拍子《しらびょうし》、巴御前《ともえごぜん》や静御前《しずかごぜん》とともに、後鳥羽《ごとば》院の新古今時代の幕開けの女歌《おんなうた》において、後白河の第三皇女《こうじょ》の式子内親王《しょくしないしんのう》を筆頭に、『平家物語』に語られた小侍従《こじじゅう》、多作で聞こえた殷富門院大輔《いんぷもんいんのたいふ》、百人一首の歌から〝沖《おき》の石《いし》の讃岐《さぬき》〟の名がある二条院讃岐《にじょういんのさぬき》、その従姉妹だった宜秋門院丹後《ぎしゅうもんいんのたんご》、そして、とりわけ建礼門院右京大夫《けんれいもんいんうきょうのだいぶ》がいたことを忘れてはいけない。

王朝女歌の系譜だけでわかりやすくいうのなら、清少納言と紫式部、ついで伊勢《いせ》と赤染衛門《あかぞめえもん》の歌が続いて、そこでさしもの藤原文化が末法にまみれるかのように途絶《とだ》えると、そのあとに源平騒乱の只中《ただなか》に建礼門院右京大夫の時代がひときわ孤立するようにやってくるという、そういう順なのだ。――★09

頼朝挙兵〈1180〉――武者の世の到来

「鳥羽院《とばいん》失《う》せ給《たま》ひて後《のち》、武者《むさ》の世《よ》になりにけるなり」と慈円《じえん》は『愚管抄《ぐかんしょう》』に書いた。保元の乱以降、清盛が天下を占めて武士の時代になってしまったという嘆息《たんそく》だ。しかし武者が絶顚《ぜってん》をきわめるのは清盛が最後ではなかったし、武者が世の耳目をそばだたせたのも清盛が最初ではなかった。すでに二〇〇年も前に平将門《たいらのまさかど》の名は海道にとどろき、それ以降も源平は代るがわるに時代をリードしつつあった。とりわけ承徳《しょうとく》二年（1098）に源義家《みなもとのよしいえ》が院の昇殿を許されたのは注目すべき結節点だった。むしろこのように「武者の世」が実質的な進行をみせていたにもかかわらず、清盛の意図がいまだ貴族政治の残響の裡《うち》にあったことの方が時代の本質からずれていた。これを強引に兵をおこして「武者の世」としたのが頼朝である。——★02

頼朝挙兵の報せを聞いた京都の九条兼実《くじょうかねざね》は、日記『玉葉《ぎょくよう》』に「あたかも将門の如し」と二〇〇年前を振り返ったものだった。——★02

平氏の興亡●平清盛があっというまに朝廷の真ん中に躍りでて、政治の担い手が貴族から武士へと替わったわけです。武門政権の誕生です。といっても、清盛は政治的にはそれまでの藤原家と同じように、天皇に娘を嫁がせて婚姻関係を結び、権力をふるうというやりかたを踏襲しただけでした。中国との日宋《にっそう》貿易などは、藤原家や貴族たちにはまったくできなかった画期的な政策ですが、権勢を握ったとたんに貴族の真似事をする成り上がりになってしまいます。当然、天皇家からも貴族からも顰蹙《ひんしゅく》やら反目《はんもく》を買ってしまいます。そこで立ちあがったのが、源頼朝でした。各地の武士団をまとめて、平家打倒をかかげて挙兵する。あわてた清盛も応戦するものの富士川《ふじがわ》の合戦で大敗をして、まもなく清盛自身が病に倒れ、ついに平家一門は壇《だん》ノ浦《うら》の合戦に破れて滅亡してしまいます。――★10

日本では藤原貴族文化と武家文化をつなぐ、中国における宋《そう》の文化にあたるものがない。急に入れ替わっている。――★02

今●日本は中国に較べるとものすごく変化に敏感です。またその受容力ががっかりするほど早い。いいかえれば、時代のスパンに対する反応は驚くほど細やかで、しかもあきらめも早いのです。後白河慈円が「鳥羽院の失せ給ひて後」といった〝武者の世〟にしても、パッと広まっています。藤原頼長の『台記《たいき》』に「何ぞ先例の今様狂いを筆頭に、「今」に対する感受性が過敏なまでに高い。藤原頼長の『台記』に「何ぞ先例を守らんがために道理《どうり》を失うべけんや」という有名な文句がありますが、そういうように先例と今様、つまり「例」と「今」とがしょっちゅう抗争して、だいたいは「今」が凱歌をあげている。

中世では、今日吉《いまひえ》とか今熊野《いまくまの》とか、宇治《うじ》につくられた今伊勢《いまいせ》とか今明神《いまみょうじん》がすぐに出現するのですが、こういう現象をみていると、歴史観が次々にすばやく入れ替わっているというより、やっぱり「もどき」のうまさであり、縮景的《しゅくけい》再生産の早さだという気がします。ただ、そこには「例」に対する「今」の一挙的波及という何か不思議な日本的なパワーがはたらいていることは確かです。鎌倉時代の文化は、このことがまた最も顕著《けんちょ》に現実化しているので、鈴木大拙《すずきたいせつ》の〝日本的霊性《れいせい》〟の時代とは別のもうひとつの〝日本的なるもの〟が誕生しているようにおもえるのです。その〝日本的なるもの〟というのは、いわば「様式的感覚」といったものです。「様」というものに対する独特の趣向力、選択力です。――★02

武者と無常◉「武者の世」は「今様《いまよう》の世」である。先例（クラシズム）に対する今様（モダニズム）が流行し、法然《ほうねん》・親鸞《しんらん》・日蓮《にちれん》・一遍らによる新仏教にも、運慶《うんけい》・快慶《かいけい》らの慶派《けいは》による造仏《ぞうぶつ》にも、「仏も昔は人なりき、我もついには仏なり」という人間並みの喜怒哀楽《きどあいらく》がみなぎった。

しかしその喜怒哀楽が武士の日々の栄枯盛衰《えいこせいすい》のはかなさと重なるにつれ、例の世も今の世もしょせんは有為転変《ういてんぺん》をくりかえす「無常」であるというおぼえも広がり、遁世《とんぜ》あるいは出家を志す者もあとを断たなかった。このような無常感は「かたかたにあはれなるべきこの世かなあるを思ふもなきをしのぶも」と詠《えい》じた西行、「目の前に無常を見ながら日々に死期の近づくことを恐れぬことは智者もなし、賢人もなし」と綴った鴨長明《かものちょうめい》、「世の中を捨て出《い》でぬこそ悲しけれ思ひ知れるも思い知らぬも」と『拾玉集《しゅうぎょくしゅう》』にのこした慈円らに、とくによく象徴される。――★02

『梁塵秘抄』〈1180頃〉――遊びをせんとや

かくて今様の爆発がやってくる。それはまさに今様歌《いまようた》、いわばニューポップスというものである。後白河法皇の時代のことだ。法皇は美濃《みの》青墓《あおはか》の遊女らしき乙前《おとまえ》らに惹かれて、自分で今様を習うほどだった。乙前はそのとき六十をすぎる老女であったが、ともかく法皇は遊び惚《ほう》けたのだ。その入れこみようは尋常でなかったらしい。

こうして編集されたのが『梁塵秘抄《りょうじんひしょう》』である。すばらしい編集だ。『梁塵秘抄』の有名な歌が「遊びをせんとや生まれけん、戯《たわぶ》れせんとや生まれけん」というもので、しょせんはかない人間の一生なんだから、おおいに遊びましょう、遊び狂いましょう、といった内容だ。これに象徴されるように、遊行の民たちは都の人々の心に巣くっている無常観を、新しいスタイルの歌や芸能によって「遊び」へと転化してくれる存在だった。

ただし、当時の「遊び」は楽しみのためだけにする遊びではなかった。そこには行きつくところまで行ってしまいたいという、必死なおもいがこめられていた。こういう状態のことを「遊び」と書いて「すさび」ともいう。スサとは「すさまじい」のスサであり、「すさんでいる」のスサでもある。

★10

今様●今様は「当世風《モダンスタイル》」という意味だ。だから、今様というのはポップスとか流行歌とかと思えばいい。それでまちがいはない。が、ポップスとしては、いまどきの出来とは格段に異なる。何が異なるかといえば、歌詞のバックヤードにたくさんの神仏が控えていて、歌詞が広大で深遠なのである。かつ言葉が徹底して、まことに陶冶《とうや》され、それでいてシンプリファイされた編集推敲《すいこう》がされている。リズムもいい。字余《じあま》りもうまく入れこんである。編集推敲されているのは多くの語り方や歌い方が錬磨《れんま》されてきたからで、今様のどれひとつとして一夜でできたものではないからだ。——★17

日本神話のスサノオは、まさしくスサビの神様だった。——★10

和魂と荒魂●日本には和魂《にぎみたま》と荒魂《あらみたま》というものがあります。正式には和霊・荒霊と綴ります。和魂は事態や気分を和《なご》ませ、和《やわ》らげる。荒魂はその逆にやや荒っぽく方法を行使することです。いま、和風が見なおされ、「和《わ》」がブームになっていますが、私は今日の日本にはむしろ「荒」のほうが大事だと考えています。「荒」は「荒《あ》れる」と綴るけれど、これはスサビとも読みます。スサビというのは、風が吹きすさぶとか、口ずさむとか、屋根や庭が荒れている、というときに使う言葉です。事態や光景や好みが長じていくことがスサビです。スサノオという名もそこから来ているわけで、荒魂を代表する荒神《こうじん》でした。歌舞伎《かぶき》にも荒事《あらごと》と和事《わごと》があります。ただし、ただ荒れるだけ荒れればよいというものではない。それは「変《へん》」や「乱《らん》」です。日本の荒魂はつねに毅然《きぜん》としたものがあり、どこかで和魂と結びあっているところがあった。それがすさぶということです。しかも、この「スサビ」は「荒れ」であって、かつ「遊」とも綴った。だから、遊びと綴ってスサビと読むのです。そこがたいへんおもしろい。——★12

アソビの背後には、必ずスサビの感覚が控えている。——★04

法然〈1133―1211〉の専修念仏——選べる仏教

そもそも仏教における「声」の世界は、一般の民衆たちとはかなり隔絶されたものでした。読経《どきょう》、唱導《しょうどう》、講式《こうしき》、披講《ひこう》、問答《もんどう》、声明《しょうみょう》などは、一から十まで仏教の「プロ」がおこなうことだったのです。しかし法然は、そういう幾多の仏教の「声」を編集して、最終的には「南無阿弥陀仏」という六文字の名号に集約していった。

法然が一心にさぐっていたのは、自力行によって悟りをひらくことができない人々に、「凡夫《ぼんぷ》」と「他力」と「浄土」をつなげる方法を提供することだったのです。それもそのことが、阿弥陀の慈悲による贈りものであるように感じてもらえるようにしたい。そんなふうに思っていたのだろうと想像します。

誰もが僧侶のように修行できるわけではないし、学僧のように仏教の教義が理解できるはずもありません。多くの民衆は文字も読めないし、往生の意義もわからない。でも、法然自身はその面倒な経典の大半に目を通し、厳しい修行もやってきたわけです。それならその法然が選んであげればいいのではないか。法然の「選択《せんじゃく》」がみんなのヒントになればいいのではないか。

おそらくはこんなふうな判断にもとづいて「選べる仏教」としての専修念仏《せんじゅねんぶつ》による仏教を断固として「選択」したのではないかと思います。それでどうなったのかといえば、法然に始まった選択型仏教の潮流はとどまることを知らず、のちの道元《どうげん》や日蓮《にちれん》もそのことに気がつくわけですから、これはまさにニューウェーブでした。一人の念仏が、一人の座禅が、一人の題目がそれぞれ「選んだ仏教」になるということの、スタートだったのです。――★15

栄西〈1141―1215〉にはじまる――御感悦の茶

栄西《えいさい》が茶を持ち帰った翌年の建久《けんきゅう》三年（1191）に頼朝が征夷大将軍《せいいたいしょうぐん》となり、武家の棟梁《とうりょう》の時代となります。武門社会のスタートです。貴族社会とちがって主従関係が厳格です。このときまったく新しい仏教様式である禅宗が登場して、茶の文化がここで歴史舞台の前に出ます、その最も有名な話が、栄西が実朝《さねとも》に茶を献じ、将軍が御感悦《ごかんえつ》したという『吾妻鑑《あづまかがみ》』の記事でした。茶は禅林《ぜんりん》から広まっていったのです。このころ、茶というものはまだまだ高価な仙薬《せんやく》でした。実朝はおそらく二日酔いにでも苦しんでいたのでしょうから、きっと茶が効いたのでしょう。病いが癒《い》えた将軍家のお墨付きをもって、茶はしだいに禅林から武士階級へと広まっていきます。将軍家は功績のあった忠臣や功徳のある高僧にたいする褒賞として御感悦の茶をふるまったのです。この主従の習慣がのちに茶とともに茶器《ちゃき》を愛《め》であう感覚や茶具足《ちゃぐそく》の流通する感覚を準備していきます。

仙薬としてのお茶も、しばらくは「道行《どうこう》の資《し》」(仏道修行の助け)として意義づけられ、叡尊《えいそん》や忍性《にんしょう》といったボランティア型の仏僧(律僧《りっそう》)のように民衆に施茶《せちゃ》をする者も出たのですが、鎌倉末期や南北朝《なんぼくちょう》時代になると、無礼講《ぶれいこう》や破礼講《はれいこう》と呼ばれた乱遊飲食の会がそこかしこで催され、そこには「悪党《あくとう》」も加わって、少しく秘密結社めいた茶も遊ばれるようになる。そのうち「闘茶《とうちゃ》」が始まり、本茶《ほんちゃ》と非茶《ひちゃ》の区別や、水の産地の異同を競うような遊芸に発展します。これは「あわせ」と「きそい」のお茶ヴァージョンです。——★08

禅と茶◉栄西や道元《どうげん》が持ち帰った文化は禅という宗教性だけではなく、生活の倫理やその道具立てに関する精選された情報でもありました。いわば高級なカタログ文化を持ち帰ったのです。それを当時は、「教外別伝《きょうげべつでん》」とか「不立文字《ふりゅうもんじ》」といって、文字によらないコミュニケーションをこころざすものとみなされます。そこに茶の文化の発生もあったわけです。そこが茶禅一味《ちゃぜんいちみ》といわれるゆえんでした。喫茶の風習も、最初は道教的な「養生」といった考え方の中にあったのでしょう。加えてそこには「禅機《ぜんき》」といいますか、チャンス・オペレーションとしての喫茶ということもあったとおもいます。養生と禅機としての茶……岡倉天心《おかくらてんしん》はそこを一言で「無」というもので語ります。やはり多分に道教的思想性をこめたうえでの発言だとおもいます。――★02

鎌倉幕府〈1192〉――封建制の確立

鎌倉幕府を支えたのは将軍の家人《けにん》たる領主層である。これが武者あるいは武士（武家）の実体だった。領主層の特徴は土地を直接占有しているかどうかではなく、土地の領有権が将軍によって保証されているかどうかにあった。その保証書を「公験《くげん》」といったが、領主層が単なる名主《みょうしゅ》や地主と異なっていたのは、この公験による権利保証者であるということだった。

幕府が御家人《ごけにん》としたのはこの領主層たちである。領主層は名主・地主をふくめた武士団によって構成される同族的結合集団を形成する。この血縁力と軍事力を二大要素とした組織が「党《とう》」であり、党のもとに一族・一門・一家がそれぞれ忠誠を誓いあう。一族の嫡家《ちゃっけ》のリーダーである惣領《そうりょう》は各家ごとの郎党《ろうとう》をかかえ、将軍との間に「御恩《ごおん》と奉公《ほうこう》」の主従関係を結ぶことによって、領地（本領《ほんりょう》）を保証（安堵《あんど》）される。

ここにわが国ではじめてのピラミッド型の封建制《ほうけんせい》が誕生したのであるが、そのピラミッドの紐帯《ちゅうたい》となったのは上からの「本領安堵」と下からの「一所懸命《いっしょけんめい》」にすぎなかった。たとえば党に入れない非御家人は、のちに「悪党」となってこの一筋縄の封建制度をゆるがすのである。――★02

征夷大将軍●もともと「将軍」という言葉は指南車《しなんしゃ》をもったグループリーダーという意味である。つまり、方向（ディレクション）を示すディレクターのことをいう。征夷《せいい》の「夷《い》」は夷狄《いてき》すなわち外国の敵ということである。古代日本は中華思想を輸入して、この名称を外敵にあてがった。しかし本来の海外の外敵の対処にはもっぱら西の太宰府《だざいふ》があてられていて、それとはべつの北の〝国内の外敵〟にのみ征夷将軍《せいいしょうぐん》や大将軍《たいしょうぐん》の名がつかわれた。陸奥《むつ》の蝦夷《えみし》にのみ征夷の対象が向けられたのだ。ということは、つまりは「北の有事」に備える軍事総司令官が征夷大将軍だったのである。
――★16

禅の波及▼禅定《ぜんじょう》の発見はインダス文明にはじまっていた。釈尊《しゃくそん》（ブッダ）から龍樹《りゅうじゅ》（ナーガルジュナ）に至る流れは、これを「空《くう》」と呼んだ。一方、中国にも老荘《ろうそう》思想にはじまる「無」の境涯があった。禅の歴史はそれらの激しい交流の表現史でもある。――★02

中国がモンゴル人（元《げん》）によって占拠され、祖国の地を追われた中国の仏教者たちの一部が、新天地を求めてしだいに日本に入ってきます。この時代に中国から日本にやってきたのが禅宗です。

禅宗はそれまでの中国仏教になかった老荘思想をとりこみ（タオイズム）、さらに坐禅という厳しい戒律の制度をもっていたので、それが日本の武士の精神とぴったりとあいます。たちまち鎌倉五山《ごさん》や京都五山といった中国様式の禅寺がつくられ、禅は中国に生まれて中国で発展したのち、日本で広まっていくことになります。――★10

結局、日本仏教は、禅によってもう一度ブッダの修行の原点に戻っていった。そういう日本において、独自に修行と念仏が並列したのです。――★12

「禅の中世」の開幕〈1200〉――そして「念仏の中世」

ちょうど十二世紀のおわりにあたる正治《しょうじ》二年（1200）のこと、尼《あま》将軍と呼ばれた北条政子《ほうじょうまさこ》が夫の頼朝の一周忌を記念して鎌倉は亀谷《かめがやつ》の地に寿福寺《じゅふくじ》を建てた。開山には宋の天童山《てんどうさん》から帰って九年目の栄西が迎えられた。「禅の中世」の開幕だった。

この年は、いろいろな意味で象徴的な年である。梶原景時《かじわらかげとき》一族が滅亡し、代って北条時政《ときまさ》（政子の父）をリーダーとする北条一族が歴史の前面に躍りでた年でもあった。少壮気鋭の後鳥羽院がちょうど『愚管抄』の著者慈円を院《いん》に召して新時代の構想を練り、藤原定家《ふじわらのさだいえ》が『新古今和歌集《しんこきんわかしゅう》』の準備をはじめ、運慶や快慶が前時代を払拭する力動感に充ちた彫塑《ちょうそ》に立ち向かい、親鸞がついに因習に堕《だ》した比叡山《ひえいざん》を捨てて念仏に専心する決意をかためて「悪人正機説《あくにんしょうきせつ》」を打ち出す直前の、そんな一二〇〇年である。おりしも幕府はこの年に念仏宗を禁じ、いよいよ鎌倉に流れこもうとする専修《せんじゅ》念仏の波に神経をとがらせていた。法然の『選択本願念仏集《せんじゃくほんがんねんぶつしゅう》』は、二年前に完成したばかり、栄西の『興禅護国論《こうぜんごこくろん》』もまた、二年前にできあがったばかりだった。

一二〇〇年の鎌倉は、さまざまな画期の波の波頭の上にあった。「禅の中世」は「念仏の中世」の開幕でもあったのである。そしてまさしくこの年、京都木幡《こわた》の地に道元が誕生していた。——★02

「型」が生まれるには、ひたすらそのことがくりかえされる必要もある。そのためにいちばん重視されたのが坐禅です。——★12

禅と型◉日本の文化はよく「型《かた》」の文化だといわれます。しかし道元以前の日本では、それほど「型」というものは重視されていなかったのではないかとおもいます。あるとしても有職故実《ゆうそくこじつ》のようなものです。そこには身体的な型は加わっていない。それが、禅によってかなり「型」というものが身体的にはっきりしてきます。しかもそれは凍《い》てつくような冬ざるる環境のなかで生み出されていったわけです。ただし、それ以前の浄土観をすべて否定したわけではない。それを継承しながら、「型」までもっていったわけです。あとは世阿弥が引き受けます。——★12

学芸の中世――水墨、能楽、連歌、茶の湯……

「禅の中世」は、また「学芸の中世」である。いったいに中世文化は鎌倉五山と京都五山の間にはさまって、まず十全な古典主義の爛熟をはたし、やがてここから脱して無常や余情《よせい》をたたえつつ、あるいは詩文に、あるいは作庭《さくてい》に、あるいは書画に、その禅味を加えるという進行をとる。それは良い意味でも悪い意味でも〝禅の縮景化〟の進行でもあった。

こうして十五世紀、世は北山《きたやま》文化から応仁《おうにん》の乱に向い、風狂《ふうきょう》の禅僧一休宗純《いっきゅうそうじゅん》が反骨の気配をまくころ、「学の中世」は「芸の中世」に大きく傾いて、如拙《じょせつ》や周文《しゅうぶん》にはじまる水墨画の隆興《りゅうこう》をうながし、世阿弥や禅竹《ぜんちく》の能楽《のうがく》、一条兼良《いちじょうかねよし》や宗祇《そうぎ》の連歌《れんが》を次々と開花させた。応仁の乱につづく東山《ひがしやま》文化、さらにそれにつづく村田珠光《むらたしゅこう》の茶の湯の文化……これらはいずれの能禅《のうぜん》一如《いちにょ》あるいは茶禅一味をうたう禅文化の嫡子《ちゃくし》でもあったのである。

近世、この流れは「禅と数寄の縫合《ほうごう》」にまで至る。これをふたたび「禅の自立」に導くには、江戸時代の白隠《はくいん》、鉄眼《てつげん》、卍山《まんざん》らを待たなければならなかった。――★02

『無名草子』〈1202〉と『平家物語』――無常感の浸透

建仁《けんにん》二年（1202）に成立したとみられる『無名草子《むみょうそうし》』には、作り物語の論評がある。日本文学史上初の評論文学だ。この時期に物語批評が完成していたということは、武家社会の登場が物語世界に再度の変質を迫っていたことを示している。それでも多くの物語がつくられ、絵巻が描かれた。けれどもそれらはおおむね「擬古《ぎこ》」に傾いていた。そして「擬古」の底から「無常」がのぞき、『平家物語』のしらべをつくっていた。——★02

日本人の無常感をとくに決定的にしたのは、さしもの権勢を誇った平家一門があっけなくも滅んでしまったことでした。『平家物語』冒頭の琵琶法師《びわほうし》の語り出しは、哀感をもってこのことを劇的にあらわします。『平家物語』とともに、「いろは歌」のような有為転変の無常感もしだいに世の中に広まっていきます。そこには『般若経《はんにゃきょう》』の思想（空《くう》の思想）が静かに対応しています。——★08

中世は自由狼藉《ろうぜき》の場所をあえて創発させていったのである
しかも耐えられないほど辛い場所に。
しかも想像を絶するほど明るい陽気によって。——★09

会所の出現〈1203〉——「乱れがわしき」空間

中世によって接客空間の必要性が出てきたことが、それまでのハレとケ、あるいは「公《こう》」と「私《し》」という二分的な空間のアクティビティを変更させます。でも、当時の人々にもちょっと目をおおいたくなるようなところがあったようです。「会所《かいしょ》」という言葉は鎌倉時代の初期にもう出てくるのです

が、鴨長明が『無名抄《むみょうしょう》』にやはり会所に対して「乱《みだ》れがわしき」と文句をいっています。悪趣味だということです。――★02

鎌倉仏教と神々――本地垂迹思想の発展

鎌倉時代は神仏習合《しんぶつしゅうごう》の劇的展開が連打される時代だ。これを本地垂迹《ほんちすいじゃく》思想という。仏尊《ぶっそん》を本地とし、神祇《じんぎ》を垂迹とするこの考え方は、もともとインド仏教がヒンドゥの神々に対して採用した〝見立て〟であった。日本では、この仏本神迹《ぶっぽんしんじゃく》の観点がさらに変化をとげて、春日権現《かすがごんげん》・白山権現《はくさんごんげん》などの権現信仰に発展する。十一世紀ころからのことだった。かつて、仏によって零落《れいらく》の憂き目をみた神は、こうして今度は仏を足場としてその姿をより強固に明瞭にしはじめた。神仏はついに手を結びはじめたのである。

まず、神密《しんみつ》習合が進行した。真言密教《しんごんみっきょう》は稲荷《いなり》神社と東寺《とうじ》を結び、伊勢神宮と室生寺《むろうじ》を結んで、胎《たい》蔵界《ぞうかい》と金剛界《こんごうかい》をイザナギとイザナミや伊勢神宮の内宮《ないぐう》と外宮《げぐう》に見立てるという大胆な発想に及んだ。「両部神道《りょうぶしんとう》」のおこりだった。一方の天台《てんだい》密教も一乗本覚《いちじょうほんがく》思想にもとづき、延暦寺《えんりゃくじ》と日吉《ひえ》神社の神密習合を進めて、いわゆる「山王神道《さんのうしんとう》」を世に問うた。密教ばかりではなかった。大日能忍《だいにちのうにん》をリーダーとする日本達磨《だるま》宗の一派は、道元のおこした曹洞禅《そうとうぜん》と白山《はくさん》信仰を合流させ、同時代の日蓮もまた、「法華《ほっけ》神道」に着目して、三千余社の大小の神祇も釈尊の子息なり、とまで述べたのである。日蓮宗の寺院にみられる三十番神《さんじゅうばんしん》の設定は、日本の代表的な神々が一か月三〇日間にわたって毎日順番をきめて『法華経』を守護するという壮大な神仏ネットワークの計画にもとづいていた。――★02

そもそも仏教とはせんじつめれば、意識をどのようにコントロールするかという方法のことである。――★09

鎌倉仏教と時間●いささか安心立命を失ってきた鎌倉時代を生きた東国の武士たちは、法然・親鸞・栄西・道元らの「時間をとめる仏教」に強い共感を示します。それは中国に生まれた浄土宗や禅宗とはかなりちがったもので、宗教というよりも、生き方や死に方のスタイルを説いていました。平安時代の浄土観ともまたちがう、戦場でいつ死んでもかまわない安心と覚悟を求める宗教でした。禅学者・鈴木大拙がいみじくも「日本的霊性」と名付けた鎌倉仏教の動向です。これがのちのち武士道にもつながっていくのです。

ある意味では、日本の宗教は、時間を延長するか、促進するか、あるいは停止させるか、そこで分れていくのです。ごくごく単純化していえば、浄土教系は浄土を想定して往生の先を約束し、密教系は即身成仏《そくしんじょうぶつ》を説いて速疾《そくしつ》を訴え、禅宗系は止観《しかん》や脱自《だつじ》を説いて「そこに坐《すわ》れ」といったのです。そう見ることができます。――★06

「神道」の成立〈十三世紀〉——神祇派の逆編集

中世になると、アマテラスと阿弥陀如来《あみだにょらい》が組み合わさったり、それが大日如来《だいにちにょらい》に配当されたりします。またそこに、牛頭天王《ごずてんのう》や蔵王権現《ざおうごんげん》や新羅明神《しんらみょうじん》や摩多羅神《またらじん》や赤山明神《せきさんみょうじん》などのように、中世になってから突如としてあらわれるようになった新たな出自の神仏がどんどん参入していきました。本地垂迹説は、いろいろな場面で日本の社会観や宗教観に大きな影響を与えます。とりわけ興味深いのは、仏教側の本地垂迹説に対して、神祇派の側からの果敢な逆編集がおこったということです。これこそが度会神道《わたらいしんとう》（伊勢神道）・吉田神道といった呼び名でその後に定着していった「神社神道」の成立です。神道とは、こうした神社神道の成立以降の呼び名なのです。古代日本にあったわけではないのです。したがって神仏習合は日本の宗教形態のなかで特異な位置を占めているのではありません。——★08

神仏習合という大きな下敷きの上に、仏教も神道も二本の大きな幹と枝のように成り立っている。——★08

親鸞〈1173—1263〉——弾圧される専修念仏

親鸞が生まれたのは十二世紀の後半で、まさに公家の社会が武家の社会に移りつつあった時代です。日野有範《ひのありのり》の子として生まれ、当時の最高峰の天台僧だった比叡山の慈円のところで堂僧《どうそう》として修行します。その比叡山で二〇年ほど修行した。ついで親鸞は山を下りて、京都の六角堂《ろっかくどう》に籠りました。そこで百日籠ってインスピレーションを得た。聖徳太子《しょうとくたいし》のお告げだったともいいます。自分が師事すべき人物がいると感じる。それが法然だった。……「弥陀《みだ》の本願《ほんがん》」が信じられるか、確信できるか、と法然は問うた。親鸞はずばっとその本質を理解したようです。しかし他力本願《たりきほんがん》という考え方、それを専修念仏だけで実感してしまうという方法は、当時の宗教体制や仏教思想からするととんでもないもので、既存の比叡山とか興福寺《こうふくじ》とか東大寺といった大きな修行道場など必要ないといっているとも、受けとられてしまいます。そのため、法然も親鸞も弾圧されてしまいます。

★10

他力本願と悪人正機説◉「他力本願」は、自力のはてで他力を感じられるかどうかということです。「本願」というのは阿弥陀如来が願《がん》している内容のことです。「弥陀の本願」ともいいます。阿弥陀さんというのは、いわば他者の代表なのです。

「悪人正機説」とは、『歎異抄《たんにしょう》』にある文言《もんごん》で、「善人なをもて往生をとぐ、いはんや悪人をや」というものです。善人が往生できるのだから、いっそう悪人が往生できるのだといっている。しかし、これはたんなる逆説ではない。自分で善行を積んだとおもいこんでいる善人よりも、自分が悪人かもしれないとおもっている悪人のほうが往生するバネがあるといっている。悪人正機の「機《き》」というのは「機根《きこん》」のことで、何かを認識できたり悟れたりするときのきっかけやバネやトリガーのことです。悪人のほうがそれをおこす「機」をもっている。そう、いっているんです。逆説というより、本気でそう見ている。──★10

慈円『愚管抄』〈1220〉──筋・道の歴史観

慈円が『愚管抄』で到達したのは、日本独自の歴史観というものでした。第一には、社会はつねに変化するものであって、そこには「道理」があるとおもうしかないということです。第二には、歴史は相対的だということです。たとえ何を機軸にして見ても、ほかの視点から見れば、べつの生起消滅に見えるはずだということです。第三に、それでもなお日本には、三つの歴史の「スヂ」(筋)があるだろうと書きます。まず、「正法《しょうほう》」がある。これはわかりやすくいえば天皇の歴史です。ここには神々の系譜の流れも入ります。次に、この天皇の歴史がもたらした「顕《けん》」というスヂがある。顕在する歴史です。これは「風儀《ふうぎ》」として日本の社会のいろいろなところに染み出していく。習慣とか日本的思考法とみればいいでしょう。しかし、もうひとつ、「冥《めい》」という現象が流れているスヂがあるというんです。これは「顕」では見えない「負の流れ」です。暗闇の力です。見えないものの力です。

慈円は、このように日本あるいは日本人の歴史観を凝視しました。そして、この多くを日本人はきっと「道理」としてうけとらざるをえないだろうと見た。これは、あきらめでしょうか。諦念《ていねん》でしょうか。そういうところもありますが、私はここには日本人独自のリスクに対する感覚が鮮やかに説明されているようにおもいます。――★11

道理●鎌倉時代の文化的な特徴を一言でいうと「道理」だとおもいます。とりわけ執権の北条氏はつねに「道理」を重んじて政治を行いましたし、それに兼好《けんこう》法師や鴨長明のような人から一般の貴族まで「道理」が論議された。この時代の絵巻も、ファイン・アートとしてアーティストのもっともスピリチュアルなものが出てくるのではなくて、むしろ説得型であり、道理型の芸術だとおもう。また親鸞や日蓮などの鎌倉仏教も、ひじょうに道理的なものだとおもいます。

　これを時代的にみると、末法思想からずっと不安な思想状態に放っておかれ、また源平の争乱まで、状勢はひじょうに混乱をきわめて、いわば「筋道のない世界」が二世紀くらい続いていたということです。それが源頼朝によって統制がとれたとたんに、御恩奉公という恰好になり、また一所懸命・本領安堵ということで主従関係が生まれる。ここに家来《けらい》がしかるべきことをすれば、主人からしかるべき禄《ろく》を与えられるという「道理」の強調が生まれたのです。

　物語とか説話などの説得型の文芸、それから絵巻のような美術、さらにいえば、慶派《けいは》の彫刻におけるリアリズムも、文化史的には主従の説得性を必要としなければ通じなかった時代だからこそ、リアルに表現したともいえるような気がします。この時期にほぼ同時に生まれてくる似絵《にせえ》のようなものも、おもいきったアーティストの内面を描くというより、やはり伝達性あるいは道理というものがないと、この時代には受入れられなかったと考えると、はじめてわかってきます。——★02

道理はロジックではありません。何がおころうとも、それが道理だとおもう心が、道理なのです。——★11

鎌倉美術のリアリズム——「数寄」と「写生」

しばしば〝人間の眼〟が開花したリアリズムの時代といわれる鎌倉時代も、その〝人間〟は封土《ほうど》にしばられていたり、逆に世を捨てようとしていた現実をもっていた。しかしそれは理想なき時代というわけではない。理想を求めつつ挫折した新文化開幕の時代であった。リアリズムの表現史をみる場合、何を描こうとして、あるいは彫ろうとしてリアルになってきたのかという問題がある。リアリズムの誕生といっても何もかもをリアルに表現するわけではない。そこにはリアルにしたい対象の選択があったはずだ。つまり「好み」というものと「リアリズム」の関係が重要なのである。日本文化史のコンセプトでいえば「数寄」と「写生」の関係ということです。——★02

承久の乱〈1221〉と執権政治——形骸化する鎌倉幕府

後鳥羽上皇が承久《じょうきゅう》の乱に失敗すると、世は執権《しっけん》北条氏の手に移った。惣領制や御家人制とはいえ、結局は、将軍独裁制のための口実にすぎなかったので、北条氏はこれを本来の「武者の世」とするという名目で浮上したのであった。北条泰時《ほうじょうやすとき》はこの名目を「道理」と呼び、複数指導型の合議制〈連署《れんしょ》や評定衆《ひょうじょうしゅう》〉を採用して「御成敗式目《ごせいばいしきもく》」に明文化した。泰時のこうした道理思想の背後には、京都栂尾《とがのお》高山寺《こうざんじ》の華厳僧明恵《みょうえ》上人の理想政治論があったともいわれる。

泰時に次いで時頼《ときより》が、さらに時宗《ときむね》・貞時《さだとき》が登場して北条執権体制は得宗《とくそう》専制政治に向う。これまでの御家人はしだいに「外様《とざま》」となり得宗権力を支える官僚は「御内《みうち》」となって、合議制は形骸化した。代って御内のみの寄合《よりあい》が政治判断の場となる仕末であった。ここに御家人の財政悪化が加わり、さらに非御家人層が悪党として跳梁する十三世紀末になると、幕府とはほとんど名ばかりのものに堕《お》ちていた。————★02

俊成〈1114—1204〉と定家〈1162—1241〉の「サビ」——有心と幽玄

「サビ」のうつろう感覚に着目し、これを最初に持ち上げたのは藤末鎌初《とうまつけんしょ》を代表する歌人の藤原俊成《ふじわらのとしなり》です。俊成は藤原基俊《ふじわらのもととし》に歌学《かがく》を学んで『古来風体抄《こらいふうていしょう》』を著《あらわ》してサビの第一歩をしるします。幽玄体《ゆうげんたい》の誕生です。ついで俊成の子の藤原定家が「残像としての寂《さ》び」に踏み込んでいく。『新古今和歌集』の選者であって「小倉百人一首《おぐらひゃくにんいっしゅ》」を編集した定家ですが、実は後鳥羽院と近づいたり反目したり、病弱や貧乏に苦しんだり、けっこう苦悩しています。それがかえってよかったのか、父の俊成が幽玄を客観的にあらわしたのに対して、定家はサビの感覚を抒情《じょじょう》に乗せていく。その感覚は次の有名な歌に如実に描かれます。

見渡せば花も紅葉《もみじ》もなかりけり　浦《うら》の苫屋《とまや》の秋の夕暮れ

これはたんに「見えないもの」を詠嘆《えいたん》したという歌ではありません。いわばマイナスに見えてくるということです。また、実際の景色の奥に心の中の「負の景色」を動的にはたらかせることができる描法を発見したということで、しばしば有心体《うしんたい》と呼ばれた描法です。もっと端的《たんてき》にいえば、定家はこのような「寂びた心を言葉にする遊びの方法」を発見した、そう見たほうがあたっています。

けれども、サビの感覚としては、それでも定家はまだゆるやかでした。何しろそこには「春は花、秋は紅葉」という定番のイメージが腰を据えていて、それをマイナスから詠《よ》んでいるからです。定家の有心や幽玄をマイナスの手法としてではなく、新たな実存の景色に切り替えていったのが、連歌に数寄の心をもちこんだ心敬《しんけい》という歌僧《かそう》でした。――★06

道元帰朝〈1228〉――空手還郷

道元は宋に禅を学びに行ったのに、帰ってきたときは「箇々頭脳あいにたり」とか「空手還郷《くうしゅげんきょう》」と言っている。「中国の禅僧たちはみんな同じような教えにはまっている、だから中国の禅からは何も持ち帰るものがなかった、ほら、自分の手の中はからっぽだ」と言ってのけたのだ。唯一、如浄《にょじょう》禅師との出会いだけが収穫だったと、そう、言った。――★07

なぜ禅は日本化したのだろうか。
おそらく日本においては禅は禅よりも広くなったのだ。――★07

道元と山水思想●日本人の「山水的なるもの」の最初の本格的議論として特筆すべきなのは、なんといっても道元の『正法眼蔵《しょうほうげんぞう》』第二十九に収められた「山水経」である。

冒頭、「而今《にこん》の山水は、古仏の道、現成《げんじょう》なり」と、ある。この一行に、道元のスケールの大きな山水思想はすべて言い尽くされている。よくぞこのような一行を心得たものだとおもう。「而今の山水」とは、「いま、ここに見えている山水」という意味だ。その眼前の山水こそが「古仏の現成」だというのである。

ついで山水は、「空劫《くうごう》以前の存在」であることが強く主張される。山水はすでにあるもの、それも生きとし生けるものの存在以前に存在するものだという見方である。道元の山水は時間も空間も超えた山水なのである。さらに道元は「朕兆未萌《ちんちょうみぼう》の存在」だとさえみなした。朕兆未萌とは、自分が生まれる以前のものということである。すなわち未生の自己がかかわる自然、形をまだもっ

ていないフォームレス・セルフが投げこまれた山水をいう。――★07

『正法眼蔵』〈1253〉の雪中梅花――「冬」の発見

道元の大著『正法眼蔵』には第五十二「仏祖《ぶっそ》」につづいて第五十三「梅花《ばいか》」の一章があり、そこには道元が師に聞かされた言葉として次の有名な文句が紹介されている。「釈迦が眼を閉じるとき、雪中に梅花がただ一輪だけ咲いておったのだ」と。道元はこの「雪中梅花《せっちゅうばいか》」を説いて、覚悟を深める。「梅花は春の到来を告げる優曇華《うどんげ》であり、そうだとするならわれわれは毎年春がくるたびに悟りを開いていたはずなのだ。またここにいう雪は達磨が修行した嵩山《すうざん》の雪ではなく釈迦の瞳《ひとみ》そのものなのだ。私はそうおもいたい」。道元はそのような心を雪中梅花に託した。このあたりに、道元が「冬」の発見者だといわれる面目がうかがわれる。――★05

日本の「冬の美」の発見は、道元と心敬がもたらしたのである。――★05

日蓮『立正安国論』〈1260〉と臨済禅――宗教抗争の波濤

建長《けんちょう》五年(1253)、鎌倉の名越《なごし》の松葉ヶ谷《まつばがやつ》の庵を一人の旅僧が訪れ、ひざまずいて庵主《あんしゅ》に聴聞《ちょうもん》を乞うた。旅僧は成弁《じょうべん》、庵主はまだ三十そこそこの精悍な日蓮である。

同じ年、鎌倉は未曾有《みぞう》のにぎわいの中にあった。執権北条時頼が三年の歳月を投じた大伽藍《だいがらん》建長寺《けんちょうじ》の落成式だった。開山《かいざん》には宋からの来朝僧《らいちょうそう》として名声の高い蘭渓道隆《らんけいどうりゅう》が選ばれた。つづいて建長寺に京都臨済《りんざい》禅の大立者であった弁円《べんえん》円爾《えんに》が入り、一方の日蓮も執権時頼に対して『立正安国論《りっしょうあんこくろん》』を奉上すると、ふたたび鎌倉はラディカルな宗教抗争の波がぶつかるところとなった。

この年、またも象徴的なことに、越前永平寺《えいへいじ》の山中深く正伝《しょうでん》の仏法の旗印を掲げて只管打坐《しかんだざ》に徹していた道元が亡くなった。永平寺僧団にも分裂がおころうとしていたのである。しかし、このころから、円爾の朝廷接近や来朝僧の相次ぐ活躍（無学祖元《むがくそげん》・一山一寧《いっさんいちねい》など）によって地歩をかためてきた臨済《りんざい》宗の勢力が、するすると時代文化をリードしはじめた。――★02

芸と聖のネットワーク

元寇〈1274・1281〉と神風——寺社の権勢拡張

日本の為政者の歴史には、彗星《すいせい》が接近しただけで交代してしまうようなことがしばしばおこっています。執権の北条貞時もそうして引退した。これはもとをただせば中国の「天人相関説《てんじんそうかんせつ》」の影響によるもので、地上の悪政があると、それが原因で天上の彗星や流星や客星《かくせい》（新星《しんせい》）の出現をもたらすという考えが力をもっていたからです。

このような日本にフビライ皇帝の元《げん》（モンゴル）が攻めてきた。いわゆる蒙古襲来《もうこしゅうらい》（元と高麗《こうらい》の連合軍）です。文永《ぶんえい》・弘安《こうあん》の二度だけではなく、サハリン・琉球《りゅうきゅう》・江華島《こうかとう》などの日本近海をふくめると、文永元年（1264）から正平《しょうへい》一五年（北朝は延文《えんぶん》五年）（1360）までの約百年のあいだに、なんと十数回の蒙古襲来がくりかえしおこっている。

こうした襲来は、日本の為政者や神社仏閣では、もっぱら「地上と天上の相関」によって解釈されました。蒙古襲来という突発的な地上の出来事に対しては、天上の出来事が対応すべきであるという解釈です。こういう見方が当時はかなり流布していたので、結果として台風（暴風雨）によって異国人の襲来を撃退できたのは、まさに天人相関説の実証となったのです。それはまた日蓮にとっては仏国土を守る精神によるものでした。

危機一髪のときは「神風《かみかぜ》」が吹くものだという考えかたが、こうして社寺の区別をこえて広がります。元寇《げんこう》をきっかけに、為政者も寺社もいわば「神の戦争」を名目としたムーブメントを利用したのですが、それが寺社領域の拡張と寺社造営との全国的な権勢の広がりになったのでは、山野や河海《かかい》をネットワークしながら生活の場としてきた民衆は苦境に立たされるしかなかったのです。このとき、民衆ムーブメントのあいだからは、一風変わった特異なリーダーたちが登場してきました。このリーダーたちを「悪党」といいます。——★08

穢なるものの力●そもそも平安時代というのは京都を中心に、全国をおおざっぱに浄土と穢土《えど》に振り分けた時代だった。いまは祇園祭として有名な御霊会《ごりょうえ》が立ち上がってきたのも、「浄なる都《みやこ》」を守るため、「穢《けがれ》なるもの」(アンタッチャブル)を出雲路《いずもじ》・紫野《むらさきの》・船岡《ふなおか》あたりで食いとめようという初期の企画にもとづいていた。天皇家の一族が「撫物《なでもの》」をするのも、穢なるものを河川に流すためだった。そういうことに熱心になったから、逆にそこに古代天皇儀礼も成長していったわけだ。しかしこれが進んでいって中世になると、京都の周辺地域には酒呑童子《しゅてんどうじ》や伊吹童子《いぶきどうじ》といった想像を絶する鬼《おに》たちがいることになり、これが天狗や修羅《しゅら》や餓鬼《がき》の姿となって都を襲うという図式にもなって、さらには各地の境界に蝉丸《せみまる》や逆髪《さかがみ》などの異形《いぎょう》・異類・異風が伝説的に立ち上がってくることにもなった。悪党の跳梁《ちょうりょう》とは、このようなさまざまな架空の「穢なるもの」が、実のところは現実の力をもって畿内・西海の各所に異様異体の者として立ち上がっていたという話として、理解するべきなのである。――★17

中世はコトをモノにした時代だった。――★07

最初の神領興行法《しんりょうこうぎょうほう》〈1284〉と反本地垂迹――神国思想の波及

「神領興行法」は、武士や民衆が神領の内部にもっていた諸権利を剥奪して社家に戻すという神社向けの一種の徳政令《とくせいれい》のことです。「一円《いちえん》神領興行法」ともいいます。この決め事は、西の宇佐八幡宮《うさはちまんぐう》と東の伊勢神宮を先頭に全国に適用された。それによってとりわけ伊勢神宮の神領が関東を中心に次々に拡張していった。伊勢の外宮を拠点とする伊勢神道、すなわち度会神道が確立していったのは、この勢力拡張を背景にしていました。ただし伊勢神道とはいえ、この時期の神道は神仏両方の勢力のことをさします。

もう少し正確にいえば、この神領興行法が実行されていった時期に、初めて日本の神仏の組み替えの逆転が試みられたのです。逆編集です。逆転とか逆編集というのは、反本地垂迹のこと、すなわち「神本仏迹《しんほんぶつじゃく》」のことです。神々が先にいて、それに対応して諸仏が生まれていったという見方です。これによって既存の宗教勢力が神祇官に文句をつけにくくなっていった。また勝手な文句をつけると、悪党たちがこれを制した。そして、この勢力均衡のうえに動き始めた悪党が神国思想を波及させる先導者になったのです。

悪党には、楠木正成《くすのきまさしげ》のようなめざましい地域リーダーがたくさんいました。気概と武力をもってのちに後醍醐《ごだいご》天皇の南朝を支援します。なおここで「悪」といっているのは、「ふつうのことばではいいあらわせないような」「これまでの型にはまらないような」という意味です。親鸞の悪人正機説にいう「悪人」も、そういう意味でした。――★08

日本の神の多くは彷徨神だった。
神の多くが異人としての性格をもっていた。――★06

中世ネットワーカーと一遍〈1239―1289〉――**道々の人と芸能**

最もドラマティックな動きをみせ、それ以前とそれ以降の日本を大きく変えてしまったのは、中世のネットワーカーたちです。この人々のことを、漂泊者とか遊行民とか「道々《みちみち》の人」とかといいます。一所不在の人々であり、無住の人々である。中世のネットワーカーを三つのグループに分けて眺《なが》めておきます。

第一に注目するべきは、出家遁世《しゅっけとんぜ》したネットワーカーです。出家とはいえ、今日の宗教家とはだいぶんちがいます。動きがちがう。もともとの身分はたいてい貴族や武家なのですが、みずから出家することで世間を渡り歩く旅人になる。武家（北面の武士）でありながらさっさと出家した佐藤義清《さとうのりきよ》こと西行は、その代表的な中世ノマド（遊牧者）です。この出家遁世の人々はたいてい「数寄」と「無常」という感覚をもっています。この人々にはもうひとつ大きな共通性がある。大半が和歌を詠んだということです。和歌を詠むということは、単に歌人だったということだけではなく、実際上であれ想像上であれ、「歌枕」を求めて歩いているということを意味します。……こうして、かれらは「数寄と無常」を一対の翼《つばさ》としたノマドとして、日本の空間と時間の意味を変えていく。そうやって変わっていったものが何かというと、それが中世に編集された新日本のイメージマップというもので、これをこそ、われわれはしばしば「花鳥風月」と呼ぶのです。そして、この花鳥風月のイメージマップを埋めこんだ編集OSをあやつって、もう一度でも、もう二度でも花鳥風月の心をたどることが、のちに世阿弥に「時分《じぶん》の花《はな》」を咲かせ、利休《りきゅう》に「侘《わ》び茶」をめざめさせ、芭蕉に「百代《ひゃくだい》の過客《かきゃく》」としての旅をさせることになるのです。

中世ネットワーカーとしては、第二には職人と芸能者の群れが注目されます。これは遍歴《へんれき》の民の実態を握る人々で、かつ、日本社会の本質像を提供してくれる人々です。これらのネットワーカーは、言葉や物語をつくっていった表現者あるいは編集者の群れでもありました。そうして生まれていったのが各種の説話や歌謡というもので、そのスタイルを当時は「今様」といいました。その今様歌謡のひとつが、後白河法皇がぞっこんだった『梁塵秘抄』です。

ついで第三には、第一、第二のネットワーカーとも重なるところも多いのですが、遊行者の動向があります。遊行者は本来ならば仏教者で、平安時代の空也《くうや》のような念仏上人か、ないし修験者《しゅげんしゃ》（山伏《やまぶし》）や密教僧が多いはずなのですが、そうではない多くの民衆もまじっている。しかもここからは新たな〝目利き《めき》〟のディレクターが巣立っていったのです。一遍上人が始めた踊り念仏の運動を中心に「時宗《じしゅう》」という宗派のようなものができあがっていきました。ここに、たくさんの〝時衆《じしゅう》〟と呼ばれる人々が加わります。それらの人々は次々に「阿弥《あみ》」の称号をもらって自由に活動する。この阿弥たちはさまざまな人々と交流することを大事な使命としていたので、さまざまな職芸にもかかわったし、芸能にもかかわり、庭づくりにもかかわった。そういうことにかかわるうちに、阿弥たちのあいだに格別に才能を発揮する者が輩出《はいしゅつ》してきたのです。

あらためてふりかえってみると、ネットワーカーの出現は何も中世にかぎったことではありません。日本の神々の伝承には、最初から遍歴的であり、彷徨《ほうこう》していた神がたくさん動きまわっていました。そういう神々もネットワーカーでした。――――★06

時衆と阿弥号◉時衆は、死を管理するとともに、医療や、さまざまな芸能娯楽にもたずさわった。

中世の生活全般にかかわった時衆は、福利厚生使節団としてのおもむきをそなえている。医療においては時衆の陣僧《じんそう》には金瘡《きんそう》（刀傷《かたなきず》）療治《りょうじ》をするものが多く、重宝がられている。「惣《そう》じて時衆の僧、昔より和歌を専《もっぱ》らとし、金瘡の療治を事《こと》とす」とあるように、時衆といえば、すぐ連歌がむすびつくほど連歌をたしなむ者も多かった。

阿弥号は、もともと時宗の徒《と》すなわち時衆であることを示す名号《みょうごう》だ。多くの芸能者が阿弥号を称したのは、時衆となり、阿弥号をいただくことが、みずからの芸能活動にとって好都合であったからだった。下級賤民《せんみん》の出身である芸能者は、阿弥号を称する僧体《そうたい》となることによって、社会の身分の上下関係をこえて、自由に世を渡ることができた。たとえば申楽《さるがく》から「能」をつくった観阿弥《かんあみ》、その息子の世阿弥、田楽《でんがく》師の頓阿《とんあ》・善阿《ぜんあ》、庭師の善阿弥《ぜんあみ》、「立花《たてはな》」という生け花の元をつくった立阿弥《りゅうあみ》・文阿弥《もんあみ》などだ。――★03

今日、日本の伝統文化と呼ばれているものの原型は、ほとんど「阿弥」たちが用意した。――★10

中国の水墨画▼中国の水墨画は時代や地域によってかなり異なる。とくに北の山水画と南の山水画が異なっている。北の山水画は「全景山水《ぜんけいさんすい》」といって、背景の峨々《がが》たる山まで描き、これを三遠《さんえん》によって描写した。三遠というのは高遠《こうえん》・平遠《へいえん》・深遠《しんえん》というもので、見上げる遠近法、まっすぐ見る遠近法、覗《のぞ》き降ろす遠近法を一枚に同時に描くという、中国独得の遠近法である。ところが北方から異民族が流れこむにしたがって、中国芸術の中心地が南にうつっていくと、そこは華北《かほく》と様相がすっかり違っていることも手伝って、全景を描くことをしなくなるだけでなく、風景の一部を切り取るという「辺角山水《へんかくさんすい》」になっていく。日本に流れてきたのは、この江南《こうなん》の水墨画に特有の部分的な山水画だった。だから、日本の余白や白紙の美意識を見るには、この鎌倉期に入ってきた禅と水墨画の流れをいったんはちゃんと見ておく必要がある。――★13

白紙、余白、無、空●日本においては「白紙」や「余白」や「無」や「空《くう》」は、和歌や連歌や、庭や屏風《びょうぶ》や山水画にとりこまれ、だいそれた哲学的コンセプトというより、さまざまな仕事や表現のための前提にすらなっている。もっといえば、それらは「もてなし」「しつらい」「ふるまい」にいかされる方法になっている。――★13

夢窓疎石〈1275―1351〉と中世の庭――床の間の余白へ

臨済禅の優位をよく象徴するのは〝七朝帝師《しちちょうていし》〟といわれた夢窓疎石《むそうそせき》であろう。鎌倉末期から南北朝にかけて禅の機縁と機鋒《きほう》をほしいままにした夢窓国師《こくし》は、実に後醍醐天皇以下七代の天皇の帰依《きえ》を一身に受けた。――★02

もともと方丈の前の庭は禅宗では何もしてはいけないところだった。それを夢窓疎石前後の禅僧たちは作庭師たちと計《はか》らって、水を引かない岩や石や砂だけの庭にした。作庭師といっても最初のころは山水河原者《せんずいかわらもの》と呼ばれた人たちで、下層の職人です。けれども、そういう人が寺院にとりたてられた。そのイメージの原型は何かといえば、「辺角山水」です。また長い詩画軸《しがじく》です。こういうものが枯山水《かれさんすい》として庭になっていった。そうすると、それは軸装や作庭だけではなく、さらに屏風絵や襖絵《ふすまえ》にもなっていきます。転じていく。ウツロっていく。さらには、三阿弥《さんあみ》（能阿弥《のうあみ》・芸阿弥《げいあみ》・相阿弥《そうあみ》）以降は書院《しょいん》や床《とこ》の間《ま》というものができてきますから、その床の間という余白にふさわしい余白が生まれていく。――――★13

「禅の庭」と「武将の庭」◉中世は「禅の庭」と「武将の庭」に象徴される。このふたつをつないで、夢窓疎石のすぐれて計画的なアート・ディレクションがあった。北条氏と足利《あしかが》氏に護衛されたかのごとく発達する中世の庭は、一口にいえば〝浄禅《じょうぜん》一味〟を企図《きと》した庭である。西芳寺《さいほうじ》や慈照寺《じしょうじ》銀閣《ぎんかく》には、「武《ぶ》」をしずめる浄土観と禅定がふたつながら寄りあわさっている。水墨山水画の隆盛も浄禅一味を助長した。それは中世独特のモノクローム感覚の凝縮となって、枯山水《かれさんすい》に結ばれる。――――★02

枯山水◉枯山水には水がないのに、水を感じるように作庭しています。龍安寺《りょうあんじ》の石庭《せきてい》は引いて引いて、引き算をしていったからこそ、水を感じるようになっているのです。中国の園林《えんりん》や庭園にはまったくなかった発想です。これが「負の山水」であって、日本の方法なのではないでしょうか。――★12

最初の倒幕運動は鎌倉末期にこそおこった。
ただ、江戸幕末を勤王佐幕とか
公武合体とかいうのに対して、
鎌倉幕末は「公武水火《こうぶすいか》の世《よ》」というふうにいう。――★09

正中の変〈1324〉と建武の中興〈1333〉――中世の倒幕運動

そもそも源氏将軍の支配力がわずか三代で終わったことが、あまりに早すぎる挫折《ざせつ》であった。すぐさま北条執権政治による得宗《とくそう》体制が引き継いで、幕府の体制は強化されるけれど、それで安定したかとおもうまもなく在地名主層《ざいちみょうしゅ》が急成長し、社会構造が大きく変質していった。

幕府はしきりに御家人を保護しようとしたにもかかわらず、御家人たちは所領を失い、多くが食えなくなりつつあった。そこへ二度にわたる元朝モンゴル軍の襲来である。北条幕府はこれを機会に国土防衛政策を打ち出し、本所《ほんじょ》一円地《いちえんち》を中心にそれぞれの兵糧徴収《ひょうりょうちょうしゅう》を試みるが、残った有力御家人は得宗政策とは対立しはじめる。そういうなかで、突如として立ち上がってきたのが江戸幕末同様の京都の朝廷勢力なのである。後醍醐天皇を中心におこったこと、その最初の事件が正中《しょうちゅう》の変だが、それこそが日本史上最初の倒幕運動の烽火《のろし》であった。つづいて元弘《げんこう》の変では、いったん隠岐《おき》に流された後醍醐が、名和長年《なわながとし》を頼って伯耆《ほうき》の船上山《せんじょうさん》に移ってみると、各地の武将が次々に起ち、そこへ足利尊氏《あしかがたかうじ》・新田義貞《にったよしさだ》らの有力層がこれに呼応することになった。これはさしずめ公武合体の先駆《せんく》というものだと見るとよい。

こうなっては鎌倉幕府はあっけなく瓦解《がかい》する。翌年、後醍醐は建武《けんむ》と改元し、かつての院《いん》・摂政《せっしょう》・関白《かんぱく》をおかない天皇親政政治、いわゆる「建武の中興《ちゅうこう》」を開始する。王政復古の断行である。

———★09

南北朝〈1336—1392〉の亀裂——天皇が日本を問うた時代

十三世紀から十四世紀にかけて、日本は「天皇が日本を問うた時代」になった。それが後鳥羽院から後醍醐天皇におよび、そこから南北朝《なんぼくちょう》の亀裂が深くなったのである。こうして天皇家の皇統《こうとう》が、「北朝」（持明院統《じみょういんとう》）と「南朝」（大覚寺統《だいかくじとう》）の二つに割れてしまったのだ。それが半世紀以上、六〇年も続いたわけだ。昭和のまるごとが二つの朝廷抗争のなかにいたようなもの、これが共和党と民主党が大選挙によって入れ替わり立ち代わりするというならともかく、事態は隠然《いんぜん》として六〇年にわたった天皇家の「両統迭立《りょうとうてつりつ》」なのである。日本という国家がずっと二天《にてん》を戴《いただ》いたのだ。その解消も統合も、できなかったのだ。これを歴史学では「南北正閏《せいじゅん》問題」というのだが、この問題をどのように語るかとなると、「日本という方法」の一番深いところまで掘り下げがすすむことになる。のちに水戸光圀《みとみつくに》の『大日本史』が直面したのは、この正閏問題だった。――★17

神国日本●神風思想や神国思想に拍車をかけたのは後醍醐天皇だということになっています。後醍醐の建武の中興（親政）は、わかりやすくいえば蒙古襲来以来の公武の秩序を壊すこと、時計を一〇〇年前に戻すこと、諸国一宮国分寺《しょこくいちのみやこくぶんじ》の本家を廃止して、新たなしくみで荘園制を復活すること、これらのことにありました。

けれども後醍醐の親政は挫折する。そして、悪党を組みこんだ南朝と北朝をめぐる長期に及んだ南北朝の争乱をへて、時局は足利将軍の幕府の手に戻っていったわけです。後醍醐天皇の失脚は蒙古襲来をきっかけにして、一大勢力と化した神本仏迹のシステムがまわりまわって幕府の管理に移っていったこと、すなわち「神国日本」の管理が武家政権の手に移ったことを意味しています。その流れはこれ以降、信長《のぶなが》から家康《いえやす》にいたるまでほぼ変わらぬところとなっていきます。――★08

バサラ●風流《ふりゅう》、過差《かさ》、傾奇《かぶき》がさらに度をすぎ、さらに大がかりな格好を整えてくると、これは「バサラ」というものになります。バサラは十二神将《じゅうにしんしょう》にもある「婆娑羅《ばさら》」（ヴァジュラ＝金剛）が語源ですが、金剛石がすべてを打ち砕くことから、転じて楽舞《がくぶ》の調子はずれのことをバサラというようになり、さらに転じて無遠慮に放埒にふるまうことをバサラというようになったものです。

建武三年（1336）に足利尊氏が定めた「建武式目《けんむしきもく》」はそのなんと第一条で「近日、婆左羅と号《ごう》し、専《もっぱ》ら過差《かさ》を好む。綾羅《りょうら》、錦繍《きんしゅう》、精好《せいごう》、銀剣《ぎんけん》、風流、服飾、目を驚かさざるはなし。すこぶる物狂《ものぐる》いと謂《い》うべきか」と書いています。その二年前の二条河原《にじょうがわら》の落書《らくしょ》には例の「このごろ都《みやこ》にはやるもの」という有名な出だしをもって、その半ばあたりで、「鉛づくりの大刀《おおがたな》、太刀《たち》より大きにこしらへて、前さがりにぞ指ほらす、バサラ扇の五つ骨」と、当時のバサラの風情を伝えたものです。すでにバサラは目を覆《おお》うブームになっていたのです。――――★04

バサラが外見的な過差の極点だとすると、さしずめ人の心の中の過差の極点は「風狂」です。――――★04

五山文化〈鎌倉末期―室町〉――――唐物数寄とバサラの茶

中国の文物を並べたてるような茶の宴《うたげ》が流行してくると、唐物《からもの》数寄、すなわち舶来《はくらい》好み一辺倒になってしまいます。輸入品ばかりが話題になって、自慢の対象になるのです。そこで鴨長明や吉田兼好《よしだけんこう》がこのような唐物数寄をすかさず批判した。

バサラの茶もいっとき流行します。バサラ大名の異名をとった佐々木道誉《ささきどうよ》は桜の立ち木を室内に生けて茶席を設けたほどです。もっとも夢窓疎石の門下でも虎関師錬《こかんしれん》などは、騒ぎの茶には問題があるけれど、われわれはむしろ「古風《こふう》の式《しき》」に対して「当世《とうせ》の体《てい》」をこそ摂取するべきだといってますから、いろいろの評価があったわけです。

そんな師錬の自由な茶風は中巌円月《ちゅうがんえんげつ》に伝わり、さらには絶海中津《ぜっかいちゅうしん》や義堂周信《ぎどうしゅうしん》らの五山文学僧のあいだに深まっていきます。五山文化です。中国の朱子学（宋学）が最初に学習されたのも五山においてです。日本の漢詩もこの五山において頂点を迎え、日本の水墨山水はこの五山において萌芽《ほうが》したものです。如拙も周文も明兆《みんちょう》も雪舟《せっしゅう》も、みんな五山僧のなかの画僧でした。むろん茶文化もそのひとつでした。──★08

連歌は趣向の連鎖なのです。
「おもかげ」を求めた「うつろい」の文芸なのです。──★08

『菟玖波集』〈1356〉**と『応安新式』**〈1372〉──**連歌の趣向と一座**

連歌は、和歌や歌合せをもとにしながらも、そこに唱和《しょうわ》と問答《もんどう》という片歌《かたうた》や旋頭歌《せどうか》などといった古代からの編集の遊びの流れを加えて成立していったものです。

最初は一句《いっく》連歌（短《たん》連歌）で、縁語《えんご》や掛詞《かけことば》などをたくみに駆使した「付合《つけあい》」が貴族や僧侶の余技の遊びのように流行し、およそ王朝和歌のもつ風雅に反した戯《たわむ》れがよろこばれるのですが、それが院政期になると受領《ずりょう》層から女房《にょうぼう》・遊女・地下《じげ》層に広まり、東国・西国を問わぬ全国的なすさまじい流行となっていきます。それに応じて鎖《くさり》連歌（長《ちょう》連歌）が編み出され、一句連歌の競いあう戯れのおもしろみから技巧を凝らす歌の変化のおもしろみのほうに主眼が移ります。ここに「物名賦物《もののなふしもの》」というすばらしい趣向が登場するのです。とくに十三世紀には、その物名賦物が「何水何木・何所・何殿・唐何何色・物何何事」といったような、いわゆる複式賦物に変わっていって、かなり複雑に、かつおもしろくなります。

後鳥羽院失脚（1221）以降、それまでの「有心無心《うしんむしん》の競詠《きょうえい》」のスタイルが退色して、連歌が公家などを借りて遊ぶ「一味同心《いちみどうしん》する連衆《れんじゅ》」のものになっていきます。有心無心の競詠とは何かというと、「有心《うしん》」が和歌の風尚《ふうしょう》をもつ句のことで、やや高踏《こうとう》趣味です。「無心」とは俳諧《はいかい》的でやや軽みのある句のことで、それを狙って詠むことです。また、春秋の仏会祭礼《ぶつえさいれい》という場を活用した花下《はなのもと》連歌（地下連歌）が台頭して、その宗匠《そうしょう》に善阿や救済《ぐさい》が登場してきますと、連歌は民衆の文化学習の場になっていくのです。

こうして堂上《どうじょう》連歌を代表する二条良基《にじょうよしもと》と地下連歌を代表する救済が連携するという劇的な出来事がおこります。そして『応安新式《おうあんしんしき》』と『菟玖波集《つくばしゅう》』という画期的な連歌編集にとりくみます。ここに連歌は一躍にして和歌界をリードする文化になったのです。それにつれて連歌師によって一座をつくる動向がさかんになりました。それが連歌師の宗砌《そうぜい》・心敬《しんけい》・宗祇《そうぎ》の活躍の時代です。――★08

会席と持成◉連歌には会席《かいせき》が重要でした。それゆえ張行《ちょうこう》するにあたってはどこで会席をするかという選定に趣向を凝らします。会席が決まれば、床の間に菅公天神《かんこうてんじん》の画像あるいは南無《なむ》天満《てんまん》大自在天神《だいじざいてんじん》の名号掛軸《みょうごうかけじく》をかけ、花を立てる。立花です。その立花の前に文台《ぶんだい》と円座《えんざ》をもうけて宗匠と執筆《しゅひつ》が坐る。宗匠の会釈とともにいよいよ連歌のスタートになるのですが、ここから懐紙《かいし》の折りかた、墨の摺《す》りかた、筆の使いかたの「持成《もてなし》」があって、発句《ほっく》の初五文字《いつもじ》が復唱されるのをまって、およそ一〇時間になんなんとする一座建立《いちざこんりゅう》がはじまり、四折百韻《よんおりひゃくいん》をめざしてすすむのです。一句ずつに趣向がうつろい、それでいてその会のおもかげをみんなで求めあうのです。――★08

永和の祇園会〈1378〉の美少年――将軍と乞食者

永和《えいわ》四年（1378）の六月七日、将軍足利義満《あしかがよしみつ》は祇園会《ぎおんえ》の桟敷に美少年の藤若《ふじわか》を伴《ともな》った。天下の武家の棟梁が乞食者《こつじきもの》ともいわれた一芸人の子を公衆の面前で寄り添わせたのである。藤若、のちの世阿弥であった。中世はこの一件を機に、北山文化、東山文化を経て、応仁の大乱に向って「遊芸の

錬磨《れんま》」を追求する。書院と会所に空間の「間《ま》」が生まれ、そして茶（茶礼《されい》）と花（立花）と能（能楽）が流行した。――★02

北山文化〈十四末―十五世紀前半〉――「復古の構え」と「余情幽玄体」

足利義満は金閣寺《きんかくじ》をつくったことで有名ですが、これは義満の「花の御所」という別邸のことでした。世阿弥は義満を頂点とした北山文化の精神を体現した芸術家でした。その美意識は「復古《ふっこ》の構《かま》え」と「余情幽玄体」というものです。この二つは北山文化そのものがもっている本質でもあります。そこには古代王朝の「みやび」を偲《しの》ぶ女性的な艶《つや》への思慕というものがありました。

ところが時代はこのあとに大きく変わる。世阿弥を嫌って佐渡配流《はいる》を命じた足利義教《あしかがよしのり》の時代は、まず空前の大飢饉《ききん》がおこり、すさまじい正長《しょうちょう》の一揆《いっき》を契機にいわゆる下剋上《げこくじょう》の世を迎えます。義教の次は義勝《よしかつ》ですが、この幼い将軍は二年後に病死、これを継いだ義政《よしまさ》が八代将軍についたのも八歳のときです。かくて時代は義政に何らの思索を与えぬままに、応仁の乱に突入してしまう。これで北山文化は灰燼《かいじん》に帰した。――★04

能◉能はもともとは申楽《さるがく》という遊民たちの芸能から発達していったもので物学《ものまね》を主とした滑稽さを売りにしたものでした。それを世阿弥の父の観阿弥が、今日の能のような形にまとめていきます。世阿弥はその芸を継承しつつも、その所作、その心得に言葉を与え、さらに精神性の高い芸域を求めていきます。それが能の「幽玄」というものだったわけです。能はある意味で、それまでの日本文化をすべて再編集したものです。日本神話、和歌、さらに西行や、滅んでいった平家一族たちの物語をいろいろとりこんでいきます。そのうえで、芸としては引き算をする。こんな芸能は世界にもありません。——★10

ほとんどの能は、主人公が神様か亡霊です。まさに「もの」である霊（スピリット）が出てきて、物語を語っていくのです。そして「もののあはれ」を演じていく。——★10

能とファッション●田楽や散楽《さんがく》を吸収した中世申楽が日本文化史上で最も特異な芸能の王座についたのは、その衣裳の華麗によるものだという説がある。下層の人々の芸能意識が文化を奪取《だっしゅ》するには、流行（ファッション）をつくりあげるしかない。文化の中心になりそうな感覚を、相手よりはやくつくりあげてしまうしかない。芸能が衣裳を豪華にすることの意味は、こうした文化史の激闘部分と深くかかわっているにちがいない。能は、その衣裳によっても足利将軍と拮抗《きっこう》したのであろう。——★03

世阿弥『風姿花伝』〈1400頃〉——神遊びの革命

世阿弥によって「主《しゅ》と客《きゃく》」の思想がはっきりと日本史に登場します。それまでは神が客人《まれびと》としての客で、主はこれを迎える方だったわけで、そこを世阿弥はいわば客であって主（シテ）である者を演じてしまう。これは神遊びの大革命です。世阿弥は日本古来の主と客、神と人という関係を同時性の裡《うち》に開示した人だとおもいます。それに禅機の思想をうまくミックスして大成しています。『風姿花伝《ふうしかでん》』（『花伝書《かでんしょ》』）の「問答条々《もんどうじょうじょう》」に「花《はな》」を説いて「花は心、種《たね》は技《わざ》」という有名な言葉を吐いているのですが、すぐのあとに六祖《ろくそ》慧能《えのう》の偈《げ》を引用しているなどというのは、そういう混成の妙《みょう》だとおもいます。

その混成の妙がやがて複式夢幻能《ふくしきむげんのう》を完成させる。能舞台のうしろに松があり前に白砂《しらすな》があることで暗示的ですが、それは海に向って浜辺に立った構造と同じであるわけです。つまり海の彼方からやってくる神のおとずれ（音連れ）というものに対して、一種の神迎えをしている。その様式を世阿弥は舞台様式にみごとに結構している。——★02

「神遊び」から「人遊び」へ◉芸能の歴史をさかのぼると神々の歴史になり、神々の歴史はいつのまにか芸能の歴史にくみこまれる。はじめは遠方から来臨する「客《きゃく》」（まれびと）こそが遊ばされるための芸能であったのに、いずれ「主《しゅ》」（シテ）こそが遊ばします空間が芸能となった。中世とは、こうして「神遊び」が「人遊び」になるにしたがって芸能が自立する時代である。かつては神が人のモドキであったのが、ついには人が神のモドキになる時代である。ミソギやハライの感覚は次第に芸能(すなわち遊芸)にとりいれられた。そして、茶と花と能がここから誕生する。——★02

見えないカミを人が演じてみせるとき、それがオニの原型となった。オニは仮面であった。——★02

幽玄●鴨長明は、目には見えないけれども、そこはかとなく心に感じいるようなことが「幽玄」であるといっています。世阿弥は「幽玄」を強調したといわれます。しかし、何をもって幽玄というのか、なかなかつかみがたいものがある。そこで世阿弥は幽玄の本質がよくあらわれている歌として、「余情《よせい》」の歌人、藤原俊成の次の歌を例にあげます。

またや見ん交野《かたの》の御野《みの》の桜狩り　花の雪散る春のあけぼの

俊成は一度見た夢のような景色を、しばし脳裏にうかべ、それを幻のようにふくらませている。そのふくらんだ景気の中で、また当時の景色を静かに眺めているわけです。

これでなんとか世阿弥のいう幽玄の感覚のアリバイが伝わってくるのですが、どうももうひとつわかりにくいかもしれない。だいいち、幽玄は夢や幻《まぼろし》のような光景をさしているのか、それともそれを見る心の方が幽玄なのか。

そこで世阿弥は『風姿花伝』の「花修《かしゅ》」では幽玄なるもの、あるいは生得《しょうとく》の幽玄として、次のような意外な説明をします。それは、「人においては、女御《にょうご》、更衣《こうい》、または遊女、好色《こうしょく》、美男。草木には花の類」というものです。花が幽玄だというのはともかくも、同様に貴人の女性や遊女、色好みの美男子もまた幽玄だという。風姿とは人の姿のことだったのか。

……世阿弥はあきらかに幽玄の模範を公家のふるまいに見立てているのです。そこにはそもそもの能楽の成立事情がからみます。地方芸能としての申楽が、「乞食《こつじき》の所業」といわれながらも、いったん足利三代義満の贔屓《ひいき》で都《みやこ》に受け入れられたからには、できるかぎり貴人の立ち居ふるまいをとりこむ必要があったからです。それだけではなく、女御や遊女のなよやかな風情《ふぜい》を「花」とみて、そこに名状しがたい幽玄をなぞらえたことには、すでに俊成や長明の時代に「余情」としてとらえられた「幽玄」(余情幽玄体)が、北山時代を迎えてしだいに復古主義的な「みやび」に回帰しようとしていたという、そんな大きな時の流れもかかわってきます。――★04

複式夢幻能●複式夢幻能という言葉は世阿弥の言葉ではない。大正時代に女子学習院の教授であった佐成謙太郎《さなりけんたろう》が命名し、佐成によって夢幻能と現在能が区分された。それをつないだものが複式夢幻能である。複式夢幻能とは、ある原初のトポスにひそんでいた複数の物語構造を自在に再生するシステムのことである。――★05

もどき●日本の古典芸能のレパートリーには蓬莱山《ほうらいさん》をはじめとしてかなり神仙譚《しんせんたん》の影響が多いんです。ただし、それはレーゼドラマ（読む戯曲）としての謡曲《ようきょく》ということで、その演じ方や演ずる心は、かなり神道的というか、神遊びを意識した「もどき」によっています。「もどき」というのは「擬き」と綴るのですが、もともとの本体の消息を真似つつも、ちょっと別のニュアンスのものにすることです。英語でいえばシミュレーションに近いのですけれど、たんにモデル化するとか、擬似化するということとはちょっとちがう。この「もどき」にこそ日本の芸能の発生の起源があるのです。わかりやすくいえば、神の「もどき」をすることが日本の芸能の起源のひとつだったのです。——★10

「ほどき」というか「もどき」ができたものだけが、今日いわゆる伝統芸能として生きているともいえます。——★02

明帝国▼明《みん》とは何か。朱元璋《しゅげんしょう》が「大明皇帝《だいみんこうてい》」（洪武帝《こうぶてい》）を名のって、元朝の帝都、大都《だいと》を総攻撃して陥落し、一三六八年に金陵《きんりょう》を都《みやこ》として建国した巨大な中華帝国です。それまでの一〇〇年はモンゴル帝国の傘のなか、フビライ・ハーンをはじめとするノン・チャイニーズの帝王が元朝を牛耳《ぎゅうじ》っていたのですから、久々のチャイニーズ（漢人）による帝国です。つまり「回復中華」（漢人伝統の復活）をした世界帝国です。

この明が周辺諸国に与えた影響は、日本にとってもたいへん大きい。たとえば朝鮮は、明の建国まもなくして李成桂《りせいけい》が登場して、「朝鮮」（李氏《りし》朝鮮）をつくりあげ、まさに「小さな中華」としての国をめざしていく。そして朱子学を国教的にとりあげた。こういうことすべてが日本に関係してくる。……明のとった政策では「海禁《かいきん》」があります。これは鎖国ではなく、民間の海上貿易を禁止して、国家による政治的貿易（勘合《かんごう》貿易）を国益にしようとしたもので、「経済を国営にしよう」という狙いです。が、あまりうまくいかなかった。――★11

室町幕府と足利義満の王権簒奪計画〈1401〉――日本国王源道義

足利（室町）幕府の政治システムは、「権門《けんもん》体制」による。公家と寺社と武家が協調しあって全国支配を完遂するというシステムだ。そのトップに治天《ちてん》の君《きみ》（上皇）をおき、そこから「院宣《いんぜん》」を出す。それ以外の権力は治天にはわたさない。幕府が握る。

足利義満の王権簒奪《さんだつ》計画はかなり手順を尽くしている。たとえば三位《さんみ》以上の公卿《くげ》が発給できる御教書《みきょうじょ》を巧《たく》みに変更して、のちに「義満の院宣」ともいうべきものに仕立てた。院宣を治天以外の者が出せるわけはないのだが、義満はそれを企んだ。こうした手を国内で次々に打っておいて、明に入貢《にゅうこう》して国際的に国王と認知される手続きを獲得しようと考えた。そのため明の建文帝《けんぶんてい》の遣使を北山第《きたやまだい》（金閣）に迎える手筈《てはず》を整えたのである。

応永《おうえい》八年（1401）、義満は表文《ひょうぶん》に「日本准三后《じゅさんごう》道義《どうぎ》、書を大明皇帝陛下に上《たてまつ》る」と認《したた》め、日本の国内が統一したので通交や通商を求めたいと書いた文書を使者に持たせて、中国に渡らせた。翌年、明から返詔《へんしょう》が来た。その文中に「茲《ここ》に爾《なんじ》日本国王源道義《げんどうぎ》、心を王室《おうしつ》に存《そん》し愛君《あいくん》の誠《まこと》を懐《いだ》き、波濤《はとう》を踰越《ゆえつ》して遣使来朝《けんしらいちょう》す」とあって、義満を狂喜させた。義満が明の皇帝から「日本国王」と名指されたのだ。これで天皇と治天と義満という三人の国王が出現することになった。

応永一〇年（1403）、ふたたび義満は親書を明の皇帝に持たせた。相手は永楽帝《えいらくてい》に代わっていたが、義満は自身の名称をいそいそと「日本国王臣源」と記した。日本はここに明を盟主とする東アジアの冊封《さくふう》体制のなかに正式に組み込まれたのだ。見返りとして勘合貿易が認められ、明銭《みんせん》が明から頒賜《はんし》される。応永一一年（1404）には朝鮮も義満を「日本国王」と認め、回礼使《かいれいし》・通信使《つうしんし》による日朝外交ルートが成立した。――★09

義満は三人目の国王になるつもりではなかった。たった一人の国王になろうとしていたのである。――★09

室町殿に会所登場〈1401〉――主と客をめぐる新しい関係

遊芸の文化や芸能の文化はサロンやクラブの文化ですから、心地よい場所が必要です。これをまとめて「座《ざ》」といいます。もともとは神社仏閣にも宮座《みやざ》や道場のような「座」があったのですが、そこがサロン会員やクラブ・メンバーが趣向をたのしむところとなります。このように趣向を一致させて同好の者たちが集うことを、「一座建立」とか「一味同心」ともいいました。

市中に集うことも流行する。室町時代の会所《かいしょ》がそのひとつです。会所が室町殿《むろまちどの》（将軍家邸宅）に登場したのは十五世紀の最初の年、応永八年（1401）のこと。そこでは寄合《よりあい》が好まれ、雑談《ぞうだん》が悦《よろこ》ばれた。そうなってくると、ここにいよいよ主宰《しゅさい》と参客《さんきゃく》をめぐる新しい関係が生まれてくるのです。そしてここに新たな「好み」の意識が動いていく。ここにはマレビト（賓客《ひんきゃく》）を招くという日本の客神《きゃくしん》型の考えかたが反映してくるのです。――★08

座●日本の「座」とか「席《せき》」というものは、神の動向と関係があります。「座」という字は「くら」とも読みますが、何かそこに象徴的な時空間があるということをあらわしています。そこはあいていて何もないところだけれど、何かがやってくることが決まっていれば、そこはつねに「座」というものなのです。――★12

平安時代は公家によって、鎌倉時代になると武家によって、無常観を根本にしながらそれぞれの美意識や文化が展開していきます。そして、ここまではどちらかというと、貴族も武士も自分の美意識や無常観を、それぞれソリストとして表現してきたわけです。ところが室町時代になると、ちょっと変わってくる。「座」の文化というものが出てきます。人々が寄り集まって情報を交換し、そこから共同で文化を生み出していく。これを「一座建立」といいます。もともと「座」は農村の寺社を背景にした「宮座」が先行していたのですが、それがさまざまな領域に転化していきました。――★10

「目利き」の活躍――分限者の茶と舶来趣向

「茶数寄《ちゃすき》」という呼称も変化してきます。嗜《たしな》みに富んだ道具をコレクションできる分限者《ぶげんしゃ》につけられた敬称となっていく。分限者とは物持ちのこと。ということは茶数寄も物持ちの意味になったのです。ふたたび物持ち主義や舶来趣向が台頭してきたわけです。

しかし大陸半島から入ってくる唐物《からもの》のすべてが出来のよいものとはかぎらない。そこで、唐物のよしあしを判定する信頼すべき目利きが必要になるわけです。目利きはいわばアートディレクターであって、かつ文芸や飾り付けの心得もあるような、文化の編集ができる相談相手のことです。ここに目利きグループとして登場してきたのが、将軍まわりの同朋衆《どうぼうしゅう》でした。五山僧によって文物の見方の下地はつくられていたものの、実際のコレクションにあたってはもっと器用な判定者が要請されたのです。同朋衆の多くが「阿弥」号をもっていたのは、時衆の出身が多かったからです。

こうして、かつては叡尊《えいそん》や忍性《にんしょう》らの律僧が茶に通じたのに、新たな時宗にまつわる時衆の僧が登場することになりました。文化の担い手は時代ごとにその宗教的背景を変えていくのです。律宗から時宗への変化です。その後は「茶禅一味」というスローガンが示したように、五山文化が市中に影響力をもってくるにしたがって、もっぱら臨済宗の禅僧が力をもっていきます。利休と大徳寺《だいとくじ》の密接な関係は、そのことを象徴します。日本文化の多くはたえず宗教集団の動きにも左右されてきたのです。――★08

足利将軍が唐物を集めるにしたがって、足元から国焼《くにやき》や和物がすばらしくなって近づいてきた。六古窯《ろっこよう》です。――★14

同朋衆●同朋衆《どうぼうしゅう》の登場は、「唐物から和物《わもの》へ」という価値観の転換にかかわったという意味でも特筆すべきものがある。それは、「座の文化」がどのように和風をとりこんでいったかという、その後の茶や花の道《みち》の遊芸文化を決定づける選択肢を握っていたということでもある。ほんとうはここに能も入れたいのだが、観阿弥・世阿弥・音阿弥《おんあみ》たちの申楽者は同朋衆ではなかった。けれども、将軍家をはじめとする武家文化に同朋文化が充実していったことに呼応して能楽の大成が併立していたというふうにみるのなら、能もまた同朋衆や阿弥との関連で論じられるべきなのである。――★09

六古窯◉鎌倉室町期に愛知県瀬戸《せと》を中心に製陶が広まった。この時期、瀬戸とともに常滑《とこなめ》・信楽《しがらき》・越前・丹波《たんば》・備前《びぜん》にも製陶がおこったため、これらを称して〝六古窯〟というが、釉薬《ゆうやく》をつかっていた瀬戸以外ではおおむね農民日用の雑器《ざっき》がつくられていた。その古瀬戸《こせと》ですら、こまかい印刻・刻線・貼付《ちょうふ》などによる文様がつくのは鎌倉後期であった。むしろこの時代で見落とせないのは、機会あるたびに少しずつもたらされていた中国や朝鮮のヤキモノが、次の桃山《ももやま》時代の茶人たちによって着目されたということである。——★02

如拙「瓢鮎図」〈1415頃〉——誰もが参入できる余白

足利義持《よしもち》が如拙《じょせつ》に「瓢鮎図《ひょうねんず》」を描かせた。その座塀《ざへい》には上部にたっぷり長い余白がとってあって、芳名群と印章がひしめき、裏側には三〇人をこえる高僧たちの詩偈が書きこまれている。絵はずっと下のほうにある。

タテ長の軸。もし上のほうに漢詩や印章が並んでいなければ、まるで天がすうすうしている尖塔だ。たいそう奇妙である。けれども、このデザインの誕生が時代の画期を告げていた。……余白というにはあまりに大きな漢詩文のための白地だが、そのような余白は、そこにだれもが参入しうる余白だった。——★07

茶の湯と下剋上

応仁の乱〈1467―1487〉――下剋上突入

北山文化と東山文化のあいだにおこった大きな戦乱が応仁の乱です。足利義政の跡目《あとめ》相続をめぐる争いが発端になり、そこに細川《ほそかわ》氏や山名《やまな》氏といった守護《しゅご》大名の権力争いがからんで、ついに日本が東と西に分れて戦争を始めてしまった。この応仁の乱がきっかけで、足利家の勢いが衰えて下剋上の時代に突入していく、すなわち戦国時代がはじまっていくわけです。――★10

その当時随一の文人ともくされた関白の一条兼良《いちじょうかねら》が死んだのは文明《ぶんめい》一一年（1479）である。京都を灰燼の街としてしまった応仁文明の乱もその頃には完全に終熄《しゅうそく》していた。しかし、もはや時代はもとの姿を顧《かえり》みようとはしなくなっていた。応仁の乱の西の総大将であった山名宗全《やまなそうぜん》が、ある公卿《くぎょう》をつかまえて「今後は〈例〉の通用しない世になるだろう。これからはいわば〈時《とき》〉の世となるにちがいない」といった予言はあたっていた。兼良もまた大乱で暴れまくった足軽《あしがる》の台頭に注目し、「かかるためしは先代未聞《せんだいみもん》のことなり」と『樵談治要《しょうだんちよう》』に書き遺している。古今伝授《こきんでんじゅ》をこそ時代の主流と考えていた一条兼良の死は、まさしく時代の大転換を予告していた。その七年後、加賀では一向一揆《いっこういっき》が旧体制の権力富樫《とがし》氏を滅ぼし、〝良き足利時代〟を力で取り戻すべく立ち上がった緑髪《りょくはつ》将軍足利義尚《あしかがよしひさ》の夢もあえなく潰《つい》えた。戦国の急を告げる北条早雲《ほうじょうそううん》が茶々丸《ちゃちゃまる》を殺戮《さつりく》して伊豆に走るのは、それからたった三年の後である。――★02

下剋上が文化様式に与えた意味は重要です。畳も、それまで「追い回し」になっていたものが、応仁の乱のあとはほとんど全面的に敷かれるようになる。――★02

書院の誕生〈十五世紀中頃〉――「和風建築」の萌芽

母屋《もや》が分割されるときが、書院の誕生である。分割とはいっても壁で断絶されてしまうわけではなかった。襖や板戸《いたど》がそれぞれの「間《ま》」を仕切るだけだった。それでもこうして半ば独立した空間が出現すると、そこは特別の様式性を発揮しはじめた。武家社会の中で生まれた会所はそうした代表である。

会所のうちではとくに三間四方《さんげんしほう》の九間《ここのま》が重視された。たがいに上下の関係を示しつつ対面を繰り返さなければならなかった武門の世では、九間にも主従の差をあらわせる空間のヒエラルキーが必要だったのだ。それが押板《おしいた》（のちの床の間）を生む。すなわち、正面性の発生だ。その正面性はつづいて座敷飾りを発達させた。今日につながる座敷の萌芽《ほうが》だった。床の間には軸物の絵がかかり、三具足《みつぐそく》（香炉《こうろ》・花瓶《かびん》・燭台《しょくだい》）がおかれ、違棚《ちがいだな》や付書院《つけしょいん》、帳台構《ちょうだいがまえ》がもうけられた。書院造《しょいんづくり》はやがて城郭へ、数寄屋《すきや》へ、さらには茶室へと変容をとげながら突き進み、あげくは何もかもが習合していわゆる和風建築というものになった。――――★02

しつらい●日本の家にはオモテとウラがある。「道《みち》―門―間《ま》―奥」というふうに展開する。その随所に神様がうずくまっていた。神棚と仏壇が同居しているばかりではなかった。カマド神、納戸神、井戸神をはじめ大黒柱にも座敷にもそれぞれ異形の力が配当されていた。家そのものがひとつの結界を暗示していたのである。その一方、それぞれのゾーニング（界域）は「軒《のき》」と「縁《えん》」というまことに融通無碍《ゆうずうむげ》な両義的紐帯によってつながっていた。そこは内であって外であり、外であって内であるような加減のきく領域となった。「家」のまわりをいわば「家らしさ」が囲んだのだ。そこに界隈《かいわい》という感覚、界隈という余地も生まれた。本来は曲輪《くるわ》と綴られる遊郭《ゆうかく》はそうした界隈が特殊に政策的につくられた例である。このような日本の家の結界性と界隈性の共存は、家の中にもたくみに聖（ハレ）と俗（ケ）のリズムをつくりだすことを成功させた。それが「しつらい」（室礼）というものだった。――――★02

家・空間・芸能●日本の芸能の発生の手順はおおざっぱにいうのなら、「辻―道―門―庭―奥」の順に成立した。早逝した国立民族学博物館の俊英、守屋毅《もりやつよし》さんの独創的な〝発見〟だったとおもう。まずは辻々に集まる辻芸能があり、それが道を一列となって行道《ぎょうどう》する道中芸能となる。次に分散した道中芸能者が一軒一軒の門に立ち止まるようになると、そこに門付《かどづけ》芸能が派生する。千秋万歳《せんしゅうまんざい》などはこの類である。ついでこの門付芸が門の中に入っていくと、中庭を舞台とした芝居になっていく。芝（柴）でおこなうから芝居であった。そしてその芝居芸が分離してだんだん断片的に内側にとりこまれ、奥の座敷芸になる。そういう順序だった。――★05

意外なことに、『万葉集』から『古今集』『新古今集』までを見ても、「冬」の歌はたいへん少ない。――★12

心敬『ささめごと』〈1463〉――**「さかひに入りはてること」**

西行、俊成、定家、長明、兼好の上に世阿弥の「数寄の幽玄」が深まります。けれども世阿弥はこれを達しきらずに終わります。このとき、これをもう一歩進めたのが心敬《しんけい》でした。心敬は京都東山の十住心院《じゅうじゅうしんいん》にいた連歌師です。つぶさに応仁の乱を行方を見つめた人でもある。しかし、そのような都《みやこ》の荒廃に愛想をつかし、晩年は関東に下って漂泊をつづけたのち、相模《さがみ》の大山山麓《おおやまさんろく》の庵で没しているような、つまり旅に死んだ連歌師でもあったわけです。その心敬の『ひとりごと』に次のような驚くべき指摘があります。

氷《こおり》ばかり艶《つや》なるはなし。苅田《かりた》の原などの朝のうすこほり、古《ふ》りたるひはだの軒《のき》のつらら、枯野《かれの》の草木《くさき》など、露霜《つゆしも》のとぢたる風情《ふぜい》、おもしろく、艶にもはべらずや。

氷のようなものの方が艶があるというのです。これはのちに「冷《ひ》え寂び」と呼ばれた独自の視点です。心敬はまた『ささめごと』では、次のようにいっています。

昔の歌仙《かせん》にある人の、歌をばいかやうに詠むべきものぞと尋《たず》ねはべれば、枯野のすすき、有明《ありあけ》の月と答へはべり。これは言はぬところに心をかけ、冷え寂びたるかたを悟《さと》り知れとなり。さかひに入りはてたる人の句《く》は、この風情のみなるべし。

心敬は「言はぬところ」を心にかけること、「冷え寂びたるかた」に心を投げかけること、そして「さかひに入りはてること」を薦《すす》めているのです。西行はついに境い目を消しきれなかった人です。長明は歴史観をもっていましたが、それは境い目を気にしつづけたからで、境い目に入ってはてたわけではない。世阿弥はそれこそ貴賤の境い目にこだわって佐渡にながされた。そこを心敬は一挙に凍てついた美にまでもっていったわけでした。これこそは義満と世阿弥の北山文化にはなかったものです。それは応仁の乱を境い目に、そのあとに出た東山文化をへて、やっと枯山水が世に出まわるころ、日本人がつかんだ貴重な花鳥風月のようにおもわれます。――――★04

冷え寂び●心敬は冬の景色をとりあげて、これを「枯《か》れかじけて寒《さむ》かれ」と呼び、さらには「冷え寂び」という感覚に凝結します。冬の景色は、まさに花も紅葉《もみじ》も冷え枯れて、そのままかじかんでしまっています。花も紅葉もないのではなく、そこには花も葉も落とした枯木そのものがある。心敬はそのかじかんでしまうほどに冷えたものこそが「寂びる」ことだと見た。これはすさまじい美意識ですが、むしろ道元の禅にもつながる透体脱落《とうたいだつらく》ともいうべきものであって、まさしく結晶的でした。しかし、遊びの感覚からいうと、スサビからサビへいたる心の旅は、ここがもう頂点です。なぜならば、これはイメージの表現レベルを越えている。これ以上進めば、そこは氷結か、さもなくば死です。それでは遊芸になりません。こうして、このサビの感覚はここから軌道を転回させて、「ワビ」のほうへ折れていくのです。――★06

サビは芭蕉の俳諧に門人たちが再発見するまで、しばらくスサビの系譜から退場することになる。――★06

東山文化〈十五世紀後半〉――サロンの熟成

日本文化のなかで、東山というのは重要なポイントになっていて、禅宗の影響を受けたサロン文化がますます成熟して、立花や茶の湯や日本的な水墨画などが次々に生まれていった。和風と漢風文化の融合もおこっていったのです。こういう動きは将軍家と同朋衆《どうぼうしゅう》が生み出していったものもあれば、一休のようなすごい禅僧がサロンの中心人物となって生み出したものもありました。一休宗純を慕って、茶人の村田珠光や能の金春禅竹《こんぱるぜんちく》、連歌の飯尾宗祇《いのおそうぎ》といったキーパーソンたちが、一休のいた大徳寺にぞくぞく集っていった。——★10

義政は慈照寺《じしょうじ》東山山荘《さんそう》に東求堂《とうぐどう》や銀閣をつくり、村田珠光を招いて侘び茶に耽《ふけ》ってみた。これは「還俗《げんぞく》」を好んだ義満と「脱俗《だつぞく》」を好んだ義政との性格のちがいからきたものではありません。そこには花の御所と書院造の対照があり、それにもまして「オゴリ」と「ワビ」の対照があるのです。

しかし、義政の趣向でこの時代を代表させるのも無理がある。この時代は禅僧が水墨画を描きはじめ、狩野正信《かのうまさのぶ》のような武士が屏風に花鳥画を描き、寺僧《じそう》が花を活ける時代であって、三阿弥の一人の能阿弥が編集した『君台観左右帳記《くんだいかんそうちょうき》』がそうなのですが、さまざまな飾り方に工夫の極みを尽そうとした時代なのです。すなわち貴人たちの歌や日記にのみ花鳥風月の心が去来したのではなく、水墨画から床の間におよぶ「物《もの》の配《くば》り」にその心が注がれていった時代なのです。もっと大胆にいうのなら、物を扱う者こそが花鳥風月を左右したのです。——★04

一休〈1394—1481〉文化圏と風狂——仏教と禅文化と遊芸の重畳

私はおもてむき北山文化と東山文化がいかにつながって見えようとも、そこには精神的であって、また意匠的な深い断絶があったとみたいのです。風狂の人、一休は、このような時代が生んだ精神でした。一休のところで、仏教と禅文化と遊芸とがいっせいに重なっていたと見ればいいとおもいます。

開悟《かいご》した一休は意外なことにまったく旧来の禅を顧《かえり》みなくなってしまいます。禅語録の『無門関《むもんかん》』に「仏《ほとけ》に会うては仏を殺せ」という言葉があります。一休はこれが好きだった。禅者はイデアというものを殺さないといけないと考えていたのです。正面きってイデアを殺せるパワーがないとイデアは語れない。だから、まず仏を殺すという考えをもつべきだと考えた。これが一休の「風狂」の始発点です。このあとの一休は生涯にわたってこの「風狂」を突き進みます。私はこうした一休のすさまじい態度や生き方を見ていて、日本の歴史がつねに「格」と「様《よう》」と「礼」にたいして、「破格」と「異様」と「無礼」が交差してきた歴史だったということをあらためて感じます。——★04

「格」から「破格」への転換がおこったときに、「様」が「異様」に対抗されたときに、そして「礼」が「無礼」に出会ったときに、歴史は大きな転換を迎えているのです。——★04

雪舟「山水長巻」〈1486〉——日本最初の署名

「山水長巻《さんすいちょうかん》」(「四季山水図」)は雪舟の長い修業の成果を示すみごとな集大成です。雪舟はここに禅の心と絵の技の渾然一体《こんぜんいったい》にした世界を描きました。まさに画禅一致の境地に到達した。末尾の署名は、日本の画家が創作者の自覚を世に示した最初の落款《らっかん》です。雪舟はこれによって、堂々と自己の作品を主張した。それは「自分の領分」の発見という戦国近世社会へ踏み出す第一歩でもあったとおもいます。こういうふうに雪舟によって、中国的山水は日本の山水に変換していったわけです。そこには日本的な省略がおこって、「引き算の美」というものが生まれつつあった。——★13

雪舟は珠光《しゅこう》のようには器用ではなかったので、「和漢のさかい」をフュージョンするほどの芸当はしていない。そのかわり、珠光ができないことをやってのけた。それは「外側から日本を見る」ということだった。——★07

村田珠光〈1423—1502〉——侘びのふるまい

同朋衆のなかに名人級や達人級の者があらわれます。とくに能阿弥・芸阿弥・相阿弥の三代は有名です。通称、三阿弥という。とくに相阿弥は「数寄の宗匠」と呼ばれます。この「数寄の宗匠」の相阿弥と趣向や作分《さくぶん》の相談をしあっていた一人の茶人が京都の下京《しもぎょう》に登場する。好みの文化に数寄をもちこんだ張本人、村田珠光です。——★08

お茶の世界が日本文化のモデルになりえた理由はいろいろありますが、そのひとつに、草庵《そうあん》の侘び茶を提案した村田珠光のセンスにあずかるところがあります。奈良にいた珠光はそれまでの中国的な価値観を重視してきたお茶に対して、そこに和様をもちこみ、和漢の区別をなくしていこうと

します。――★13

侘歌《わびうた》・侘言《わびごと》・侘人《わびびと》・侘声《わびごえ》といった「侘びる」という言葉は万葉時代からすでにあったのですが、それらはおおむね繰り言のようにつかわれていて、あまりに貧しい様子をさす言葉であったので、とうてい美意識の対象になるようなものではなかったのです。その「侘び」や「侘びかた」を、珠光は「侘びのふるまい」にまで高めることによって、それまでにない茶振舞《ちゃぶるまい》をつくりあげようとします。青年時代は奈良の称名寺《しょうみょうじ》の僧侶であって、そのあと三十歳ころまで諸国を漂泊していた珠光がこんなことをおもいついたのは、きっと珠光が一休文化圏のサークルの中にいたからだとおもいます。珠光は大徳寺の一休に参禅し、その文化圏の多彩な交友にふれ、カルチャーショックをおぼえたにちがいありません。――★06

村田珠光がはじめた草庵の茶の湯は、京都の下京の町衆《まちしゅう》たちに支持されて、それが各地の都市の町衆たちにも広がり、ついに堺《さかい》の町衆のなかから千利休《せんのりきゅう》のような大成者が登場してくることになります。これを「下京茶の湯」から「草庵の茶」に進んだというふうにいいます。――★10

侘び茶の趣向の発見は、
日本人がいよいよ本気で「和《わ》」に踏みこむにあたっての、
最初の事件だったかもしれません。――★08

和漢のさかいをまぎらかす●ここにおいて、初めてワビの問題が出てきます。なぜなら、ワビとは、まず物が尽《つく》され、物にたいする景気が選ばれ、よほどに好める物が少なくなった末にやってくる感覚であるからです。ワビの感覚はあきらかに物への執着にはじまるものなのですが、その執着を数寄の心として見つめ、そこからいったんは「物不足」をかこつことによってやっと成立する感覚なのです。

それには村田珠光の「和漢のさかいをまぎらかす」という立場が前提になります。唐物も和物もそれぞれよいが、それに執着していてはそこから離れられない、離れるにはひとまず和漢の区別から引きこもってみることだという意味です。武野紹鷗《たけのじょうおう》も「閑居《かんきょ》して物外《ぶつがい》をたのしみ居《い》る」として、「物外」という「ほか」を志したのです。それは北山文化の物にたいするオゴリの気分の拒否ともみなせます。――★04

そもそも「わび」「さび」は、もともとは「侘《わび》しい」「寂《さび》しい」ということです。しかも「侘び」には「詫《わ》びる」という感覚が含まれています。お詫びするとか詫びを入れるという、あの詫びです。ある日、大事なお客さんとか心を通わせている友がふらりとやってきたとします。むろん、久々の客だからおいしいお茶を入れたい、料理も出したいとおもいます。でも、手元にあるものは何も自慢するものでもない。で、「こんなものでございますけれども」といって詫びて、間に合わせのものを出す。これがそもそもの「詫びる」「詫ぶ」という感覚なのです。まさに「粗茶《そちゃ》でござ

いますが」とかという、この「粗《そ》」という感覚です。――★13

武野紹鷗〈1502―1555〉――「好み」を分かち配る

連歌師であった武野紹鷗《じょうおう》は一部始終を心得ていた。そしてその仕組みを茶の湯に転じていった。一座をしつらえ、道具をつかった作法で、〝茶の連歌〟を進めていくようにした。このとき紹鷗が重視したことがありました。賦物《ふしもの》のルールをうまく取りこもうとしたのです。

連歌には押韻《おういん》がなく、韻字がありません。その代わり賦物の約束がつくられていた。韻のかわりに賦《ふ》があったのです。賦とは「分かち配る」ということです。「好み」を分かち配るのです。その方法を紹鷗は茶の湯に転用した。とくに本歌《ほんかど》取りをしつづける賦物連歌は積極的に茶の湯に移されます。連歌でいえば「乙女子《おとめご》が葛城山《かつらぎやま》を春かけて」という前句《まえく》に、「霞めどいまだ峰の白雪《しらゆき》」といったふうに、葛城の黒に対して白雪の白を入れるという手順です。この趣向は「見立て」です。紹鷗はこの見立てのルールを茶の湯の「好み」に移しきっていったのです。

ふりかえってみれば、連歌は季節・色合・歌枕・名物・本歌などをつかって、いま連衆たちが詠みあげていく言葉にさまざまな「見立て」を投じていくという編集技法ができあがっていたのでした。そこには類似・比喩《ひゆ》・対照を用い、対立・付属・共振を揺《ゆ》らし、引用・強調・重用を散らせて、つねに連想を鍛えに鍛え抜くという下地ができています。それを茶の湯はたくみに引用していったの

です。――★08

茶の湯は、連歌を見立てた遊芸だったのです。――★06

作分●遊びの本分は、一に結構、二に手続き、三に趣向にある。これをまとめて武野紹鷗の時代から「作分《さくぶん》」といってきた。茶の湯にかぎれば、その作分を二にとって山上宗二《やまのうえそうじ》は、「覚悟、作分、手柄《てがら》」といった。作分とは茶事《ちゃじ》に新しい工夫をこらすこと、すなわち趣向を作ることをいいます。――★08

戦国大名〈十五末―十六世紀〉の農民コントロール――領国経営のノウハウ合戦

十五世紀になると、鎌倉武士の同族的集団性はすっかり過去のものとなり、名主《みょうしゅ》の上層に位置する地侍《じざむらい》たちが、若党《わかとう》・被官《ひかん》などとして次々に国人の兵力グループに組みこまれていった。守護大名にはもうこれらを統括《とうかつ》する力はなかった。ニューリーダーは戦国大名の手に移る。太田道灌《おおたどうかん》の〝足軽軍法〟が関東の噂となり、応仁文明の大乱にまで及んだのも、このような「武士の変質」に照応する出来事である。

その守護大名と戦国大名の差は、家臣システムや軍略軍規を通し、また築城や城下町の形成を通してさまざまな社会様相の変化をもたらしたが、もっとも顕著な差は農民支配の方法に見出すことができる。戦国大名は領国内に大名自身のための御領所《ごりょうしょ》と、家臣のための知行地《ちぎょうち》（給地《きゅうち》・私領）との二種類をもっていたが、知行地からの年貢は家臣の蔵に収められるのであって、大名は直接これには手を下していない。そのかわり軍役と租税を賦課《ふか》するために、家臣に領国の軍事的経済的データを出させ、その明細書によって農民コントロールを行った。これを「指出検地《さしだしけんち》」というのだが、その明細書こそが、戦国の争乱に組するかとどまるのかを決定するバランス・シートになっていた。時代はやがて上杉《うえすぎ》・武田《たけだ》をはじめとする戦国の覇者《はしゃ》をめぐる戦闘をいくたびも体験する。その戦いは、今日の企業戦争に似た、領国経営のノウハウ成果による合戦でもあった。――★02

に

天下の器量、浮世の気っ風。

●織豊政権から幕末まで

秀吉の朝鮮、家康の日本

狩野派勃興〈十五世紀〉と法華信仰——城郭空間アーティスト

水墨画は東福寺などの禅僧の余儀《よぎ》として発達し、それが広がっていくのですが、狩野派《かのうは》は、一族が組織的に絵を制作していく。ちょうど戦国大名のなかから天下統一をめざすものが出てきた時代なので、それが時代のニーズにも合っていたわけです。築城の時代だから、その空間にはさまざまな襖絵《ふすまえ》や屏風絵《びょうぶえ》が必要だったわけです。

狩野派というのは法華《ほっけ》を信仰していた一族でもあり、かつての禅宗派とことなる法華的なアートの流派が目立ってきます。それが次の長谷川等伯《はせがわとうはく》や本阿弥《ほんあみ》光悦《こうえつ》や俵屋宗達《たわらやそうたつ》につながっていった。かれらはすべて法華宗徒《ほっけしゅうと》です。——★13

天文法華の乱〈1536〉——日本の宗教戦争

日蓮宗《にちれんしゅう》がだんだん力をもつようになり、ときに他宗派を武力でねじふせるようなことまでやったので、室町《むろまち》時代には危険な集団だと見なされて、たびたび弾圧を受けました。それが下剋上《げこくじょう》の時代になると、そういう実力主義的なスタイルこそがうまく人々の社会意識とマッチしていきます。法華を支持したのは、経済力を蓄えた町衆《まちしゅう》たちでした。禅は公家《くげ》と武家《ぶけ》の宗教だったのですが、法華は町衆たちの心をつかんだ宗教だったのです。なぜ町衆たちが法華を支持したのかというと、応仁《おうにん》の乱で京都がいったん壊滅し、戦国の世に入っていくなかで、町衆たちも自衛力をつける必要に迫られていたからです。

法華衆と町衆の戦闘力がピークに達したのが、天文《てんもん》五年（1536）の天文法華《てんもんほっけ》の乱です。これは宗派の勢いを結集した武力衝突です。

この時代、武装化した宗団は法華だけではなく、蓮如《れんにょ》をリーダーとする浄土真宗《じょうどしんしゅう》も、北陸や東海、近畿を中心に勢力を伸ばし「一向一揆《いっこういっき》」と呼ばれる反抗運動をくりかえしています。一向宗というのは浄土真宗の急進派のことです。この門徒《もんと》たちが大坂《おおさか》や奈良で大暴れをし、だんだん京都をおびやかすようになります。このとき京都を実質的に支配していた細川晴元《ほそかわはるもと》の呼びかけによって、法華宗徒たちが立ち上がり、日本史上例のない宗教戦争に突入していったのです。それが「天文法華の乱」です。

結果は法華側の勝利でした。しかしながら法華衆は、京都をめぐる覇権《はけん》争いに巻き込まれ、だんだん孤立します。そしてついに比叡山《ひえいざん》を中心とする反法華勢力によって、京都の法華二十一か寺の多くが焼き払われてしまい、一部は堺《さかい》に落ちのびていきます。とはいえ法華衆というのは、試練や受難を受ければ受けるほど強くなっていく。これはそもそも日蓮の生き方や信仰心から来ています。法難《ほうなん》があればあるほど立ち上がっていく傾向がある。このときも京都を追われても、むしろ独自のネットワークを強化していきました。――★10

桃山文化というのは、アーティストの主人公たちが「禅」から「法華」へ移っていった時代だった。――★10

信長〈1534―1582〉と秀吉〈1537―1598〉――国内改革とアジア戦略

織田信長《おだのぶなが》の政治ははなはだ大胆なものでした。延暦寺《えんりゃくじ》の焼打ちや堺の壊滅から、安土《あづち》の宗論《しゅうろん》や楽市楽座《らくいちらくざ》まで、どんな政策にも徹底したカリスマ性を発揮した。信長はイギリスのエリザベス女王やオスマントルコのアクバル大帝やスペインのフェリッペ二世とまったく同時代の為政者ですが、まさに典型的な専制君主のふるまいを日本で発揮したのです。しかし明智光秀《あけちみつひで》に暗殺されたため、そのプランの大半は国内政治の改革でおわった。ついで登場した豊臣秀吉《とよとみひでよし》も国内政治にずいぶん改革の手を及ぼしましたが、一方でアジア戦略にも手をつけました。さあ、問題はここからです。日本の近世近代の国家モデルは、ここから揺動していく。――★08

異風異体の継承●異風異体《いふういたい》は日本の美意識と芸能意識の定石である。しかも王者が率先してこれを好む気風があった。すでに義満《よしみつ》が世阿弥《ぜあみ》を好んだことにはじまっている。そこへ荒事《あらごと》の信長が出現し、これをさらに秀吉が両手で継承した。――★03

天下布武〈1567〉――城と家の時代へ

「天下」とは、信長が永禄《えいろく》一〇年（1567）に用いた「天下布武《てんかふぶ》」の印判《いんばん》を機に世に広まった言葉である。「天下」という表現自体は古代より使われていた。頼朝《よりとも》も「天下の草創」をうたっていた。けれども信長が僧沢彦《たくげん》のアドバイスによって使用した「天下」は、中国宋学《そうがく》によって復興したいささか儒学《じゅがく》的な「天下」概念の日本への適用だった。

近世はしばしば天下人《てんかびと》と町衆の時代であるといわれる。もしそうであるならば、それは「城と家の時代」でもあったろう。信長・秀吉によって確立した「天下」は、一方において「城」を満たしたが、その後の日本の「家」をも儒教的な理念で縛《しば》ることにもなった。――★02

信長の名物狩り〈1568〉――新たな商品価値

茶道具の「名物《めいぶつ》」に象徴されるように、中世遊芸の流れこそが、近世日本の商品の価値を左右することになる。信長がさかんにおこなった「名物狩り」は、日本人の歴史にまったく新しい商品に対する付加価値を誕生させたものだった。信長は「名物狩り」によって各地の大名たちがもっていた茶道具の名物を徹底的に取り上げていった。……武士たちを精神的に支えていた平常心と、静寂を重視した茶の湯が切っても切れないものになっていたので、大名たちもさかんに茶の湯を愛好した。唐物《からもの》や和物の茶道具をもっていることが大名たちのステータスシンボルになっていた。信長の「名物狩り」はそこに目をつけた。——★10

信長入京〈1573〉——室町の終焉

天正元年が信長入京で、室町幕府に幕が下りた。それを「桃山」と総称するのは、伏見城が廃墟となり、その城趾がいつしか桃畑と変じたのち、人々が往時を偲んでその城山あたりに「桃山」の名をあたえたことにはじまる。そこには懐旧《かいきゅう》の情がおおいにわだかまっている。——★07

桃山のウツワ◉桃山《ももやま》時代の製陶の中心は土岐《とき》氏の美濃《みの》にあった。土岐氏は十一代二百余年を斎藤道三《さいとうどうさん》に滅ぼされるまで陶窯《とうよう》を保護し、名器のほまれ高い志野《しの》・黄瀬戸《きぜと》・瀬戸黒《せとぐろ》・織部《おりべ》などの傑作を生む土壌をつくった。信長《のぶなが》・秀吉《ひでよし》時代にも継承された。日本の近世の覇者が尾張《おわり》や美濃を基盤としていたことは、少なくとも茶器に関するかぎりは特筆されてよい。陶芸は天下人による茶道具から興隆《こうりゅう》したのである。——★02

磁器の見立て◉桃山時代までは磁器の技法は知られていなかったが、磁器の白磁や青磁のすばらしさには息を呑んでいた。絶賛していた。そこで日本人は何をしたかというと、白磁に似せて陶器を焼いた。そうしてできたのが「志野《しの》」です。それから青磁に似せて、なんとかあのよさを和物でやってみようとおもって焼いてきたのが「黄瀬戸《きぜと》」というものです。

ですから志野も黄瀬戸も最初は磁器の真似であり、つまりは本物ではない。ところが真似なんだけれど、そこにはイマジネーションが大きく動いている。白磁や青磁の磁器技法が隠されていたほうがいいときがあるのです。手持ちの道具や器物や食材が少ないほうがいいときがある。そこが「わびる」というところです。――★13

高麗茶碗▼日本の陶芸感覚を育てたのは「数寄《すき》の感覚」のような趣味的思考だとおもう。茶人たちが狂喜した井戸茶碗《いどちゃわん》とか三島《みしま》とか斗々屋《ととや》茶碗とか呼ばれるような高麗茶碗系《こうらいちゃわんけい》も、もとをただせばむこうでは単なる飯《めし》茶碗にすぎなかった。なぜそんなものに関心をもったかというと、そこには日本人が木器《もっき》や漆器《しっき》でしか日常を送っていなかったということと、だからこそ高麗系の日常茶碗がものめずらしかったということだとおもいます。つまり、「めずらしい」という感覚が、逆にそれに匹敵《ひってき》する日本的な陶芸の成果を生ましめたともいえるわけです。国焼《くにやき》が自覚される

のもそれからです。――★02

振舞と数寄●中世は「振舞《ふるまい》の季節」でもある。公家も武家も、禅宗も時宗《じしゅう》も、申楽《さるがく》も宮座《みやざ》も、それぞれが振舞を重視した。そうした中に、やがて来たるべき近世の「数寄」が準備されていた。「振舞」というも「数寄」というも、このような感覚こそが日本文様衣裳史に次々と大ヒットをとばす原動力となった。その代表例に辻《つじ》が花染《はなぞめ》や小袖《こそで》の流行があった。縄文の呪力にはじまった文様衣裳史は、ここにようやく庶民の側のファッションに帰着する。それは江戸期の浮世絵《うきよえ》にみる風俗をうかがえばさらに明瞭である。しかし、そうした流れがはたして「文《あや》」の本来であるのかどうかということは別問題である。――★02

桃山期の辻が花の大流行が一瞬にして
忽然《こつぜん》として消えてしまった謎は、
ふと縄文が消えてしまった謎をおもいおこさせる。――★02

南蛮文化▼中世ヨーロッパでそろそろカルヴァンの宗教改革が始まろうとしていた一五三四年、パリで出逢った七人が盟約結成したイエズス会が日本の近世にもたらした影響にははかりしれないものがある。戦国文化と安土桃山文化に一線を画するのは、この宣教師の活動であったともいえる。

ザビエル、トルレス、ヴィレラは組織的救貧活動を試みつつ教会の基礎を固め、オルガンティーノ、フロイスは信長の庇護を得て摂津《せっつ》・河内《かわち》の大改宗を達成、さらに天正《てんしょう》七年（1579）に来日したヴァリニャーノの神学校（セミナリオ）・学院（コレジオ）・修練院（ノビシャド）の教育機関の設立を基軸とした文化センター構想に至って、キリシタン・カルチャーの貢献は頂点に達するかにみえた。信長の死はその矢先である。以降、日本を大きく変えたかもしれなかった南蛮《なんばん》文化の波は急速に衰えることになる。イエズス会の活動がポルトガル本国の貿易事業の一環でもあったため、これに対抗する侵略型スペインのフランシスコ会との間に亀裂を生じ、あげくのはてのキリシタン禁令を招いてしまったのも、時代の不幸であった。

けれども織豊《しょくほう》時代のもっとも象徴的な「文化の記号」があるとするのなら、それは信長の安土城でも秀吉の花見でも利休《りきゅう》や宗久《そうきゅう》の堺の町並でもなく、宣教師や航海士のもたらした一枚の海図が生んだ一双の世界地図屏風であったかもしれない。――★02

西欧感覚◉日本の西欧感覚というものは、長崎に出島ができたときに生まれたものでもなく、明治維新で決まったものでもなく、森有礼《もりありのり》のローマ字導入論や福澤諭吉の脱亜論で決まったのでもない。信長がフロイスの言動とセンスをおもしろがったときに決まっていた。そう、見るべ

きである。——★07

桃山期のイメージを象徴する南蛮文化とは、世界地図と宣教師に代表される「合理のエキゾチシズム」のことである。——★02

キリシタン文化の可能性●安土桃山期のキリシタンの動きほど、日本史をまったく新たな光で浮上させてくれる変遷史はない。とくに九州の大友宗麟《おおともそうりん》や大村純忠《おおむらすみただ》の西国の動向が先行して目立つのだが、それをべつにすれば畿内の動きこそさまざまな可能性に満ちて大きく、もしそのまま日本の中央部にキリスト教が定着していたら近世日本は見ちがえるほどに変わって、たとえばルネサンスとほぼ同じほどの稀有の文化充実がおこっていただろうとおもわせる。それほど、畿内キリシタンのあいだではありとあらゆる〝実験〟がめまぐるしく動いていた。——★09

禁裏の茶会〈1585〉——茶湯御政道

天正一三年(1585)は、禁裏《きんり》の小御所《こごしょ》の正親町《おおぎまち》天皇に茶を献じるにあたって、はじめて千宗易《せんのそうえき》が〝利休〟として登場した年である。利休は信長の茶頭《さどう》につづいて秀吉の茶頭になっていた。天下人と茶人が拮抗し、織豊政治が〝茶湯御政道《ちゃのゆごせいどう》〟のそしりをまぬがれぬほどに「数寄」に近づいた時代の開幕だっ

た。―――★02

ワビと黄金◉信長と秀吉の時代は、しばしば「ワビと黄金」が同居したといわれます。信長の安土城や秀吉の黄金の茶室がそれを典型的に暗示します。しかし、ワビと黄金が同居しただけではないのです。天下人と町衆、城と店、槍《やり》と鉄砲、法華衆とキリシタン、花鳥画と風俗画、弥勒《みろく》と福神《ふくじん》など、多くのモノやコトが対比的に同居していきます。このような時代の中、オゴリとワビは踵《きびす》を接します。それまでは拮抗せざるをえなかったオゴリとワビが初めて合意を見出すのです。利休も「わび過《す》ぎてはさはやかになきもの也《なり》」(『南方録《なんぼうろく》』)と言った。ここにワビからサビへの転出がおこります。―――★04

千利休〈1522―1591〉―――「草」から「真」への回帰

利休は一九歳のときに師匠の北向道陳《きたむきどうちん》に武野紹鷗《たけのじょうおう》を紹介された。紹鷗の茶を演出する方式のすべてに、いやその「好み」のありかたにぞっこんまいった。利休はそのような紹鷗からすべてを盗んだであろう。そこには利休の自立も準備されていた。それが「草《そう》」から「真《しん》」への回帰であった。利休が侘《わ》び茶を大成できたのは、もとより不屈の意志のせいであろうが、そのほか簡略すれば三つほどの大きな要因が作用した。数寄と好みの変遷はここに集約される。

第一は、〝珠光《じゅこう》伝説〟への確信があったことである。珠光が一休《いっきゅう》に参禅したことこそが東山山荘の茶の湯をつくったという伝説だ。利休はこれを信じて南宗寺《なんしゅうじ》の笑嶺《しょうれい》を師と仰ぎ、大徳寺《だいとくじ》の古渓宗陳《こけいそうちん》の入山にも力を尽くす。最後まで大徳寺にこだわれたのも珠光を偲《しの》ぶ利休の禅林愛好癖による。

第二には、信長が堺の町衆と対立したことである。このことは利休に、あまたの市中茶湯《しちゅうちゃのゆ》をひっさげて自分が代表しなければならないのだとする覚悟をつけた。たとえば、それまでは茶立人《ちゃたてにん》の仕事であったため別室にあった炉《ろ》を中央に引き出し、そこで自身が点前《てまえ》を見せるという考案に、その覚悟の大きさがあらわれた。それとともに信長の名物狩りにも対抗しなければならないという町衆の意識、すなわち名物を自分がつくりだすという自立的な経済文化の計画をおもいつかせた。長次郎《ちょうじろう》の楽茶碗《らくちゃわん》や高麗《こうらい》茶碗や与次郎《よじろう》の釜や竹花入《たけはないれ》に目をつけたのがわかりやすい例だろう。

第三に、利休には総合化や統合化の構想力がすぐれていたことをあげなくてはならない。なぜそのような構想力がわいていたかといえば、きっと南蛮文化に接していたことが大きかったのだろうが、それだけではあるまい。スタッフも少なくなかったにちがいない。共同工房だったのである。また、この時期、世の中がどんな分野にも天下一を希求していたという事情もあった。

こうして利休は、行《ぎょう》の茶にも草《そう》の茶にも偏向しなかった。一人、利休の茶をつくっていった。あえていうならヴァーチャルな真《しん》の茶に三者を編集化しようとしていたが、それこそは物数寄《ものずき》が陥りやすい一定の屈託を越えるためだった。――★06

利休の茶碗は、「隠れていた日本」を発見しつつあった。――★06

利休切腹〈1591〉――下剋上の終焉

山上宗二《やまのうえそうじ》によれば、利休の茶とは「山ヲ谷、西ヲ東ト、茶ノ湯ノ法ヲ破ルモノ」だった。そういう「法ヲ破ル」者の象徴として利休が切腹させられた。秀吉は、時代がすべての下剋上を終焉させていることを宣言したかったのである。天下が完全なヒエラルキーになっていることを示したかったのだ。利休はその犠牲として晒《さら》された。――★09

朝鮮出兵〈1592〉――七年戦争の惨澹

秀吉の朝鮮出兵にみられるような矮小な国際意識、それは日本を明《みん》と対等とみなすという不遜な意識でもある。それが海外事情の認識の乏しい秀吉の単なる征服の夢なのか、貿易派の九州大名や朝鮮貿易を独占していた対馬《つしま》の宗氏《そうし》などの経済派にも共通していた東アジア感覚なのか。ルイス・フロイスによると、信長にも明を征服する計画と野望があったという。秀吉はこれを受け継いだばかりでなく野望を拡大して、肥前《ひぜん》名護屋《なごや》城の大本営に向うときは「大唐《だいとう》、南蛮まで征服する」と大言壮語している。しかも征服した暁には統一支配体制をしいて、中心を中国におき北京《ぺきん》に遷都《せんと》するという奇怪な青写真も語っている。それで自分は寧波《にんぽう》に居所を定めるつもりだといって、天皇にもはやばやと北京遷幸《せんこう》の準備をしなさいなどと指令を出す。この大胆不敵な野望を「国割《くにわ》り」というのだが、結果は朝鮮を戦場にしただけで終った。――★02

朝鮮半島の陸と海を戦場にした前後七年にわたった過激な戦争は、秀吉の死によって集結した。その惨澹《さんたん》たる結末は次の徳川《とくがわ》時代の日本モデルを変えてしまうに足るほどのもの、何か大事なことが喪失《そうしつ》されたか、あるいは目覚めさせられたというべきほどの大失敗だった。――★08

秀吉の野望●なぜ秀吉がこんな野望をもったかというと、もともと中国では、中国周辺の国王が中国皇帝に朝貢《ちょうこう》する関係を「事大《じだい》」といい、そうした周辺諸国の国王間の交際を「交隣《こうりん》」というのですが、当時の日本は李氏《りし》朝鮮と交隣関係にあったのです。ところがその李氏朝鮮は東人党《トングイン》と西人党《ソイン》が争っていて不安定だった。そこで秀吉はゆれうごく朝鮮半島を足場に大陸進出を企てようと考えた。中国と周辺諸国の事大交隣の事情に乗じようとしたのです。――★14

信長も秀吉も、中国政策の最初の動機は明との勘合貿易を再開し、有利な通商関係を手にすることが狙いだった。それが国内統一がすすんで、とくに島津を討ったあたりから大陸拡大政策に変質していった。内戦をやるのでは、家康が手ごわかったせいもある。――★09

勘合貿易と朝鮮出兵▼日本の国際感覚という面では、日本と中国の関係を足利義満の時代からとらえなおさなくてはいけません。義満が日本を明の属国的な立場におき「日本国王源道義《げんどうぎ》」という名前で永楽帝《えいらくてい》に国書《こくしょ》をもらって、そのかわり日明《にちみん》貿易（勘合《かんごう》貿易）が開かれるのですが、ところがそういうことに不満をもった連中―たいていは悪党ですが―が倭寇《わこう》となって中国沿海部を脅かしはじめるのです。

倭寇には前期と後期があって、前期は南朝の悪党の系列が海賊的に資金を調達するためにあばれるのですが、中国側はこれに悩まされて何度もおさめてくれというようなことを日本政府に申し入れている。ところがこれがおさまらないうちに永楽帝も宣徳帝《せんとくてい》も亡くなり、明の対外的な力が落ちてくると、中国人が中心になった後期の倭寇が活動しはじめたのです。そのピークが王直《おうちょく》のころになります。中国人のアウトサイダーが、日本を利用しながら中国の国政や経済政策を非難しつつ、貿易自由化を沿海部の方で開きなさいというようなことをやるのです。

そういう関係を背景にして、秀吉がいわゆる「仮道入明《かどうにゅうみん》」、朝鮮を利用通過しながら明に入るという路線を出します。どうも王直のように日本の肩をもって中国のやり方を批判するような連中に力を得て、ここでひとつ何とかしてやろうというような、甘い対等外交感情がむきだしになったということではなかったかとおもいます。これは秀吉のみならず、聖徳太子から国連脱退まで、日本のどこかにある大きなクセのようなものだともいえます。――★02

近世の陶磁器●秀吉の朝鮮戦役を契機に日本にも磁器の技術が招じられると、有田《ありた》の柿右衛門《かきえもん》を筆頭にそれらは一挙に広がり、「工芸の手」は大量生産や輸出をまで呼びこんで、ついには誰もが食器を陶磁器で楽しむ風潮をつくるに至った。けれども今日なお、吸物の汁碗を漆器にこだわるように、日本人はなぜか陶磁器の汎用《はんよう》を限定することをよろこんだ。それは茶碗や箸に〝個人用〟の差をつける日本人の奇妙な「食」に対する態度ともつながり、他方、〝一人分の弁当〟がいまなおすたれない事情とも軌《き》を一《いつ》にしてきたにちがいない。——★02

文禄《ぶんろく》・慶長《けいちょう》の役で文化・思想・技術面で
流れこんできたものがあった。
ひとつは陶芸技術、ひとつは朱子学《しゅしがく》です。——★08

長谷川等伯「松林図」〈1593頃〉——**影向と消息**

等伯《とうはく》の「松林図《しょうりんず》」は現れようとするものと消えようとするものが一緒になっている。出現と消去が同時なのである。松林が現れては消え、消えては現れるのではない。そういうふうに感じるときもあるが、むしろ顕現することと寂滅することがないまぜになっている。松林そのものが「影向《ようごう》」であって「消息」なのだ。松林そのものが、そのものとしての「一切去来」なのである。これはシェイクスピアではなくて、おそらく能である。きっと複式夢幻能なのである。——★07

関ヶ原《せきがはら》の戦い〈1600〉——ねじれの構造

関ヶ原《せきがはら》の合戦の布陣は奇妙である。東軍・西軍と徳川方・豊臣方はまことに複雑な組み合わせになっている。ここには甚だしい「ねじれの構造」ともいうべきがある。ということは、関ヶ原の合戦は豊臣と徳川の戦いではなかったということだ。あれは、豊臣政権システムがかかえていた政治社会の矛盾そのものを反映した「決算」だったのである。——★09

江戸の時代ステージ——慶長、元禄、文化文政

徳川時代は大きく一〇〇年ごとの単位でいうと、だいたいは次のようなステージになっています。一六〇〇年の関ヶ原の戦いのときがエリザベス時代で、明朝の崩壊の開始です。これは慶長五年です。次の一七〇〇年は元禄《げんろく》一三年で、仁斎《じんさい》・近松《ちかまつ》・西鶴《さいかく》の時代になります。世界史的にはスペイン継承戦争がおこり、ついでオーストリア継承戦争がおこるというぐあいで、ヨーロッパの王家が乱れあいながら覇権争いをしていた時代です。次の一八〇〇年は寛政《かんせい》一二年で、その四年後が文化《ぶんか》期のはじまりですから、日本は文化文政《ぶんせい》の爛熟期になっています。——★11

東インド会社▼一六〇〇年というのは、世界経済史ではイギリスの東インド会社が設立された年として有名です。このあと一六〇二年にオランダの東インド会社が設立され、その二年後にフランスが設立する。家康《いえやす》が政権の地盤をかためようとしているまさに同じ時期に、早くからアジア貿易に関心をもっていたポルトガル、スペインを蹴落《けお》としたイギリス、スペインから独立したオランダ、そして重商政策の国フランスが、それぞれ海域からのアジア進出を競っていたのです。――★11

徳川将軍と出雲阿国〈1603〉――慶長バロック

慶長から寛永《かんえい》にかけて、たしかに時代はひとつの頂点に達した。政権が豊臣氏から徳川氏に移り、鎖国令《さこく》が打ち出されたといった変化もさることながら、むしろ文化のバロメータが大きく変質したのだった。たとえば慶長八年（1603）は家康が征夷大将軍《せいいたいしょうぐん》となった年としても重要であるが、出雲阿国《いずものおくに》が「かぶき踊り」をはじめた年としても特筆される。それは「異風異体《いふういたい》の文化」のファンファーレでもあった。

この慶長文化を、私は「慶長バロックの開幕」と呼んでいる。これよりのち、文化の担い手は市民階級とははっきりいえないまでも、少なくとも武家や貴族の手から離れはじめた。このようななかで伝統も塗り替えられることになる。本阿弥光悦や俵屋宗達は、そのような「異風異体」が町の一角に市民権を得る時代の代表的アーティストとなった。――★02

桃山のワビから江戸のサビへの脱出は、出雲阿国の「かぶき踊り」や岩佐又兵衛《いわさまたべえ》の風俗画を見た者の目からはじまっていたというべきかもしれません。──★04

オランダとの交易開始〈1609〉──出島と風説書

慶長五年の一六〇〇年ちょうどに、オランダ船のリーフデ号が豊後《ぶんご》に漂着します。そこに乗っていたのはウィリアム・アダムスという男で、のちに三浦按針《みうらあんじん》として家康の外交顧問になります。このとき家康は、日本の外交通商の窓口をオランダにしようという構想をもつ。慶長九年（1604）に、家康は長崎の糸割符《いとわっぷ》仲間を誘導して、ポルトガルの仕事を肩代わりさせ、慶長一四年（1609）にオランダとの取引を平戸で始めます。これは寛永一八年（1641）に出島にオランダ商館を特定することの前哨《ぜんしょう》です。しかし幕府は、世界の情報を閉ざしたのではない。むしろ時々刻々の国際情報をオランダからちゃんともらっていた。これが有名な「オランダ風説書《ふうせつがき》」という、日本最初のインテリジェンス情報のレポートです。──★11

キリシタン禁令〈1612〉──神仏儒の近世へ

慶長一七年（1612）、家康はキリシタン禁令を出します。キリスト教が日本をダメにすると結論づ

けたわけです。逆に、このことをもって日本を神仏儒《しんぶつじゅ》によってかためることを決断しました。——★11

実は日本が鎖国とか海禁といいながら、
出島で交易をしたのはそのオランダとの通商だったのです。
ここにおいて日本は西ヨーロッパの覇権の変遷にうまく対応した。
日本には対外的な独自性があったということです。——★14

鎖国◉「鎖国」という言葉自体は、志筑忠雄《しづきただお》がエンゲルベルト・ケンプの『日本誌《にほんし》』の附録になっていた論文を〝鎖国論〟というふうに訳したところから始まっています。ただし幕府は一度も鎖国とはいっていません。「海禁《かいきん》」という言葉を使っている。海禁というのは幕府と一部の藩が公益を独占して、一般の貿易と海外往来を禁ずるという意味です。幕府はその海禁を「祖法《そほう》」だととらえています。——★14

元和偃武〈1615〉——平時下の「負のはたらき」

家康は慶長一九年（1614）に大坂冬の陣にのぞみ、翌年の元和《げんな》元年（1615）に夏の陣で豊臣を全滅させると、その年のうちに「武家諸法度《ぶけしょはっと》」と「禁中並公家諸法度《きんちゅうならびにくげしょはっと》」を出して、国内体制を完璧に制圧してしまいます。いわゆる「元和偃武《げんなえんぶ》」です。元和偃武というのは、これ以降、国内の武力による内戦をいっさい認めなかったということを象徴する言葉ですが、これはちょうど鎖国の道とも重なったこともあって、想像以上にさまざまな効果をもたらします。たとえば日本にいま、「武道」とか「剣道」というものがのこっているのは、武力内戦が禁じられたため、やむなく「型の稽古」に集中したからです。

慶長年間（1596–1615）にたくさんの浪人があふれましたが、この連中は仕官を求めるために剣に励むけれど、その使い道はほとんど実戦には向けられなくなってしまいます。むやみに刀を振りまわせないのです。そこで「型」を磨いたり、やむなく内面的なものに向っていくしかなくなっていったのですが、それがかえって新たな精神性や日本美学を陶冶《とうや》することになったわけでしょう。

私はこれを日本文化における「負のはたらき」というふうに見ています。日本の伝統文化とされているものには、こういう例が多い。また、家康は高麗から伝来した木版活字のセットを早々と入手しているのですが、それをお蔵入りさせている。これによって、江戸文化に木版による草紙や小紋や浮世絵が生まれていったわけです。――★11

鉄砲と花火◉信長・秀吉の時代にあれほど鉄砲技術をイノベートし、強力な鉄砲隊を整備したにもかかわらず、その後の日本は鉄砲を拡張しなかった。そのかわり失職していた鉄砲鍛冶《かじ》たちが火薬をいかした花火職人として日本の夜空を変えていった。――★14

明の崩壊▼明《みん》を崩壊させる先兵となったのは、女真族《じょしんぞく》でした。ヌルハチをリーダーとした異民族集団です。その戦闘ぶりは、秀吉が朝鮮出兵した直後に、明が二〇万の大軍を投じてもまったく後退しなかったことや、家康が病気になった一六一六年(元和二)には明から独立して「後金《こうきん》」をつくったことなどとして、すでに家康の幕閣周辺に届いていたビッグニュースでした。

ヌルハチのあとを継いだホンタイジは、ついに国号を「大清国《だいしんこく》」にした。ついで李自成《りじせい》が攻めこんできて、数十万の軍を率いて北京を襲い、明の最後の皇帝・崇禎帝《すうていてい》を自殺に追いやります。結局、明はこの一六四四年の時点で二七六年にわたった国を滅亡させてしまうのですが、これら一連の動向は中国がチャイニーズの「中華帝国」の座を、ノン・チャイニーズの体制に渡してしまうだろうということを、如実に物語っていました。――★11

「戦後体制」の幕府――天皇の有名無実化と中国離れ

もともと徳川幕府は「戦後体制」の幕府です。朝鮮遠征や関ヶ原や大坂夏の陣などをおえて、内戦も外戦も中断させようとしてできたのが徳川幕府です。そこで、家康やその側近ブレーンはいろいろなことを考えた。秀吉のような失敗はするまいということで、まず征夷大将軍になった。秀吉は朝廷システムをとりこんで、関白《かんぱく》どまりです。けれど征夷大将軍といっても、これまで将軍はいくらもあったわけで、それだけでは安定しない。そのため、この地位を永遠にするために二つのプランを考えた。

ひとつは中国の皇帝と結びつけてお墨付きをもらう。何といっても東アジア社会は中華秩序が支配しているわけだから、これはもっともなプランです。ところが、徳川時代が確立した時期、中国は明朝が崩壊寸前になっていました。明はれっきとしたチャイニーズ帝国ですが、その明を脅かして新たな帝国をつくろうとしているのは、後金とか、のちの清です。このような中国と結びついても危ない。

で、まずは天皇、すなわち朝廷との連携を強め、しかも文句を言わさないようにした。これが「禁中並公家諸法度」になります。このため徳川時代の天皇はほとんど有名無実になる。しかし、これだけでは秀吉と変わりない。そこで将軍家こそが中華秩序に代わる日本秩序の頂点であるという考えかたを確立し、ここに「中国離れ」をはかる。そのため儒学を導入して、これを日本のものにしていこうともしたのです。——★13

藤原惺窩〈1561—1619〉**と林羅山**〈1583—1657〉——**儒学導入計画**

徳川幕府は林羅山《はやしらざん》らに命じて朱子学の国家形成的なイデオロギーを導入しようとしました。日本儒学は御用学問としてスタートを切ったのです。儒学（朱子学・宋学）を学ぼうとしたのは、中国を借りて日本モデルを設定したかったからでしたが、それだけでもなかったのです。家康が信長秀吉時代のめまぐるしい政権変動にうんざりして、政治体制の絶対化と幕藩社会のための道徳の確立とその範囲での宗教の許容をはかるため、世俗社会の規範や道徳を儒学に借りたのは、残された手がそこにしかなかったからだともいえます。

もはや仏教の力は使いたくない。仏門をほうっておけばまたぞろ一向一揆や本願寺《ほんがんじ》の勢力が跳ねまわる。それを抑えるにはコストがかかりすぎる。仏法をもって王法に対抗してもらっても困る、家康は一方で門徒制度で経済的保護を与えつつも、他方で宗門改《しゅうもんあらた》めや本寺末寺制《ほんじまつじせい》などによってその勢力を無力化させようともしていたのです。

かくて幕府は儒学イデオロギーの全面導入に踏み切るのですが、それは古代型の儒教儒学一般ではなくて、宋代《そうだい》以降に成立した近世的な朱子学に始まる新儒教・新儒学だったのです。それも、最初の藤原惺窩《ふじわらせいか》は朱子を正統とする朱子学派であったのが、次の林羅山では朱子とともに「陸王《りくおう》の学」（陸象山《りくしょうざん》と王陽明《おうようめい》の学）も同時に摂取していきます。陸王の学とはのちの陽明学のことで、朱子より三〇〇年ほどたって確立したものです。それが一緒に採り入れられた。つまり日本には三〇〇年の隔たりのある朱子学と陽明学がごっちゃに入ってきたのです。――★08

日本化する江戸――浮世絵、三味線、俳諧師

徳川社会も中期に向っては、「お上」の日本自立方針はそのままに、勝手にみんなで「中国離れ」をしていきます。それが、思想面では伊藤仁斎《いとうじんさい》や荻生徂徠《おぎゅうそらい》の日本儒学になったり、中江藤樹《なかえとうじゅ》や熊沢蕃山《くまざわばんざん》の日本陽明学になったりします。たいへんユニークなものです。なかでも山崎闇斎《やまざきあんさい》などは儒学と神道を結びつけるという大胆な組み合わせに向いました。貝原益軒《かいばらえきけん》や稲生若水《いのうじゃくすい》などは中国の『本草綱目《ほんぞうこうもく》』に頼らない、日本の土地がつくりあげた産物の調査にもとづいた日本の本草学《ほんぞうがく》をつくります。

音楽や芸能もめざましい。琉球からとどいた三線《さんしん》を改良して三味線を確立すると、盲人を中心にして独得の三味線音楽をつくりあげ、そこから浄瑠璃《じょうるり》や豊後節《ぶんごぶし》が登場してきます。とくに近松の人形《にんぎょう》浄瑠璃は、世界でも圧倒的な独自性を誇る芸術様式となります。もちろん歌舞伎もいくたの変遷《へんせん》をへて発展していきました。芭蕉《ばしょう》が連句《れんく》から発句《ほっく》を独立させ、俳諧師《はいかいし》という社会をつくりあげたことも画期的です。西鶴の小説の工夫も目をみはります。——★13

さまざまな階層と職業で日本化が進んだ。これは徳川社会の最も大きな変化です。——★13

江戸の概念工事

徳川幕府の経済システム——石高制と兵農分離制

徳川幕藩体制の経済システムの基礎は、石高制《こくだかせい》と兵農分離制で支えられていました。石高制は土地の標準的な米の収穫量を基準にして、知行《ちぎょう》と課税をおこなうしくみです。石高制での主要な貢租《こうそ》は現物の米で領主に納入され、領主とその家臣の武士たちはそれを生活必需品や武具や贅沢品《ぜいたくひん》と交換します。

兵農分離制というのは、武士は農村から城下町に集められ、それにともなって武士に武具や生活用品を供給している職人や商人も城下町に移住したことをいいます。そういう武士たちが農村から分離したことによって、城下町に農産物需要も発生した。こうした城下町における貢租米と武具・生活用品の交換や、城下町と農村とのあいだの生活用品と農産物の交換を成立させている市場を「藩領域市場圏」といいます。藩領域市場圏には、そこで自給交換できないものもいろいろあります。そのばあいは、とくに大坂・京都・江戸の三都《さんと》が構成する中央市場でその不足の財が取引され、調達されました。——★08

光悦の鷹ヶ峯〈1615〉――「雅び」に耽る京都

桃山時代の爛熟にはじまり、これを一町人が手にする寛永期をはさんで、光琳《こうりん》模様や友禅《ゆうぜん》模様が町の娘たちにも及んだ元禄文化に至るほぼ一世紀のあいだ、江戸ではまったく異質の新興都市文化が成長して、京都では生まれえなかった浮世絵（江戸絵・錦絵《にしきえ》）などが準備されていた。その京都と江戸の差はきわめて重要である。京都に大衆を席巻するような浮世絵が出現しなかった理由、それこそが逆に、京都が「雅《みや》び」に耽《ふけ》った理由にもあたっていた。その象徴的事件は、本阿弥光悦《ほんあみこうえつ》が家康から土地拝領を申しつけられ、江戸への招待をも勧められたにもかかわらず、あえて洛北の未開地である鷹ヶ峯《たかがみね》を選んだ一件に、すでに予見されていた。――★02

悦の気風の裡に、
その後の一世紀におよぶ京都の感覚、
いや今日にさえおよぶ「雅びのルネサンス」の
継承をうかがうことができる。――★02

都のルネサンスと「嵯峨本」●幕府が江戸に移ったということが京都を変える。京都はもう政治の中心ではなくなった。向う気の強い後水尾《ごみずのお》天皇のように壮大な離宮を営む宮廷人もあったが、多くは等身大の規模の中で王朝時代の文化的復活を待望し、「雅び」のエレガンスを周辺に取り戻そうとした。このような動向は、応仁の乱以降さしたるピークのなかった京都に、久々の文化的頂点をもたらした。すでに祇園会《ぎおんえ》を復興するほどの財力を貯えていた町衆は、「都のルネサンス」を歓迎する。豪商角倉了以《すみのくらりょうい》の子である素庵《そあん》が本阿弥光悦をディレクターに迎えてつくった「嵯峨本《さがぼん》」と呼ばれる刊行物には、そのような公家と豪商とアーティストの華麗な結托がみごとに昇華されている。絵屋と呼ばれる町工房の多い京都でもあった。——★02

古田織部〈1544―1615〉の茶——ルネサンスの利休、バロックの織部

利休の茶の湯の精神を継承したのが、古田織部《ふるたおりべ》でした。織部も二十代で信長に仕えて、そのあとは秀吉の家臣になって戦場で活躍したりしています。やがて四〇歳前後で利休に出会い、じきじきに茶の湯の道を伝授され、優秀な弟子として知られるようになっていく。その利休が死に、秀吉も亡くなり、徳川の時代になると、織部は将軍家の茶の湯の指南係として登用されるにいたります。茶頭《さどう》といいます。ところが、利休の茶の湯の精神の継承者でありながら、織部の茶の湯は利休とはかなりちがったものです。

利休はある意味で究極をめざし、ほとんど誰も到達できないような深い精神性にまで行き着いてしまった。これに対して織部はその利休の精神を誰よりも理解しながら、茶の湯をもう一度、開放

していきます。たとえば利休が四畳半の茶室をわずか二畳の台目《だいめ》というところまで小さく凝縮してしまったのに対し、織部はもう一度茶室を広くし、窓を八つも開けた明るい空間にしていきました。だから織部の茶室を八窓庵《はっそうあん》などともいいます。さらに、そのような明るい茶室で使う茶碗に、とんでもなく大胆なセンスを発揮した。織部は、それまでの価値観でいえば、「壊《こわ》れもの」とか「損《そこ》ないもの」と呼ばれるような茶碗を、わざわざつくらせて茶会で披露《ひろう》したのです。いわゆる「へうげもの」です。

こうした利休と織部のちがいを、私は「ルネサンスの利休」、「バロックの織部」といういいかたで説明しています。こういうふうに利休と織部をくらべてみると、日本文化がつねに弥生型と縄文型とか、公家型と武家型とか、都会型の「みやび」と田園型の「ひなび」とか、たえず対照的に発展してきたことをおもい合わせたくなります。――――★10

茶人と貧◉日本の「貧《ひん》」というのは、荘子《そうし》の「逍遥《しょうよう》」という観点に照らしていえば、大きな意味では遊民というアウトサイダー、小さくいえば山と山との間の境い目を歩いている者や、町と町との間の境い目の通りを流している者たちの発想です。山伏《やまぶし》や聖《ひじり》の発想や、大道芸をやる白拍子《しらびょうし》や傀儡師《くぐつし》たちの動向には、「貧」による「富」への逆襲があります。

これは焼きものづくりでも同じです。だいたい土をいじるなどということは下層の者がやることだとおもわれた時代がずっと続くわけですから、織部や光悦の時代になってみずから土をいじりだすということは、従来の価値観に対する反逆でもあったわけです。しかし、その土や水にこそ魂の力がこもっているわけで、そこを茶人たちは武器にした。これは権力者たちからみると、はなはだ放っておけないことだった。もともと土器づくりは倭《わ》の五王《ごおう》時代このかた部民《べのたみ》の系列がやっていたわけですから。——★02

こういう反逆の発想に、鎌倉期に流入してきた「本来無一物《ほんらいむいちぶつ》」の思想や「本来無事《ほんらいぶじ》」の思想が、バックボーンとして役に立った。——★02

綺麗サビ●芭蕉以前、新たな境地をつくるその方法の一端は、大名茶人の古田織部の「新鮮の意匠」として試みられ、ついで小堀遠州《こぼりえんしゅう》の「開放の意匠」にひらきます。遠州の茶は後世「綺麗《きれい》サビ」と称され、この二人を受けた茶匠《ちゃしょう》の金森宗和《かなもりそうわ》の「姫《ひめ》サビ」とも並んで過渡期のサビを表現します。ではオゴリ風月を友とする方法は、いよいよ一人一人の創意工夫の段階に入ってきたのです。ではオゴリのあるワビが廃《すた》れたかというとそんなことはなく、またはやいだ「綺麗サビ」や「姫サビ」がそのままに芭蕉につながるかといえば、そういうこともない。むしろ私は本阿弥光悦や俵屋宗達の仕事などから綺麗サビがはじまっていて、それが武門出身の織部や遠州によって豪放な空間

を得たにすぎないとも見えるのです。———★04

小堀遠州〈1579—1647〉———庭数寄の近世

「神の庭」が「神遊びの庭」であるように、日本の庭はその本質を最初から「遊び」においてきた。「遊び」とは広い意味におけるパフォーマンスである。そのアソビがやがてスサビに変り、さらにサビに至ったとき、庭も近世を迎えることになる。それは「数寄の庭」の誕生であった。一人のアーティストの好みが、ついに庭にまで及ぶ時代だった。

千利休《せんのりきゅう》の茶数寄が利休好《ごの》みとして普及したように、小堀遠州の庭数寄は遠州好みとして、江戸初期を駆けめぐった。われわれが日本を代表する庭として認める桂離宮《かつらりきゅう》は、智仁《としひと》・智忠《としただ》の二代にわたる親王《しんのう》の好みによって生まれ、修学院離宮《しゅうがくいんりきゅう》もまた後水尾天皇の好みに徹して生まれた庭である。こうした「数寄の庭」は、またたいていは「見立ての庭」でもあった。近世は「露地《ろじ》」という卓抜なアイデアを生んだ時代でもあるが、その露地ももとはといえば、地中の岩が露出する山道を擬して見立てたことによる。———★02

吉原開設〈1617〉———悪場所のコントロール

この時代、天下人や法華衆の動向とはまったく異なるところから、劇的に価値転換をおこした人たちも登場しています。ひとつは芸能の民たち、もうひとつは遊女たち、いずれも下層民とされていた人々です。この芸能者と遊女が、戦国時代から徳川時代へと移り安定期に入っていく日本のなかで、いちはやくまったく新しい江戸の文化を築いていったのです。

それは「悪場所《あくばしょ》」の文化というものです。「悪場所」というのは、具体的には芝居小屋と遊郭《ゆうかく》のことです。「悪所《あくしょ》」ともいった。おもしろいことに、それを最初に用意したのは幕府の側でした。支配者からすると、このような人々が制度の外側で自由なことをあれこれやっていたのでは、何かと都合が悪い。何とかして、この動き廻るアウトローたちをコントロールしていく必要がありました。そこで、芝居小屋をつくって芸能民たちを囲いこみ、遊郭をつくって遊女たちを閉じ込めていった。許可制にしたのです。――★10

弾左衛門と江戸の被差別民◉江戸の町奉行《まちぶぎょう》は被差別民の扱いのほとんどを弾左衛門《だんざえもん》の一党に任せていた。やがて弾左衛門の一党は鳥越《とりごえ》から新町《しんまち》に移った。正保《しょうほう》二年（1645）である。その規模が中途半端じゃない。弾左衛門の屋敷は敷地七四〇坪となり、寛政一二年（1800）の記録では、手代《てだい》が七人、役人が六〇人もいた。かなりの大所帯だ。弾左衛門の居宅の南側には「お白州」さえ設けられ、牢《ろう》もあり、そこには鍵役《かぎやく》（牢番）も住んでいた。……いったい弾左衛門になぜこのような「負の権力」が集中したのだろうか。いや、そもそもいったい弾左衛門とは何者なのか。なぜ「弾左

衛門」という職掌が十三代も続いて、それが明治になって廃絶されることになったのか。謎はかなり多く、また深い。――★17

悪所と歌枕◉江戸が悪所によって町人エネルギーを高揚させたとすると、京都の場合は、島原《しまばら》のみならず、清水《きよみず》も祇園も北野さんも、すでにすべてが名所であったわけです。江戸は悪所も名所もつくらなければならなったし、その悪所化し名所化するエネルギーが大江戸文化の歯車になったわけですが、京都はそれ以前に、すでに洛中洛外図《らくちゅうらくがいず》に代表されるようにほとんどが名所化されていた。これは大きな差です。江戸では悪所や名所を歌枕にすること自体が、浮世絵や浮世草子を生むエネルギーになりえたのです。だから、江戸における浮世絵の発達は、同時にメディアの発展であり、またそれを扱う店の発達でありえたわけです。大衆エネルギーの受け皿をつくることはそのまま商売繁盛につながったのです。――★02

芝居小屋も遊郭も、漂泊の民《たみ》を定住させるためにつくった、幕府の管理システムのひとつだった。――★10

遊郭と芝居小屋◉日本には、それまであまり自分の好きなときに好きなことをして遊ぶという習慣はなかったようです。盆暮正月以外は年に一回とか二回だけ、あるいは祭りのときにだけ遊んでいた。奉公人もみんな、そうでした。それを「薮入《やぶい》り」といいます。ふだんは質素な身なりで倹約《けんやく》をして働けるだけ働く。それで、祭りのときには日頃抑圧されていたものを一挙に開放させて、ハレの衣裳を身につけ、ハレのごちそうを食べ、酒を飲む。こういうときは多少乱暴をはたらいても許されたし、若い男女が乱交に近いようなことをやっても、村の長たちはお目こぼしをした。これは日本の古代からの風習です。

自由にセックスできる場のことは「歌垣《うたがき》」といいました。ところが、遊郭のような場所は、年がら年中お祭りをやっているようなもので、そこは毎日がハレの日で、きらびやかな衣裳や贅沢な食べ物があふれていて、お金があって、ちょっと気に入れられさえすれば、いつでも女たちと遊ぶことができた。こうして「悪場所《あくばしょ》」は、日本人の労働と遊びの文化や、また経済の習慣までを変えてしまうのです。一方、芝居小屋のほうからは、「歌舞伎」が生まれ、これが江戸の人々を熱狂させていきました。――★10

女歌舞伎から野郎歌舞伎へ〈十七世紀中頃〉――女形登場

戦国の世が終わって徳川体制が整ってくると、それまで大名に雇われていた下級武士や若者たちがあぶれて、不良化していくということが次々におこっていきます。それでこういう連中は奇妙キテレツな格好をして、長太刀《ながたち》をもって、乱暴を働いたりケンカをしたりして、うっぷんをはらしていた。これが「カブキもの」です。

慶長のころ、出雲から阿国という女芸人が京都にやってきて、このカブキもののファッションを真似た男の格好をして、四条河原で踊り始めます。この踊りが歌舞伎のルーツで、やがて女たちが男ぶりをして踊る「女歌舞伎《おんな》」になり、爆発的に人気を呼ぶ。ところが女歌舞伎はたいそう色っぽい芸能だったらしく、幕府が「ワイセツはまかりならん」ということで禁止してしまった。すると今度は、若い男性たちによる「若衆《わかしゅう》歌舞伎」というものが出てきて、これがまた大人気となります。ところがまた今度は役者が男色の対象となって、殺傷事件までおこったので問題となり、若い男性ではなく大人の男たちが演じる「野郎《やろう》歌舞伎」というものに変わっていきます。これがいまの歌舞伎の原型になる。やむなく女の役を男が演じます。女形《おやま》の登場です。——★10

遊郭も歌舞伎も、一言でいえば「虚実皮膜」という世界をつくったものでした。
そこで行われることは、あくまで「虚」のヴァーチャルなものである。——★10

柳生但馬守宗矩『兵法家伝書』〈1632〉——合わぬ拍子
最初に「敵を切るにはあらず。卒尓《そつじ》に仕掛けずして、手前を構へて、敵に切られぬやうにすべし」

とある三学五ケの習《ならい》に始まる。さかんに敵を切るにはあらずと出てくる。むろん逃げているのではない。切らないのでもない。ではどうするかというと、「敵をよせぬ心地」をもつのだという。……こうして宗矩は「殺人刀《せつにんとう》」と「活人剣《かつにんけん》」を分けえた。「殺人刀」は「物の十成する所を、打つことはり」を、「活人剣」は「有無の拍子にある」ことを教える。……なかで私が好きなのは拍子を三つとっていることである。これは、「付けて打つ」の拍子、「越して打つ」の拍子、「合わせて打つ」の三つの拍子のことであるが、これらがまことに上手に組合わさっていて、感心する。それでもそこまではまだしも「殺人刀」なのである。

これが「活人剣」になると、拍子は「有無の拍子」となって、拍子をあらわすか、あらわさないかというところにまで進む。「あらはるる拍子」と「かくるる拍子」なのだ。拍子が見えたり、見えなくなったりしてしまう。おそらく世界中で拍子に「隠れる拍子」を数えるなんて、まったくありえぬことだろうが、それこそが新陰流《しんかげりゅう》の極意であった。そこに世阿弥の「せぬ隙」にさえ通じるものを感じるのは、柳生《やぎゅう》は金春能《こんぱるのう》ともつながっていたからなのだろう。

しかし新陰流はさらにその先をも説いた。それが「合わぬ拍子」の称揚だ。そこでは大胆にも「合う拍子はわろし、合わぬ拍子をよしとす」という実践哲学がある。——★09

信長が名物狩りを終えて南蛮世界地図屏風の前に坐ったとき、日本の近世が始まった。都市文化の開闢でもある。各地の物産と人口と情報は上方《かみがた》に流れこみ、衛星商業都市堺の繁栄が目立った。天下人秀吉は黄金と茶の湯を好んだが、町衆や町人もまた茶を楽しみ、黄金の夢を見ないではいられなかった。この桃山文化のはなやぎは、江戸開府後の慶長――寛永期まで維持される。文化の結実は、いまだ光悦・宗達の京都洛中にあったということだ。しかし、文化情報センターの拠点はあっというまに逆転した。関八州《かんはっしゅう》の一城下町にすぎなかった江戸が、時代の中心に躍り出るのは、寛永一六年（1639）の江戸城の完成の頃だった。「四方《しほう》の遊民等身《とうしん》のすぎわいを求めて雲霞《うんか》の如く集れり」（「東照宮実記《とうしょうぐうじっき》」）とある。――★02

江戸の都市計画◉江戸文化の本質は江戸という都市の開発計画そのものの裡《うち》にある。江戸城天守閣《てんしゅかく》を中心として外に向ってスパイラルに広がる掘割と町割とが、むこう三〇〇年にわたる徳川政治の縮景《しゅっけい》にあたっていた。それは、ぬかるみの多い埋立て新興都市であり、諸大名武家屋敷が幕府の思惑通りに配列され、町人の家並が縦横二十間《けん》の会所地《かいしょち》に区画化されていた人工模型都市であり、また、吉原《よしわら》の遊女が男たちの関心をそそる男性都市であって、旗本奴《はたもとやっこ》と町奴《まちやっこ》が横行して伊達《だて》とかぶきを競いあう浪人都市でもあった。こうして、火と水に弱く、金に強く、木と土でできあがった奇妙な都市・江戸が、あくまで京都のエレガンスに対抗しようとした向うっ

気の強い都市・江戸が、できあがった。——★02

水戸光圀〈1628—1701〉——**日本史研究センター「彰考館」**

三代将軍の家光《いえみつ》時代の前後になりますと、内乱なき日本列島で、そもそも「日本とはどういう国であるべきか」という議論が澎湃《ほうはい》と沸き上がってきます。これには幕府も焦った。焦ったのは幕府だけではありません。水戸藩の徳川光圀《とくがわみつくに》も憂慮した。水戸黄門《みとこうもん》です。光圀は明の王室から逃れてきた重臣の朱舜水《しゅしゅんすい》が長崎にいるという情報を聞きつけ、いったいどのように日本という国家の本来と将来を考えていけばいいのか、そのヒントを得ようとします。このとき朱舜水が与えたヒントが、光圀が彰考館《しょうこうかん》を創設して『大日本史』という大部の日本史書を編纂するトリガーになったのでした。

——★08

朱舜水▼朱舜水〈1600—1682〉は、明朝の帝室《ていしつ》のなかでも「文武全才第一《ぶんぶぜんさい》」とか「開国来第一《かいこくらい》」といわれた英才ですが、女真《じょしん》社会のような異常がひろまっていく中国国土に未練をもたず、中国・安南《あんなん》・日本をつなぐ海外ネットワークのなかに、かつての中華精神がもっていた正統性というものを転移しようと考えていたような、そういう傑物です。この朱舜水こそ、日本人に「歴史の正統性」とは何か、そのためにはどのように歴史を見るべきかということを説いた張本人でした。たとえば、日本の天皇の歴史において南朝にこそ正統性があるのではないかと示唆《しさ》したのは、朱舜水でした。

それまで幕府が藤原惺窩や林羅山などをつかって作成していた『本朝通鑑《ほんちょうつうかん》』や『日本王代一覧』などの日本史は、あまりに朱子学そのままで、日本の実状や歴史にあわないようなものになっていました。日本人はちゃんとした歴史を書いてはこなかった。とくに「世界」と「日本」をつなげる歴史なんて、まったくなかったのです（いまでも定番がありません）。将軍家の叔父の立場にある水戸光圀は、これはいかんと感じていた。朱舜水は江戸から水戸に入り、光圀が計画した『大日本史』の編集方針の基本的な見方を提供することになります。水戸の日本史研究センター「彰考館《しょうこうかん》」はこうしてできあがる。そして、ここにのちのち幕末をゆるがすことになる「水戸イデオロギー」というものが準備されてゆく。――★11

明の崩壊は、さまざまな意味あいで
日本人に「日本史」というものを
どのように組み立てるかをはじめて突き付けた。――★08

江戸期の思想潮流――儒学、国学、蘭学……

日本に必要な儒学思想とは何だったのか。これが日本儒学の課題でした。中国思想をそのままあてはめても、「君子義合《くんしぎごう》」がその例のひとつですが、どうもあてはまらないことがある。かえって日本人の思考を妨《さまた》げてしまうものがそこにある。そのため、初期の儒学論争では何が日本人の自由な思索を妨げているか、邪魔をしているかという議論がしだいに目立ってきます。

なかでも中国的儒学のもつ天人合一《てんじんごういつ》型の「理《り》」についての曲解が邪魔をしているという見解が多くなります。幕府がつくろうとした林家《りんけ》らの儒学思想では、この「理」を無理にでもひっぱり出そうとしました。しかし在野の思想家たちは、そんな方法は儒学が本来もっているものを歪《ゆが》めていると判断します。そこで、なんとかしてこの無理を変更させようとして、それまでの時代社会にはなかった新しい思想を育もうとしたのです。その思想的な方法に、大きくいうと三つの流れがありました。

第一に、伊藤仁斎から荻生徂徠にいたる流れがあります。その考え方は林家によって歪められた朱子学を元に戻し、そこからしだいに古学《こがく》や古文辞学《こぶんじがく》のほうに進んでいって、そこで本来の理想国家にもとづく思索をしてみようというものでした。徂徠の用語でいうのなら、近時に使われている「今言《きんげん》・今文《きんぶん》」ではない「古言《こげん》・古文《こぶん》」をもって当たらなければならない。そういう考え方です。そのばあい、日本人は日本語を使っているのですから、日本の理想国家にもとづくシステムのなかで思索をするには、日本の「古言・古文」が必要だと主張したのです。

第二は、日本聖学《せいがく》派あるいは経世済民《けいせいさいみん》派ともいうべきもので、代表的には中江藤樹、熊沢蕃山《ばんざん》、野中兼山《のなかけんざん》、山崎闇斎《あんさい》、山鹿素行《やまがそこう》らが名を連ねます。が、ここには必ずしも系統的な流れはありません。それぞれがそれぞれの考えかたと編集方法で理想を掲げた。いずれも幕府の朱子イデオロギーに反発し、そこから出生した日本儒学の精髄です。

第三には、契沖《けいちゅう》から荷田春満《かだのあずままろ》や賀茂真淵《かものまぶち》をへて、本居宣長《もとおりのりなが》におよんだ歌学《かがく》と国学《こくがく》の流れがあります。とくに宣長は徂徠の影響をうけて「古言」を重視するとともに、徂徠のように儒学の歪みを正すだけではまったく足りないとみて、あえていっさいの「からごころ」（漢意）を排し、一途に「いにしえごころ」（古意）を探求することこそが最重要課題だと決断したものでした。

このほかにも、戸田茂睡《とだもすい》から塙保己一《はなわほきいち》に流れた和学《わがく》派、合理主義を儒学から離れて西欧に学ぼうとした洋学《ようがく》（蘭学《らんがく》）派、仏教史の全面的な読み替えをしなければ展望がないとした富永仲基《とみながなかもと》などの仏教史学派、まったく独創的に「条理《じょうり》」の哲学を打ち立てようとした三浦梅園《みうらばいえん》のような単独派などなど、さまざまな思索者たちが出現しました。また貝原益軒らの本草学、野中兼山の倫理、水戸の修史学《しゅうしがく》や新井白石《あらいはくせき》の独自の歴史観、さらには鈴木正三《すずきしょうさん》や山本常朝《やまもとじょうちょう》の『葉隠《はがくれ》』武士道につらなるものなど、徳川日本の思想はいろいろに開花した。――★08

明暦の大火〈1657〉――**江戸再興と町人エネルギー**

明暦《めいれき》の大火が江戸の色を強くした。世に振袖《ふりそで》火事といわれる。ちょうど浪人統制と治安維持にとりかからなければならない矢先だった。折しも徳川光圀一党の『大日本史』が着手され、「日本」の回顧がはじまろうとしていたころでもあった。

時代は変わろうとしていた。武家は幕府の御用学問である儒学を武士道に生かすのが精いっぱい、代って時代の変節をたくましく採り入れたのは町人のほうだった。江戸の再興と町人のエネルギーが共振しあった。吉原が新吉原に移され、仮名草子《かなぞうし》が浮世草子《うきよぞうし》と名を変えて、町を火消の若衆が回り、町並の中では貞門《ていもん》や談林《だんりん》の俳諧が流行して、いよいよ中村座で團十郎《だんじゅうろう》が江戸とびきりの荒事の見得《みえ》を切るころ、世は元禄模様一色に塗りつぶされることになる。西鶴・近松・芭蕉の時代、犬将軍《いぬしょうぐん》と赤穂浪士《あこうろうし》が朝夕《ちょうせき》の噂にのぼる時代である。――★02

桃山から江戸へ◉ふつう、政治史の区分では桃山時代は家康の江戸開幕《かいばく》をもって打ち切られる。しかし、これを文化美術史的にみると、桃山の様式は江戸開幕後もしばらくのあいだ続いていたとみたほうがいい。ひとつの区切りは明暦三年（1657）の明暦の大火であって、ここで幕藩体制の確立、諸藩の文治《ぶんち》策の自立、商業資本の民間独立などの政治経済体制の節目や、遊郭および歌舞伎などの悪所の囲いこみにはじまり、「織《おり》」から「染《そめ》」への転換にいたるファッションの節目などが重なってくる。そこでまず、「桃山文化」を慶長までのばしてひとくくりにし、これにつづく「寛永文化」を一時期とみなし、さらに明暦をはさんで「寛文《かんもん》文化」がこれを発展させて、次の「元禄文化」につなげるという文化史的観点が成立した。そして、これがいささかコマ切れにすぎるという場合は、天文・天正・慶長・寛永をひっくるめて「桃山」とする例もあった。また寛永・寛文をひとつかみに抜き出す例もあった。――★02

しかし、問題は時代の呼称ではない。そこに流れる時代の気風《きふう》と様《さま》が問題となってきた。――★02

井原西鶴『好色一代男』〈1682〉――**メディアとしての文学**

思いつきや慰《なぐさ》みに書いたのではない。そこには数々の挑戦的な意味がある。それがますます空恐ろしい。西鶴編集工学の極め付けのスタートなのだ。

西鶴は俳諧では省略してしまった「あいだ」や「余計」を文章にしようとしたのである。物語にしてしまおうと思ったのだ。西鶴が二千句、四千句の矢数《やかず》俳諧を詠《よ》んだあげくに、こうした小説様式を選んだということは、まさに俳諧と俳諧の僅《わず》かな間隙をすら埋めたくなったというわけで、これこそが恐ろしい。西鶴は、この一作において何をしてみせたのか。国文学が今日に伝えるべきは、西鶴にして初めて編成できた日本語の情報編集術であり、情報編集構造なのである。新たな文体の誕生であり、メディアとしての文学の創成についてのことなのだ。『好色一代男《こうしょくいちだいおとこ》』以前には、浮世草子は誰もが思い付けなかったという、そのことなのである。――★09

元禄文化〈十七末―十八世紀初頭〉と琳派――京に流入する浮世感覚

元禄期にさしかかると、上方大坂から西鶴の浮世草子に代表される浮世感覚が京都に流入し、王朝意匠の本場を誇る京都にも、浮名を流すことをもって人気となすような商人や芸人たちが登場する。その一人が呉服商雁金屋《かりがねや》の光琳《こうりん》である。「琳派《りんぱ》」の呼称はこの光琳の名からとっている。もっとも当時「琳派」を名のるエコールが実在したわけではなく、幕府御用達の狩野派に対して象徴的な対照をなしていたことからそう呼ばれているにすぎない。ただし、「琳派」の呼称が光琳周辺の浮名を流すような華やかな振舞をもふくめてさし示しているとするならば、いかにもふさわしい呼称といえるかもしれない。光琳の死後、「琳派」はしばらくとんで江戸に酒井抱一《さかいほういつ》らがこれを自覚的に継承する。――★02

浄瑠璃と近松門左衛門〈1653―1725〉――日本芸能の頂点

浄瑠璃は日本文芸ならびに日本芸能の最高峰のひとつである。加わるに語りを聞かせ、太棹《ふとざお》が鳴り、人形遣《にんぎょうつか》いを見せるとなると、もはやこの峰を超えるものは他にない。おそらく頂点にある。いや、能《のう》の謡《うた》いもあるではないか、声明《しょうみょう》もあるではないかというかもしれないが、これらの特色はすでに浄瑠璃の中にみんな入っている。いや、清元《きよもと》や新内《しんない》や小唄《こうた》があるではないかというのなら、これはとんでもないこと、先に浄瑠璃があり豊後節があって、それがしだいに清元・新内になり小唄になった。何といっても浄瑠璃がすべての母なのだ。その浄瑠璃を確立した当初の近松にして、すでに絶品を究《きわ》めてしまったということだ。これは連句の発句を自発させて俳句とした芭蕉において、最初が絶品となって後続が蕉風《しょうふう》になったことと似て、新たに前人未踏に入った者にのみ添う輝きというものだ。

その最初の作品を「出世景清《しゅっせかげきよ》」という。浄瑠璃史では「出世景清」以前のものを古浄瑠璃とよび、これ以降を新浄瑠璃という。ともかくそれほどの画期的な作品の出現だったのだ。近松が「出世景清」をこののち連打される義太夫のための戯曲の最初にもってきたことには、かなりの深謀遠慮があったと思う。なぜなら、景清を浄瑠璃にするということは、万葉から近世に及んだ日本の文芸的編集文化の仕上げを意味するからだ。はっきりいえば、世阿弥と近松がここで結ばれたのである。

―――★09

浸透する義理と人情◉まず林羅山の『藤原惺窩先生行状《ふじわらせいかせんせいぎょうじょう》』に義理が出てくる。「人の履《ふ》むべき道」という意味でつかわれていて、朱子学が日本に義理を導入した雰囲気を伝える。つづいて中江藤樹に「明徳のあきらかなる君子は義理を守り道を行ふ外には毛頭ねがふ事なく」と出てくる。儒教がしだいに浸透していくさまが見える。これが大道寺友山《だいどうじゆうざん》では一気に「義理を知らざるものは、武士とは申しがたく候」となる。これは町人文化が台頭し、「利欲にさとき町人」が跋扈《ばっこ》してきたため、これに対して「利欲にさときものは義理にうとく候《そうろう》」と見て、武士の真骨頂を称揚するためのものだった。

これで義理が一般化したかというと、むしろ、このような義理に関する朱子学的な解釈が急速に薄れ、新たな義理の意味が広まっていくのが江戸社会だった。そのスタートは仮名草子の『七人びくに』や西鶴『武家義理物語《ぶけぎりものがたり》』であり、その展開は近松の戯曲をまっていよいよ日本化をはたすことになる。

西鶴が描いた義理は「情緒道徳」だった。一方、近松は義理をストレートに描いたというよりは一心に「情けの美」を描き、そこに観客が義理と人情の葛藤を読んだ。

義理人情は思考からも行動からも「はみ出てきたもの」に関係がある。そして、いったんはふと薄くなったか、壊れかけそうになってしまったものでありながら、どうしても振り切れないものなのだ。ついに捨てられなかったものなのだ。その振り切れぬ捨てられぬものの、その余情を実感するとき、そこに義理人情が浮上する。義理人情は最初から措定されている心情なのではない。行ったり来たり、濃淡をもって動いている。おそらくは見て見ぬふりをしたいのに、それでも絡みついてくるものなのである。いわば風情の実感なのである。

そこを、むろんのこと学者は俊成《しゅんぜい》や心敬《しんけい》のようには感覚的には書けないし、日本人である以上はベネディクトのように外からの粗い目でも書けない。ついついパターンにあてはめては、それを微妙に調整するようになる。しかし、そろそろそんなふうな見方だけでは〝日本流〟の説明は不可能なところにきているとも言わなければならない。固定的にとらえない日本人の心情というものも研究されるべきなのだ。

それには、任侠や落語や俗曲の世界を掬《すく》う必要があろう。とくにヤクザをはずしてはいけない。高倉健を研究するべきである。また常磐津・清元・新内を放っておいてはいけない。この、最初は当道《とうどう》に属する者たちによる創作的な音曲《おんぎょく》世界が、やがて下級武士や町人に滲《にじ》んでいった表現感覚を扱わないでは、義理人情は見えてはこない。――★09

義理と人情とは、とりあえずはそのようによばれている「日本人にひそむ矛盾」のことなのだ。――★09

松尾芭蕉〈1644―1694〉――編集の名人として

芭蕉は天才ではない。名人である。そういう比較をしていいのなら、其角《きかく》のほうが天才だった。才気も走っていた。芭蕉は才気の人ではない。編集文化の超名人なのである。其角はそういう名人には一度もなりえなかった。このことは芭蕉の推敲のプロセスにすべてあらわれている。芭蕉はつねに句を動かしていた。一語千転《いちごせんてん》させていた。――★09

蕉門のサビ●そもそもサビという言葉が蕉門《しょうもん》で語られた記録の中で有名になったのは、野明《やめい》が去来《きょらい》に「句のサビはいかなるものにや」と尋ね、去来が「サビは句の色なり」といったことである。元禄一五年（1702）の『去来抄』にある。そこで去来は「花守《はなもり》や白きかしらをつき合せ」という句を例示して、ここにサビの色があるのではないかといった。花守の白髪がつき合っているという、変な句だ。しかし、この句に「さび色よくあらはれ悦《よろこ》び候《そうろう》」といったのは、芭蕉なのである。去来はこの師匠の言葉に乗って、「花守」の句をあげた。——★09

芭蕉がサビとは何々のことだと説明していなくとも、時代ははっきりとワビだけではすまなくなっていた。オゴリと合体してしまったワビを越えるには、もうひとつ新たな境地をつくりだすことが求められたのです。——★04

爛熟するメディア都市

初代市川團十郎〈1660―1704〉の「荒事」――不動明王を見立てる

元禄時代になると、江戸に市川團十郎《いちかわだんじゅうろう》という歌舞伎役者が登場し、一世を風靡《ふうび》する。顔に隈取《くまどり》をし、派手な格好で、大胆で豪快なキャラクターを演じる「荒事《あらごと》」をやって、これが江戸の人々を熱狂させました。じつは團十郎が演じていたのは、人間ではないもの、人間を超えた神だったのです。市川家はもともと成田不動尊を信仰していて、團十郎が演じたキャラクターは、成田不動、つまり不動明王《ふどうみょうおう》の見立てだったのです。――★10

山本定朝『葉隠』〈1716〉――「忍ぶ恋」の武士道

『葉隠《はがくれ》』が何を書いているのかというと、一言でいえば、じつは「忍《しの》ぶ恋《こい》」ということです。とかく「武士道とは死ぬことと見つけたり」という言葉ばかりクローズアップされていますが、そこが大事なのではない。徹底して「奉《たてまつ》りおきたるこの身」ということを書いている。この「奉りおく」というところが武士道が伝えつづけた日本の精神です。そして、それをことさらに人に口外をしないで、ひ

たすら忍んでいく。それが「忍ぶ恋」です。それが武士道です。——★12

売茶翁〈1675―1763〉の煎茶——茶が茶を破る

煎茶《せんちゃ》の前史には長い変遷があるけれど、やはり煎茶が煎茶になったのは江戸だった。それも石川丈山《いしかわじょうざん》や隠元《いんげん》などの何人かの先駆した者を除くと、なんといっても売茶翁《ばいさおう》で再来したというべきだった。その売茶翁が再来させた煎茶が「清風《せいふう》の茶」なのである。これは盧同《ろどう》にさかのぼるものではあるが、日本の清風の茶は売茶翁や秋成《あきなり》によって最初から和漢を挟む風が吹いていた。茶が茶を破る。それが江戸の煎茶の出現の意義だった。

だいたい日本文化というものは、日本文化が日本文化を破ったときがよくなっている。これがない日本はたいてい惰性とポピュリズムのなかにある。そうでなければ特殊に偏向する。——★09

宝天文化〈1751―1789〉——田沼時代の江戸らしさ

江戸の十八世紀は元禄一四年（1701）から始まります。ついで家宣《いえのぶ》・家継《いえつぐ》・吉宗《よしむね》とつづいて徳川家重《いえしげ》の時代から年号が宝暦《ほうれき》に変わる。そして、宝暦・明和《めいわ》・安永《あんえい》・天明《てんめい》とつづく。この時期をしばしば宝暦天明文化とか宝天《ほうてん》文化と呼んでいます。江戸三〇〇年を、慶長文化、寛永寛文文化、元禄享保《きょうほう》文化というように大くくりに見ていくと、その次が宝暦天明文化として特徴づけられるのですが、この宝天時代、別名を田沼《たぬま》時代こそは私が最も江戸らしさを感じるところです。

どういう時代かというと、一七五一年に始まる宝暦時代にはまず名うての三人が動くのです。与謝蕪村《よさぶそん》が京都に入り、本居宣長が京都に遊学し、平賀源内《ひらがげんない》が長崎を訪れる。ついで柄井川柳《からいせんりゅう》が川柳を、鈴木春信《すずきはるのぶ》が錦絵をおこします。これで浮世絵ブームに火がつきます。歌舞伎は竹田出雲《たけだいずも》が『仮名手本忠臣蔵《かなでほんちゅうしんぐら》』を、近松半二《ちかまつはんじ》が『妹背山婦女庭訓《いもせやまおんなていきん》』をつくり、並木正三《なみきしょうぞう》が回り舞台や引き道具をつくる。それから講談が江戸言葉になって志道軒《しどうけん》や瑞竜軒《ずいりゅうけん》らのスターを生み、遊女たちのつかう遊里《ゆうり》言葉（ありんす言葉）がピークを迎えます。そこで笠森《かさもり》お仙《せん》・銀杏下《いちょうした》のお藤《ふじ》などの美人くらべがさかんになって、これを浮世絵師が美人画にし、大田南畝《おおたなんぽ》などがその評定をする。このほか、伊藤若冲《いとうじゃくちゅう》や曾我蕭白《そがしょうはく》が活躍し、上田秋成《うえだあきなり》が『雨月物語《うげつものがたり》』を綴り、蔦屋重三郎《つたやじゅうざぶろう》がメディア界を牛耳《ぎゅうじ》ります。

そういう時代なのです。そして、なによりも天明期に入ると数々の狂歌連《きょうかれん》があらわれ、これを背景に山東京伝《さんとうきょうでん》が黄表紙《きびょうし》の数々をひっさげて登場してくるのです。——★06

宝天文化とは、ようするに江戸の見立てが爆発的に開花した時代なのです。——★06

上田秋成『雨月物語』〈1776〉——スタイルの競争

『雨月物語』は中国と日本をつなぐ怪奇幻想のかぎりを尽くしている。……『雨月物語』が日本文学史上でも最も高度な共鳴文体であることにも目を入れこみたい。問題は文体なのである。なぜ文体かということは、秋成の生涯にわたって儒学・俳諧・浮世草子・読本《よみほん》・国学という著しい変遷を経験してきたことと関係がある。とくに宣長との論争、煎茶への傾倒、および目を悪くしてからの晩年に「狂蕩《きょうとう》」に耽ったことを眺める必要がある。それらは国学にしても茶にしても、むろん儒学や俳諧にしても、文体すなわちスタイルの競争だったのだ。――★09

鈴木春信〈1724―1770〉――江戸錦絵の誕生

「嘘よりは八町多い江戸の町」。大江戸八百八町《おおえどはっぴゃくやちょう》は元禄を迎えて悪所の遊芸をほしいままにした。自立の文化ではない。寄って寄せて生かしあう寄生の文化の百花繚乱である。むしろ自立を信条としてあえなく没落してゆくのは武士のほうだった。

元禄から享保にかけて、稀代《きだい》のエンサイクロペディスト新井白石や八代将軍吉宗の「勤倹《きんけん》と尚武《しょうぶ》」のスローガンもものかは、武士の自立意識の敗北は目にあまるものがある。しかしそれが結局は下級武士の自立を促して幕末の風雲を呼ぶのであったが、その間の時期、すなわち宝天文化（宝暦・明和・安永・天明）から化政《かせい》文化（享和《きょうわ》・文化・文政・天保《てんぽう》）にかけて大江戸情報文化の真只中《まっただなか》に咲いたのが「浮世絵の時代」である。まさに国学ムードの昂揚《こうよう》期にあたっていたことに注目したい。こうして伊勢松坂に宣長と真淵が出逢うころ、絵暦《えごよみ》のブームに乗って鈴木春信が登場する。江戸錦絵の誕生だ。

——★02

葛飾北斎〈1760—1849〉——**見立ての人**

「浮世絵師とは見立て師である」といってもいいでしょう。とくにその腕前をぞんぶんに発揮して巷間を唸らせたのは葛飾北斎《かつしかほくさい》です。北斎は、図抜けて多様性に富んだ人で、自分の画号だけでも三〇以上はもっていた。だいたい『富嶽三十六景《ふがくさんじゅうろっけい》』にして、格別の見立ての能力がなければ、あんなにひとつの富士山を描き分けられるものじゃありません。加えて北斎の漫画の数々こそはまさに見立て絵の独壇場です。——★06

浮世絵師がなぜ浮世絵師といわれたかといえば、それは浮世という「俗」を果敢にとりこんでいったからで、そこが浮世もろとも生きて遊ぶという覚悟が突っ張っているところなのです。——★06

江戸の見立て●浮世絵の時代は旅と名所の時代でもある。宿場と街道は充実し、文人墨客《ぶんじんぼっきゃく》の往来と神社仏閣参詣の往来が入り乱れ、浮世絵（江戸絵）・文人画・写生画が交錯した。

交錯現象は学問にもあらわれる。幕政を仕切る儒学に加えて実学《じつがく》が奨励される一方で、洋学（蘭学）と国学がきびすを接して盛り上がり、合理思想と精神主義とがふたつながら町人文化になだれこんだ。

「見立て」の考え方は、このような宝天——化政期の重畳する文化体質の中で、どれを本《もと》とも末《すえ》ともつかせぬ感覚が生んだ独得の知恵である。何かひとつだけを主張しようというものなら、すぐにも幕府の弾圧が飛んできた。「A……実は……B」という表現方法こそが武器だった。浮世絵文化はそのような「見立て」や「やつし」の集大成である。それはみずからをメディアとし、世の光景をヴァリエーションの中にとらえるという浮世絵師や戯作者《げさくしゃ》たちの知恵の集大成でもある。そして、そのような「A……実は……B」のメディアの華にひそかにアイデアと資金を提供しつづけた隠れたプロデューサーたちの演出精華集でもある。——★02

江戸と上方●江戸に対して関西を上方《かみがた》といいます。当時、上方文化はつねに江戸に対抗していました。たとえば江戸には浮世絵が流行するけれど、上方はあんなものは薄っぺらいといって取り組まないような反抗精神を見せる。粋とか野暮《やぼ》の見方もちがっています。たとえば「粋」は江戸では「いき」ですが、上方では「すい」です。だから歌舞伎のスタイルも江戸と上方とではまことに対照的で、江戸の荒事《あらごと》に対して、上方は「和事《わごと》」が好まれます。優美で繊細な芸風が好まれた。——★10

スイからイキへ●江戸後期文化はしばしば「粋」や「通《つう》」の美が高まったといわれます。とりわけイキ（粋）は、もともと上方の町人によってスイ（粋）と呼ばれたもので、これは「数寄」や「好き」の音便から派生したコンセプトです。

ということは、もっぱら京都にはぐくまれたスキ（数寄）の感覚はここですっかり変質したということです。京都の古いスキが変質したのではなく、そこから別の感覚が派生し、その方がずっとニューウェーブの力をもっていったということです。

おそらくはまず、西鶴登場以降に好色を肯定する陽気な風潮が定着した上方文化で、それまでの京都型の文化がもちえない人間くさいスキ（数寄→好き→好色）が生まれ、ついでこれが江戸に下っていよいよスイ（粋）からイキ（粋）に転換したということになったのではないか――私はそのように見ています。江戸の町人たちが「粋」をイキと呼ぶことを好んだのは、この言葉が「意気《いき》」や「意気地《いきじ》」の語感に通じていたからです。――★04

数寄も気っ風の問題になっていく。
「あはれ」や「をかし」なんかで
数寄を語る時代ではなくなっていたのです。――★04

本居宣長〈1730─1801〉――――**「いにしえごころ」と「からごころ」**

宣長が生涯を通して迫ろうとしたのは「いにしえごころ」というものです。「古意」と綴ります。それに対してその古意を失わさせるもの、それが「からごころ」です。「漢意」と綴る。漢意といっても、必ずしも中国趣味とかシノワズリーということではありません。唐物数寄でもない。多くの日本人は中国のことを引き合いに出しては、それをものごとを考える基準にしているけれど、その日本人の中途半端な編集の仕方が「からごころ」というものだといっているわけです。――――★08

一八〇〇年のヨーロッパ▼ヨーロッパは、一八〇〇年の時点でものすごく大きな変化を迎えてしまう。すでにこの時期の直前にフランス革命がおこり、アメリカは独立し、イギリスではいよいよ産業革命がはじまりつつあった。それだけではない、寛政一二年の一八〇〇年にはナポレオンがアルプスを越えて、ヨーロッパの統一に着手していました。――――★11

中国・日本・インドで産業革命がおこらなかったのは、一八〇〇年をこえてから、イギリスが中国にもインドにも手を出したことこそが最大の理由だったのである。一八四〇年のアヘン戦争はむろん、一九世紀末の中国では産業活動の三分の一をイギリスが管理していのだし、インドではヴィクトリア朝に向かってイギリスがほぼ七〇パーセント以上の産業を牛耳ったのだった。

つまりはイギリスはアジアを抑えて産業革命を成功させた。そう言わざるをえないのだ。ただし、例外がある。それがやっぱり日本なのである。日本はずっと独自に資本主義を準備し、産業革命がやってくるのを待っていた。――★17

山片蟠桃〈1748―1821〉――日本神話の不備を突く

山片蟠桃《やまがたばんとう》は大坂を代表する経世家《けいせいか》で、かなり異色な行動的哲人です。仙台藩の財政を一軒の大店《おおだな》の経済だけでまかなってみせたかとおもえば、日本神話の不備を突いたりもした。私がおもうに三つくらいのまったく新しい視点を開拓した。だいたいのことは『夢の代《ゆめのしろ》』に書いてあります。

第一は、コペルニクス以降の天文学をとりいれ、その天文学の知によって土地に縛られた社会感覚を開放するように努めました。第二に、ヨーロッパの長所と短所をはやくも見抜いていました。ヨーロッパの短所がすぐに領土を拡大しようとする拡張主義や侵略主義にあることも見抜いていた。第三に、アマテラス型の万世一系《ばんせいいっけい》の系譜が天皇に結びつくなどというような神話解釈はおかしいというこ と、そういうことが庶民にわからないのは知識が足りないのだからいいとしても、統治層であるはずの武士階級がわからないのは、武士階級に知的欠陥があるのではないかという視点をもったことです。こういう見方こそが、のちの下級武士たちによる倒幕感覚につながるのです。こういう見方が維新《いしん》後においてもちゃんと維持できていれば、近代日本は単純な天皇主義に陥《おちい》らなかったかもしれません。――★06

ヨーロッパ科学と江戸――近世イメージの闘い

ヨーロッパ科学との逢着《ほうちゃく》は、日本のイメージに変換を迫る。とくに江戸時代はアジア的博物学とヨーロッパ的科学との奇妙な合接と離反がくりかえされる世界科学史上においても特異な時期にあたっていた。イメージの変換は、まず世界地図や宇宙地図の方からもたらされた。たとえば日本における須弥山《しゅみせん》図解が発達するのは、ケプラーやコペルニクスの天文学が導入されたことに対する神道天文学派の反発によるものだった。しかし、これらの合理をめぐる近世イメージの闘いの中で、確実に地歩《ちほ》を占めていったのが、結局は今日にも共通する「工事と開発」および「情報とメディア」の力であったということは、おおいに考えさせられるところであろう。――★02

江戸時代の国力は増し、情報メディアは豊かになったものの、そこからはアジア的混淆《こんこう》性が少しずつ忘れられはじめていた。世界の中の日本のイメージを再検討する時期が迫っていた。――★02

ほ

黒船、敗戦、原子力。

●富国強兵から平成まで

開国の右往左往

幕末の動乱のなかでは「攘夷《じょうい》」か「全面開国」かをめぐって、国内の議論が二分されただけです。とくに「攘夷」したあとのシナリオなど、まったくなかった。——★11

アヘン戦争▼アヘン戦争は一八四〇年にイギリスが清《しん》に仕掛けた大事件です。これは日本でいえば天保《てんぽう》一一年にあたる。そのころの日本は「大御所《おおごしょ》時代」とか「大江戸八百八町」といわれたほどの、さしもの文化文政《ぶんかぶんせい》の爛熟がおわって、異国船打払《いこくせんうちはら》い令やシーボルト事件がつづいていた時期でした。水野忠邦《みずのただくに》が老中になって、混乱しつつあった日本経済と社会の混乱を収拾するために手を打とうとしています。しかし、実際には大塩平八郎《おおしおへいはちろう》の乱がおこり、渡辺華山《わたなべかざん》や高野長英《たかのちょうえい》をぶちこんだ、「蛮社《ばんしゃ》の獄《ごく》」がおこっていた。シーボルトも渡辺華山も高野長英も、初めて「世界」というものを見つめた日本屈指の知識人で、閉塞《へいそく》していた日本を変えるべきだと考えていたのですが、幕府はこれを取り締まった。外国に目を開くなんてことはとんでもない、日本は日本で何とかやっていくという頑固な方針です。そこでいわゆる「天保の改革」になるのですが、これ

はことごとく失敗しました。――★11

天保の改革〈1830―1843〉――株仲間の可能性と禁止

徳川社会で「株《かぶ》」といえば、公共的に認可された営業特権のことをさします。株仲間《かぶなかま》はその営業特権としての株をもつ者たちが集って結成する集団のことです。そういう株仲間では、営業特権を示す「株札《かぶふだ》」を売買・譲渡することも、そこに書き入れ（抵当権の設定）をすることも、質《しち》入れをすることもできた。徳川社会の株仲間が注目されるのは、仲間どうしにイコール・パートナーの思想が貫《つらぬ》かれていたからです。中世には株仲間のようなものがまったくなく、もっぱらギルド的な「座《ざ》」に頼っていました。

徳川社会の株仲間は新しい経済力を発揮していったのですが、これを促進させたのは徳川吉宗の享保《きょうほう》の改革のときの株仲間の公認、大岡越前守《おおおかえちぜんのかみ》忠相《ただすけ》による株仲間の監視制度の強化、さらには田沼意次《たぬまおきつぐ》が明和《めいわ》年間に実施した株仲間制度促進策と、そこから運上金《うんじょうきん》や冥加金《みょうがきん》を取って幕府財政に直結させたためでした。

ところが、天保の改革はこうした株仲間の可能性に水をさした。株仲間のしくみに文句をつけた。天保の大飢饉《だいききん》によって物価上昇が社会不安を拡大させていた時期、徳川斉昭《なりあきら》や水野忠邦は物価騰貴《とうき》の原因が十組問屋《とくみどんや》などの株仲間の価格コントロールにあるのではないかと見たのです。天保一二年

(1841)、株仲間禁止令が施行されてしまいます。勝手な規制緩和が断行されてしまったのです。しかし、この方針は物価騰貴を解決しなかったばかりか、いたずらに流通機構の混乱を増大させます。——★08

黒船と日米和親条約〈1854〉——攘夷か開国か

嘉永七年(1854)の一月、再度、ペリーが黒い軍艦七隻をしたがえて来航します。このときは浦賀《うらが》を通りすぎて、威嚇《いかく》のためにあえて品川沖まで入ってきます。アヘン戦争のときのイギリス軍艦とまったくおなじです。

これで幕府はすっかりお手上げ、「日米和親条約《にちべいわしんじょうやく》」(下田条約)に調印してしまう。同じ内容の条約は、八月にはイギリス、一二月にはロシア、そのあとオランダ・フランスとも締結されます。さらに翌年にハリスが来て「日米修好通商条約《にちべいしゅうこうつうしょうじょうやく》」が結ばれると、やはり次々にイギリス・オランダ・ロシア・フランスと同一内容の条約を結ばされた。そこにはアヘン戦争のときの南京《なんきん》条約やアロー号事件のときの天津《てんしん》条約や北京《ぺきん》条約とほぼ同様の、関税自主権・領事裁判権・最恵国《さいけいこく》待遇を相手に認めさせた内容が書いてあります。つまり「不平等条約」でした。——★11

幕府の天皇◉神仏は仲睦《なかむつ》まじく共存してもらっていればよかったのである。むろん天皇の神権《しんけん》を強化して幕藩体制を維持する必然性も、まったくなかった。むしろ幕府は天皇を形式的にして、その権力をないがしろにすることのほうを積極的に選んだのだ。ところが、ところが、だ。こうした水も漏らさぬ体制が少しずつ軋《きし》みはじめたのだった。

原因はいろいろあるが、最大の要因は黒船来航という外圧にあった。異教の国に開国を迫られたことにあった。外国との条約には天皇の勅許《ちょっきょ》が必要である。幕府には将軍を〝日本国王〟とする見方もあったのだが、制度化されているわけではない。やはり天皇を国王とみなすしかない。しかしそれでも、井伊直弼《いいなおすけ》の対外政策と国内政策がそうであったように、幕府は天皇に国家のディシジョンを委《ゆだ》ねる気など、毛頭もっていなかったのだ。——★17

幕末アライアンス◉薩摩《さつま》、長州《ちょうしゅう》、そして幕府。とても不思議なアライアンスです。そのいずれにも朝廷が控《ひか》えています。だからこの三つにはいろんな組み合せが可能だったのですが、実は海外の力も、海外の援助も、海外の思惑もこの三つにかかっていました。薩摩と長州にはイギリスが資本と武器・弾薬を賭《か》けました。両方にちゃっかりとチップを張っている。幕府に賭けたのはフランスです。このフランスとイギリスの組み合せが、ある意味では幕末のもうひとつのシナリオの裏をつくっていきます。——★14

明治維新〈1868〉——捨てたものと容れたもの

日本の鎖国（海禁）はとても長い鎖国です。けっこう繁栄し、技術も経済も文化も充実した。しかし開国を迫られると、開国を覚悟した幕府の井伊直弼のほうに加担しないで、いったん尊王攘夷に走ったうえで、さらに公武合体《こうぶがったい》に転じて、それなのにやっぱり幕府を倒しました。それも民衆蜂起ではなくて、薩長土肥《さっちょうどひ》の若き「有司《ゆうし》」（官僚）のリーダーシップによる明治維新です。こうやってできた明治国家は、天皇をトップとした立憲君主制《りっけんくんしゅせい》で、内閣議院制でした。そこへ「神仏分離令《しんぶつぶんりれい》」による国家神道を加え、廃仏毀釈《はいぶつきしゃく》をして、奈良時代以来の仏教国家としての性格を捨てました。わかりづらい判断です。

一方、富国強兵・殖産興業《しょくさんこうぎょう》は列強なみのことをするために、ものすごく努力した。列強の仲間入りにはとても熱心だった。しかし、元首は天皇。一代一元制《いちだいいちげんせい》にもした。でも、太陽暦や洋服や西洋音楽は採用した。株式会社の制度や関税システムも導入した。明治維新のグローバリズムはちゃんぽんなのです。——★11

いったい日本は列強の何をほしがり、
日本の独自性として
何を保存したかったのでしょうか。——★11

『国家』のない日本●日本にはさすがにプラトンの『国家』はなかったが、そのかわりに『古事記』から『花伝書《かでんしょ》』までが、『神皇正統記《じんのうしょうとうき》』から『日本外史《にほんがいし》』までが、『平家物語』から『雨月《うげつ》物語』までが、『五重塔《ごじゅうのとう》』から『倫敦塔《ろんどんとう》』までが、プラトンの国家の断片だったのである。それらが暗示してきたものがプラトニック・ステーツだったのだ。なんならこれに『奥の細道』や『茶の本』を加えたっていい。そして、これらに共通して等しく暗示されていたことは、日本にはどこかでマイナスに穿《うが》たれた尊いものがあったはずだということだった。これは折口信夫《おりくちしのぶ》がそう呼んだ「妣《はは》が国《くに》」であり、山本健吉《やまもとけんきち》や丸山真男《まるやままさお》が指摘した「稜威《イツ》」であり、鈴木大拙《すずきたいせつ》が名付けた「日本的霊性」であり、また、なんとなく呼ばれてきた常世《とこよ》や補陀落《ふだらく》やニライカナイ、あるいは悪所やアリンス国や事事無礙法界《じじむげほっかい》というものだった。――★09

海国日本と明治●日本という国にとって「外国」とはどういうものなのでしょうか。かなり特別なものなのでしょうか。どうも、そのようです。そこには畏敬と恐怖、好奇と劣等、同化と排外の目が、つねにまじってきた。尊大になりすぎたり、卑下しすぎたり、そのバランスがうまくとれてはいません。

中江兆民《なかえちょうみん》はそういう日本人の傾向を「恐外病《きょうがいびょう》」と名付け、そのくせこの病気はしばしば「侮外病《ぶがいびょう》」にもなると見抜いていました。たとえば半鎖国という奇異に見える稀《まれ》な体制をとった日本は、外国に対して自信があってこういう対外政策をとったとはとうていおもえません。しかし恐れて鎖国をしたのかといえば、それも当たっていない。日本は外国に神経質になりすぎていたというべきなのか、それとも外国に対してあまりに野放図《のほうず》だったのか、そこが見えにくいのです。おおかたの日本人も黒船がくるまではそのことがわからなかったのではないか。

維新後の日本は、遣欧米使節団《けんおうべいしせつだん》のように諸外国の事情を窺《うかが》い、明治の欧化政策のように外国を取り込み、また日清《にっしん》・日露《にちろ》では外国に挑みかかり、白樺派《しらかばは》のように外国を慕《した》い、そして満州国《まんしゅうこく》の樹立に向っては外国を蹂躙《じゅうりん》したように、いったい何をもって対外政策を貫いてきたのか、すべてが右顧左眄《うこさべん》するようになったかのようです。

まことに日本にとって「外国」は特別のものであるようです。漱石《そうせき》は『現代日本の開化』で、こういう日本は「外発的」だと断じました。内発がないと見たわけです。

なぜこれほど外国対策に苦労するかといえば、答えははっきりしています。日本が「海国《かいこく》」であるからです。しかし海国であるのに、海国らしからぬ歴史を歩んできたのです。シーレーンの意識も甘かった。本来は、安心して海国であることを満喫するには、よほどの航海術と造船術と兵力に富んでいなければなりません。それなのに日本はいっこうに航海術も造船術も発達させなかったのです。——★08

神仏分離〈1868〉――信仰風土の破壊

宗教からみても、明治時代にはさまざまな唐突がありました。「神仏分離令」というとんでもない法律が公布され、廃仏毀釈《はいぶつきしゃく》がおこなわれて、多くの神社と仏閣が風土や歴史を無視したやりかたで、分離されたり統合されたりした。その一方で、江戸二五〇年間にわたって禁制となっていたキリスト教が明治四年(1872)に解禁されたわけです。もし明治のあのときに神社や寺が団結して立ち上がっていれば、日本はもうちょっとちがっていたのではないか。キリスト教と一緒に何かをおこしていくこともできたのではないか。――★12

廃仏毀釈●神仏分離・廃仏毀釈は岩倉具視《いわくらともみ》や木戸孝允《きどたかよし》や大久保利通《おおくぼとしみち》からすれば、王政復古《おうせいふっこ》の大号令にもとづく「日本の神々の統括システム」を確立するための政策の断行だった。薩長中心の維新政府からすれば、神権天皇をいただいた国体的国教による近代国家をつくるための方途《ほうと》だった。が、これはあきらかに仏教弾圧だったのだ。仏教界からすればまさに「排仏」であり、もっとはっきりいえば「法難《ほうなん》」あるいは「破仏《はぶつ》」なのである。

むろん維新直後の当時は仏教界(とくに浄土真宗)からの猛然たる反対運動の声が上がったのだが、そしてさすがに明治政府はその展開と顛末をうやむやにしていくのだが(そして「信教の自由」を大日本帝国憲法にうたうのだが)、いったん断行された神仏分離による観念や価値観はその後もずっと日本人のなかに曳航《えいこう》されたのである。そのうえおまけに、今日のように近代日本の歴史解釈が東アジア社会のなかで一挙に浮上している時期においてさえ、この大問題はあいかわらず浮上しないままにある。――★17

日本の教科書は廃仏毀釈がヨーロッパのユダヤ教徒迫害や宗教改革に匹敵する大事件であったことを告げてくれません。――★04

「一世一元」の制〈1868〉――万世一系の創作

天皇と元号《げんごう》が一致するようになったのも明治からである。主に岩倉具視の主唱《しゅしょう》によるもので、岩倉は水戸の藤田幽谷《ふじたゆうこく》が『建元論《けんげんろん》』で提唱した一代一号《いちだいいちごう》論を採用して一世一元《いっせいいちげん》を制度化した。そんな「天皇の歴史」はなかった。明治がつくったのである。明治憲法による万世一系《ばんせいいっけい》論はあきらかに当時の立憲君主制の政治思想にもとづいているが、典拠はもっぱら『日本書紀』にもとづいた。――★09

岩倉使節団〈1871〉――分断された官僚

日本は明治以来、ずうっと官僚国家です。有司《ゆうし》専制の国です。これが今日にいたるまでの日本のシステムです。最初の有司は大久保、岩倉、西郷、江藤、伊藤、板垣たちでした。ところがご存知のように、かれらは二つに分断されてしまいます。西郷、江藤、板垣らは岩倉使節団に加わらなかった連中で、留守組になった。一方、海外に行ったのは岩倉、大久保、伊藤たちで、いわゆる洋行組です。――★13

身分解放令〈1872〉――被差別民と土地の商品化

明治四年（1872）八月二八日、歴史的記念日がおとずれる。太政官布告《だじょうかんふこく》は「穢多非人《えたひにん》等《とう》ノ称被廃候《しょうをはいし》条、自今身分職業共《これよりみぶんしょくぎょうとも》平民同様《へいみんどうよう》タルベキ事《こと》」と謳《うた》ったのである。穢多・非人などの名称を廃止し、今後は身分も職業も平民同様になるというものだ。いわゆる解放令である。

この布告は中世このかた差別社会の底辺に貶《おとし》められてきた一族を想《おも》う弾直樹《だんなおき》（十三代目弾左衛門《だんざえもん》）にとっては、もとより喜ばしいことだった。しかし他方、いよいよ弾左衛門十三代にわたった権益に終末がやってくることを暗示もしていた。穢多がなくなるなら、穢多頭《えたがしら》もいらなくなる。弾直樹が準備しつつあった皮革製造会社も、いくつものライバルと競争させられることになった。「近代」とはそういうものだったのだったのだ。富国強兵・殖産興業は十三代目弾左衛門を〝弾左衛門制度〟から解放し、そして同時に〝その他多勢の平民〟とともに競争社会に投げこんだのである。

塩見鮮一郎《しおみせんいちろう》は『弾左衛門とその時代』などで、この政策には大久保利通などが計画した「土地の商品化」が大きくかかわっていたとも推理している。従来の見方では、穢多非人の解放は部落解放でなければならず、それは同時に特定地域の解放でもあったのだが、それが新政府のトップによって明治四年というかなり早い段階の決断になったことについては、当然そこに近代国家の確立にとっての「土地の商品化」という有効性があったからだろうというわけだ。——★17

近代化と子守歌◉子守歌は幕末から明治にかけての社会変化のなかで、成立していったものが多い。商品経済が発展して高利貸し的資本が農村に入ってくると、一方では富《とみ》を蓄えて肥《こ》え太る階層がふえ、他方では小作に転落する層がふえ、しかも維新後には堕胎禁止令《だたいきんしれい》が徹底されるので人口はふえていくということが同時におこっていきます。そういうなか、子守にたいする需要もふえる。そこに子守歌も発生していったのです。封建社会が崩れて資本制社会に移っていくときの矛盾が子守歌をつくらせたともいえる。——★09

いったい征韓論とは何だったかというに、征韓論という用語そのものがその実態から崩落《ほうらく》しているような問題なのである。——★17

明六社設立と明治六年政変〈1873〉——**近代初の転回点**

明六社《めいろくしゃ》は近代日本の最初の知的集団であり、ヨコの知の最初の発露体である。また、会社組織としても、メディア組織としても注目したほうがいい。そもそも明治六年（1973）という時期が近代日本の最初の大きなターニング・ポイントなのである。明六社誕生もそのターニング・ポイントの一角を担《にな》ったのではあるが、それとともにこの年はいわゆる「明治六年の政変」がおこった年でもあった。

征韓論《せいかんろん》政変ともいわれるこの一大事は、西郷隆盛《さいごうたかもり》・板垣退助《いたがきたいすけ》・江藤新平《えとうしんぺい》・後藤象二郎《ごとうしょうじろう》・副島種臣《そえじまたねおみ》の五人の参議《さんぎ》が一斉に辞職するという激変として突発した。この五人はそのまま「留守派」とも「外征派」ともよばれていて、岩倉使節団が欧米を巡回したその留守の初期明治政府をつくった連中であり、これはいちがいにはそう規定することはできないのだが、通説ではすべてが征韓論に加担した五人だった。

これに対して五十名をこえる岩倉使節団には、その後の政界を牛耳《ぎゅうじ》る岩倉具視・木戸孝允・大久保利通・伊藤博文《いとうひろふみ》らを含んでいて、ひとまとめには「洋行派」と、征韓論では「内治派《ないちは》」とよばれた。森有礼《もりありのり》は、これら洋行派をアメリカにいて〝つなぎ〟の役割を担った人物でもあった。この留守派が帰国した洋行派に破れた。破れたというよりも、両派が拮抗《きっこう》し、明治政界を真ッ二つに割った。それが明治六年の政変である。

割れた二つの半球は二度とくっつかない。それがそのまま明治一〇年（1877）の西南戦争《せいなんせんそう》にまで進む。西郷が死に、翌年にその西郷を死に追いやった大久保も暗殺されて死ぬ。明治維新とはこの二人の

死までをさしている。――――★09

征韓論◉もともとの征韓論は、強行派の木戸孝允と大村益次郎《おおむらますじろう》が言い出していた。長州出身の二人は吉田松陰《よしだしょういん》の遺志をつぐという気分で、国内の鬱勃《うつぼつ》としていた空気を国外にディスチャージするものとして、ひどい話だが、朝鮮半島を選んでいた。この段階の征韓論には板垣退助も江藤新平も賛同していた。ここで征韓論の矛盾を説明するために、順にこの問題の背景を語っておくことにする。

まず征韓論の「韓《かん》」とは正確には李氏《りし》朝鮮（李朝）のことで、韓国ではない（のちの日韓併合のときの「韓」は、一八九七年〈明治三〇〉に国名を変えた大韓帝国《だいかんていこく》のことをさす）。李氏朝鮮は十四世紀以来の文人官僚主義が王をいただく王朝国家だった。

明治六年（1873）六月一二日、征韓論が初めて朝議《ちょうぎ》にのぼった。外務卿《がいむきょう》の副島種臣は清国に特派されていたので、外務少輔《しょうふ》の上野景範《うえのかげのり》が代わり、閣議には太政大臣《だじょうだいじん》の三条実美《さんじょうさねとみ》、参議の西郷、板垣、大隈、大木喬任《おおきたかとう》、後藤象二郎、江藤が参加した。上野は「このうえは暴戻《ぼうれい》な朝鮮政府に対して、居留民保護のため陸軍を若干、軍艦を幾艘《いくそう》か釜山《ぶさん》に派遣して、いつでも援軍が送れるように準備する」という外務省案を提示し、板垣がこれに賛同した。が、西郷は「いきなり兵隊を送るのは朝鮮官民の疑惑を招く。よろしく責任ある全権大使を送って公理公道をもって説得するのがいい」と反対した。三条が「全権大使を出すことにして、その大使が兵を率《ひき》いてはどうか」という折衷《せっちゅう》案を出した。が、西郷はまたも反対する。「大使たるものは武装せず、しかも礼装をととのえるべきだ」。

一〇月一四日の正院《せいいん》の閣議は使節団が帰朝して最初の閣議だった。太政大臣の三条、右大臣の岩倉、参議の西郷・板垣・江藤・大隈・後藤・大木・大久保・副島の、以上一〇人が出席した。木戸は欠席した。実は岩倉は、この閣議にあわよくば西郷を外《はず》そうと画策して、当日の朝に西郷に急使をたてのだが、西郷がこれを拒否した。そういう前哨《ぜんしょう》のあと、閣議では岩倉が口火をきって、「樺太《からふと》におけるロシア人の暴行、台湾《たいわん》における生蕃《せいばん》の凶暴、朝鮮政府の無礼、この三件はいずれも重大だが、とくに樺太が焦眉《しょうび》の急務だ」と言った。西郷はただちに反駁《はんばく》して、「朝鮮問題は国際上の葛藤《かっとう》で、皇威《こうい》の隆否《りゅうひ》、国権の消長にかかわっている」と一蹴《いっしゅう》した。大久保が西郷に反論をした。大久保は朝鮮問題を急げば戦争になりかねないという主旨である。西郷はその戦争をおこさぬための派遣交渉だという主旨を貫いた。

一〇月二三日、西郷は参議、近衛都督《このえととく》、陸軍大将のいずれの職についても辞表を提出した。板垣・江藤・後藤・副島も連署《れんしょ》しようとしたが、西郷がそれでは徒党を組んだようだと言ったので、翌日に別々に辞表を出した。五人の参議はいずれも下野《げや》してしまったのだ。

いずれにしても明治六年の政変は、その後の明治国家の命運を分けた。大久保はこのあと明治国家の政権の中央に坐り、板垣らの四参議は政変の二カ月後に「民撰議員設立建白書《みんせんぎいんせつりつけんぱくしょ》」を起草して、自由民権運動を起爆していった。しかし、西郷は翌一一月にはさっさと鹿児島に帰村してしまった。大西郷の決然たる「退耕《たいこう》」である。「残念」がなかったはずはない。――★17

福澤諭吉『文明論之概略』〈1875〉――文明としての日本

福澤諭吉《ふくざわゆきち》が『文明論之《の》概略』において「文明」という言葉をつかうのは、日本の独立のことを念頭においてのことだったのである。誰よりも早く、誰よりも独自に「文明としての日本」を議論してみること、それが福澤が本書の執筆を通して自身に背負った課題だった。けれども、その文明の独立に進む日本は、上からの権力でつくられるべきではなく、あくまで個人の公智《こうち》にもとづくものであってほしかった。福澤が国政にも自由民権運動にもかかわらなかった理由が、ここにある。残念ながら、福澤の論じた「文明」は日本には実現しなかった。――★09

西南戦争〈1877〉――西郷下野の謎

あれだけのリーダーシップを認められていたはずの西郷は、なぜ何もいわずに大久保と山縣《やまがた》が差し向けた「国軍」と戦ったのでしょうか。謎です。それはそれ、日本の明治維新は西南戦争までてした。あそこで明治維新が終わって、そこからがいよいよ「近代国家としての大日本帝国」ができて、

大久保利通や伊藤博文が描くシナリオが動いていくのです。――★14

なぜ西郷隆盛が征韓論を唱えたのかの説明がつかないかぎり、日本の近現代史は何も解けない。――★08

自由民権運動――国権と混交する民権

日本の民権運動は明治一〇年代に勃興した自由民権運動をもって嚆矢《こうし》とする。このとき「愛国公党《あいこくこうとう》」とか「愛国社」といった結社が次々に生まれていった。

この「愛国」はパトリオティズムの訳語にあたる。日本のばあい、そこには愛郷心《あいきょうしん》も含まれていた。いや、土佐や会津をはじめ初期の自由民権は愛郷心をこそかきたてた。それがしだいに民権愛国となり、国会開設運動になっていく。たしかに民権は国権と混じっていったのである。もっと正確にいえば大日本帝国という国家が自由民権のすべてを吸収した。愛国心や愛郷心は、ただそれを唱《とな》えるだけではすべて国家の装置のひとつになるようになっていったのだ。大アジア主義も日本の国家の方針に吸い上げられていった。――★17

頭山満と玄洋社●玄洋社《げんようしゃ》はふつうのありきたりの歴史では〝超国家主義の源流〟などと評されてき

た団体だけれども、初期の玄洋社は自由民権運動の結社であって、母体となった向陽義塾《こうようぎじゅく》(向陽社)は高知の立志社《りっしゃ》を凌《しの》ぐ勢力だった。頭山満《とうやまみつる》は「わが福岡こそは憲政発祥の地であった」としばしば豪語したものだ。明治時代とは日本の富国強兵と朝鮮半島の動乱と中国革命とが一緒くたに驀進《ばくしん》していた時代だったのである。したがって、この三国をまたぐ人士《じんし》は三国ともに多かった。頭山はこの三つの国をまたぐ者を愛した。擁護し、激励し、資金を渡し、その身を匿《かくま》い、仕事を与えた。

日本の近代は黒船このかた条約改正の歴史であった。どのように不平等条約を撤廃するか、それが近代国家の最大の課題だった。かくて井上馨《いのうえかおる》の案、大隈重信《おおくましげのぶ》の案などが提出されたのだが、これをめぐって明治の論壇が四分五裂したといってよい。谷干城《たにたてき》は後藤象二郎を説き、鳥尾小弥太《とりおこやた》は大隈を痛罵した。そのなかで頭山満が内相松方正義《ないしょうまつかたまさよし》のところを訪れて、「閣下は独《ひと》り今日の国家に対して、その責任を辞すること能《あた》はざるのみならず、永劫未来、子々孫々に対してその責任を辞すること能はざるなり。苟《いやしく》も閣下にしてその責任を忘れて条約改正に賛成することあらば、余《よ》は国民と共に鼓《つづみ》を鳴らしてその罪を問《と》はざるべからず」と談判した。そういう記録がのこっている。こんな悠揚迫《ゆうようせま》らぬ応酬をどう見るか、そこに今日の日本政治の日々がかかっている。——★09

漢字廃止論〈1866〉と森有礼暗殺〈1889〉――仮名かローマ字か英語か

近代日本で最初に漢字の廃止を訴えたのは、郵便の父として名高い前島密《まえじまひそか》（来輔《らいすけ》）である。前島は中国文明からの離脱と西洋文明への参画《さんかく》意思の表明として、漢字を廃止して仮名文字を国字《こくじ》にするべきだと考えた。ついで西周《にしあまね》が「洋字ヲ以《もっ》テ国語ヲ書《しょ》スルノ論」を書いて、ローマ字表記を薦《すす》めた。どちらもたいした弁論をふるったわけではない。ところが、当時、アメリカ弁理公使《べんりこうし》であった森有礼は本格的な日本語改革に乗り出そうとした。英語の導入も計画した。このあと森は初代の文部大臣となって、殺された。それをもって明治維新の終焉となったという歴史学者もいる。――★09

「大日本帝国憲法」発布〈1889〉――近代国家の忘れもの

明治政府が「日本という国家」を急造しようとしたことは疑いえません。大日本帝国憲法《だいにっぽんていこくけんぽう》が制定された明治二二年（1889）は、そういう意味では日本が初めて「国家」となった日であったのです。

しかしこの近代国家は、いろいろの大事なことをどこかに置き忘れてしまった。この国家は一言でいえば、議院内閣制をもった立憲君主制というものですが、岩倉具視や大久保利道の構想が示したように、「玉《ぎょく》」（天皇）を戴《いただ》くことによって成立した有司専制国家でした。つまり官僚国家でした。もともと法制度と法意識が甘い日本において、とりわけ超法規的な存在だとみなされていた天皇をもって近代国家をつくろうというのですから、これはどうみても権力者としての天皇を確立すると

いう意味が追求されてはいません。それは今日の憲法でも、しょせんは同じです。──★08

国家神道は、いわば〃超宗教〃としての国教となった。──★17

大日本帝国憲法の矛盾◉大日本帝国憲法が発布されると、宮中の皇祖皇宗《こうそこうそう》の神前でその奉告《ほうこく》がおこなわれ、全国の神社でも奉告祭《ほうこくさい》が挙行されるのであるが、一方で憲法は「信教ノ自由」も定めたのである。これはあきらかに矛盾を孕《はら》んだ憲法だった。しかし、誰もそうは思わなかった。国家神道は、人間の基本的人権による「信教ノ自由」の条項が対象とする宗教の次元をはるかに超えていたからだ。──★17

「教育勅語」発布〈1890〉──敬神と国体の思想

明治憲法と国家神道がもつ擬似合理性を、最も強いかたちで体現したのは教育勅語《ちょくご》だった。明治二三年（1890）に発布された。知られているように、教育勅語はおおかたの想像を絶するほどに劇的な効果を発揮した（これまた知られるように、それが昭和の敗戦まで続いた）。たちまち天皇を「親《おや》」とみなし、国民を「赤子《せきし》」とみなす風潮が生まれ、そこに敬神《けいしん》と国体をもって国民道徳とするというイデオロギー

が伝わった。——★17

日清戦争〈1894〉の三つの原因——ネーション・ステートの欲望

日清戦争は日本と清国の戦争ですが、大きくいって三つの原因が動いて、からみあいながら重なっています。原因をＡＢＣに分けて見てみましょう。原因Ａは清がもたらしたもの、原因Ｂは朝鮮の内部の対立がもたらしたもの、原因Ｃは日本によるものです。

原因Ａは、清のなかで「太平天国《たいへいてんごく》の乱」以降に台頭してきた「洋務《ようむ》運動」が関係しています。このあとの清は列強に対する徹底抗戦型になっていきます。とくに日本との妥協を許さないようになっていく。

原因Ｂは、朝鮮国内での覇権争いが引き金になっておこってきた動向です。さまざまな挫折のうえ、朝鮮社会は維新型の改革をあきらめ、下からの改革に賭けていくことになります。それが盛り上がったのが「甲午《こうご》農民運動」という運動です。下からの攘夷運動です。民乱《みんらん》が各地に広がり、東学教団《とうがくきょうだん》が結成され、各種の改革要求を閔氏《みんし》政権に突きつけるところまで進展していきます。しかしここで閔氏は、清国に出兵を依頼してしまう。日本も同時出兵の約束を口実に、軍隊をさしむけた。甲午農民運動は、朝鮮半島を列強から隔絶しておこうとしていた日清両国の共同出兵によって、あえなく制圧されてしまう。が、本当の問題は、ここにおいて朝鮮半島を舞台に新たに日清両国の軍隊が対峙したことでした。

というわけで、原因Cは日本が朝鮮の騒乱を収拾する名目で、大量の軍隊を朝鮮半島にさしむけたところに発します。明治二七年（1894）、七月二五日、日本海軍が豊島《ほうとう》沖で清の艦隊を砲撃して、ここに日清が開戦します。奇襲でした。

日本が日清戦争に踏み切った理由には、内閣制度ができて、「大日本帝国憲法」が発布され、帝国議会が招集できていたという、立憲君主制にもとづく内閣と政党による議会政治体制が確立して、これをもって「近代国家」の基礎が発動していたということがあげられます。つまりネーション・ステートとしての条件がそろってきたということです。──★11

ネーション・ステートは何をしていいかといえば、戦争をしていいのです。──★11

戦争への反応◉日清戦争では日本の国民が沸いただけでなく、多くの知識人も沸いた。正岡《まさおか》子規《しき》も徳富蘇峰《とくとみそほう》も、福澤諭吉も。福澤は軍事献金を積極的にすることを「時事新報」で奨《すす》めています。むろん新聞も戦争熱をあおった。「平民新聞」の堺利彦《さかいとしひこ》さえも。知識人や新聞はこのとき、いったいどんな日本の将来を描いていたのでしょうか。──★11

勝海舟の中国観●引退した海舟《かいしゅう》が「真の国家問題」として重視したのは次のことである。「今日は実に上下一致して、東洋のために、百年の計を講《こう》じなくてはならぬときで、国家問題とは実にこのことだ」。

海舟はこう考えていた。……おれも国家問題のために群議《ぐんぎ》をしりぞけて、あのとき徳川三百年を棒にふることを決意した。そのくらいの度量でなければ国家はつくれない。ただ、これからは日本のことだけを考えていても、日本の国家のためにはならない。よく諸外国との関係を見ることだ。そのばあい、最も注意すべきなのが支那《しな》との関係で、すでに日清戦争でわかったように、支那を懲《こ》らしめたいと思うのは、絶対に日本の利益にならないということだ。そんなことは最初からわかっていたことなのに、どうも歯止めがきかなくなった。これはいけない。支那は国家ではない。あれは人民の社会なのだ。モンゴルが来ようとロシアが来ようと、膠州湾《こうしゅうわん》が誰の手にわたろうと、全体としての人民の社会が満足できればいいのである。そんなところを相手に国家の正義をふりまわしても、通じない。これからは、その支那のこともよく考えて東洋の中の日本というものをつくっていくべきだ。

この海舟の読みは鋭かった。まさに日本はこのあと中国に仕掛けて仕掛けて、結局は泥沼に落ちこんで失敗していった。かくして昭和の世に、勝海舟《かつかいしゅう》は一人としていなかったということになる。———★09

有司の政治●明治の有司（官僚）たちがやったことは、維新の断行者の多くによる二年におよぶ遣外《けんがい》使節であり、富国強兵と欧化政策と脱亜入欧と殖産興業であって、対外的には征韓論や大陸浪漫《ろまん》や日清戦争だったのです。それでも睦奥宗光《むつむねみつ》らの粘《ねば》りによって、列強が次々に押しつけてきた懸案の不平等条約を撤廃させることだけは、ようやく成功した。この成果は明治期最大のものだったといえるとおもいます。けれども、そうした努力をへてやっと手にした成果が何だったかというと、列強に伍《ご》して戦争に乗り出し、三国干渉《さんごくかんしょう》に踏みにじられ、満州鉄道敷設権《ふせつけん》をめぐる競争では押しこまれ、日露戦争開戦に向うしかなくなったというのでは、近代日本の「忘れもの」が何であったかという、そのほうが気になってくるのです。――★08

三国干渉によって、
日本人は初めて世界の目から見た
日本というものにめざめます。――★12

日清と日露のあいだで〈**十九世紀末**〉――**日本画と短歌**

明治で理解されていないのは「戦争と文化」ということではないでしょうか。戦争というのは戊辰《ぼしん》戦争、西南戦争、日清戦争、日露戦争です。そのあと日本は台湾を領有し、韓国を併合した。明治はずっと戦争をしていた時代だったんです。

文化のほうは、これはとても広いのでいちがいにくくれませんが、たとえば芸術、たとえば教育です。岡倉天心《おかくらてんしん》がフェノロサの助手をしたあと、東京美術学校（現在の芸大）をおこして、みずから校長になったのは、明治二三年（1890）のことです。ここで天心は「日本画」という概念をつくります。——★11

かつて江戸時代までは、和画《わが》とか国画《こくが》といういいかたをしていました。その前は倭絵《やまとえ》、ないし大和絵《やまとえ》でした。ですから、大和絵や和画に対しては、漢画《かんが》とか唐絵《からえ》という領域があったわけです。そういう中に洋画《ようが》というのが入ってきたわけです。高橋由一《たかはしゆいち》や黒田清輝《くろだきよてる》や藤島武二《ふじしまたけじ》は洋画のほうに挑んだ。これに対抗して天心は日本画という概念をつくりあげた。この「日本画」という概念と、正岡子規や与謝野鉄幹《よさのてっかん》がつくった「短歌」という概念。この二つは近代の方法日本を見るときにすこぶる重要です。短歌の前は和歌でした。

以上のようなことが劇的におこっていったのは、だいたいが明治三十年前後のこと、つまり一九〇〇年前後のことです。これはちょうど日清と日露のあいだにあたります。このあいだに『代表的日本人』（内村鑑三《うちむらかんぞう》）も『武士道』（新渡戸稲造《にとべいなぞう》）も『茶の本』（岡倉天心）という三冊の英文の本が書かれた。このときに漱石はロンドンに行くし、川上音二郎《かわかみおとじろう》はニューヨークに行くし、滝廉太郎《たきれんたろう》はライプチヒに行きますし、竹内栖鳳《たけうちせいほう》はパリへ行きます。——★13

二つのＪ●当時の日本のキリスト教は、内村鑑三や海老名弾正《えびなだんじょう》や新渡戸稲造がそうであったように、日本人の理想と生きかたを問うためのものになっていたのです。新渡戸がキリスト教と武士道を結びつけたように、キリスト教はどこかで神道や武士道の精神性と近いように見えたのです。しかし、明治キリスト教も苦悩していました。私はとくに内村鑑三が札幌農学校の理想を携《たずさ》えてアメリカに渡り、そこで大学に通いながら現地のボランティア活動に従事したところ、アメリカのキリスト教徒たちの慈善主義と功利主義ともいうべきものに失望して帰ってきてからの苦悩に、大きなものを感じています。

内村鑑三が抱えた苦悩とは、端的にいえば「二つのＪ」ということです。一つのＪは"Jesus"でした。しかし内村はそれとともに断固たる日本人であろうとし、日本の本来を問いつづけた愛国者でもありました。すなわち、二つ目のＪは"Japan"でした。この二つの「Ｊ」はまったく融合できないでいる。股裂《またさ》きにあっている。内村の苦悩はそこにあったのです。こうして内村の日本研究が始まります。内村鑑三にあっては「二つのＪ」は重合交差するべきものであり、そこには日本の先達への敬愛がこめられるべきものであり、キリスト教と武士道は融合すべきものであったのです。――――★08

「日本の天職は」と内村鑑三は書きました、「日本が日本を境界国としての小国にすることなのである」と。——★08

内村鑑三の「小さな政府」◉日本には「制度法」がない。それが黒船以降の幕末の動揺を決着させられなかった原因のひとつであって、ひいては「王政復古と欧化体制」というバランスを崩させて欧米一辺倒となり、その反発が日本主義や排外主義やウルトラナショナリズムへと日本を駆《か》りたてたという経緯があります。けれども内村から見るとキリスト教社会では最初から制度がありすぎて、その制度から抜け出せないことこそがその精神を根底から腐敗させていると感じられたのです。そうしたなか、内村鑑三はついに次のような提案をするにいたります。そのひとつは、西洋に育ったキリスト教を非制度化したかったということです。キリスト教に真の自由をもたらすには、それしかないという結論に達したのです。そのうえで「日本的キリスト教」を打ち立て、非武装日本をつくりたかったのです。

もうひとつは「小国主義《しょうこく》」を唱えることでした。内村は日本を「小さな政府」にしたかったのです。そして、そういう日本を「ボーダーランド・ステイト」と呼びました。境界国です。いまでこそ「小さな政府」という日本モデルはよく知られるようになっているものの、この時期にこのような提

案があったとは、まさに驚くべきことです。———★08

樋口一葉『たけくらべ』〈1896〉———女流文芸の再生

一葉《いちよう》が『たけくらべ』で何をしたかといえば、フラジリティを縒《よ》りに縒ったというべきだった。こんな文学はかつて一度もなかった。すでに一葉日記がたえず題名を変え、文体を変え、目標を変えつづけていた。日記のなかの一言《ひとこと》一言をどう選ぶかということが、一葉自身の生き方であり、世間との闘いであり、文芸的なるものの多様性の確認だった。こういう日記は和泉式部このかた日本の女流文芸者が試みてきたものであったとはいえ、その伝統はとっくに廃《すた》れていたものなのだ。江戸時代、とくに女流文芸は切れていた。それを一葉は自身の苦境の谷間で再生させた。———★09

明治とは、文学を「心の顕像《けんぞう》」から「モダンの意匠」に変えていった時代である。———★09

和魂洋才●和魂洋才《わこんようさい》論は、幕末に向って洋学がさかんになってきて、青年武士や科学派たちが言い出していたことでした。橋本左内《はしもとさない》は「器機芸術《ききげいじゅつ》は彼《かれ》に採《と》り、仁義忠孝《じんぎちゅうこう》は我《われ》に存《そん》す」といっていましたし、佐久間象山《さくましょうざん》は「東洋道徳・西洋芸術」とみなしていた。左内の言葉はさしずめ

「儒魂洋才《じゅこんようさい》」というもので、象山のは東西を道徳と芸術とに分けているものです。

ところがいざ維新政府がつくられて、一方では古代天皇制に近い王政復古をして、太政官・神祇官《じんぎかん》を配し、他方では洋才の導入をして富国強兵とお雇《やと》い外国人の受け入れに転じてみると、これがとうていバランスを保てない。一方的な欧化主義ばかりが邁進《まいしん》していった。そこへさらに、東洋をも考慮から外してしまう「脱亜入欧」の提案が出てきたのですから、せっかくの西洋研究という本気の趣向さえ失われて、もっぱら西洋哲学や西洋倫理や西洋技術をそのまま日本に次から次へと植林するような風潮になったのです。

ここで、こうした風潮を食い止めようとして出てきたのが、天心・新渡戸・内村の三冊の英文書であり、また、鉄幹や子規の短歌運動であり、さらには、徳富蘇峰の国民主義や、三宅雪嶺《みやけせつれい》、志賀重昂《しがしげたか》、陸羯南《くがかつなん》たちによる日本主義の標榜でした。——★08

てりむくり●「てりむくり」は「照り・起くり」と綴ります。照りは反《そ》りのこと、起くりはゆるやかな起き上がりのことです。「てりむくり」の典型はいまでも風呂屋や和風旅館の正面の唐破風《からはふ》のカーブの線でよく見かけます。おそらく「てりむくり」が出現したのは弘仁貞観《こうにんじょうがん》(九世紀)以降のことでしょう。最初は密教寺院の軒先《のきさき》か、あるいは神仏習合がすすんだ神宮寺の前面にあらわれたかと想定されます。瓦《かわら》屋根が本来もっているテリに桧皮《ひわだ》のもっているムクリの曲面加工性が連続した。

……いわば神仏習合や顕密《けんみつ》習合が「てりむくり」を生んだのです。対立や矛盾をあえてつなげあうことが、新たな構造曲線にいたったのです。

日本の社会や文化の奥にひそんでいるのはまさにこのような「矛盾と統合」です。「葛藤の出会い」です。いったん生まれた「てりむくり」は、明治以降に国際社会に打って出ることになった日本が日本人の造形感覚の代表的なものとして、これを象徴的にプレゼンテーションしていくことになりました。すなわち和漢折衷から生まれた「てりむくり」は、明治を迎えて和洋折衷の象徴にもつかわれたのです。――★08

近代国家の勃興のなかで、日本人は本来の和魂を見失っていた。あるいは和魂を軽く扱いすぎていたのです。――★08

二十世紀はじまる――石川啄木の死

ついつい暗い昭和史が二十世紀の前半史だろうとおもいがちですが、一九〇〇年というのは明治三三年なのです。日露戦争は二十世紀のこと、明治晩期は日本の二十世紀の始動だったのです。象徴的にいえば、明治大帝の死と乃木《のぎ》大将夫妻の自害と、それに肺腑《はいふ》をえぐられて綴った森鷗外《もりおうがい》の『興津弥五右衛門《おきつやごえもん》の遺書《いしょ》』と、平塚雷鳥《ひらつからいちょう》（らいてう）の「青鞜《せいとう》」と大杉栄《おおすぎさかえ》の「近代思想」の創刊から、さら

にいうなら石川啄木《いしかわたくぼく》の死から、日本の二十世紀ははじまっているのです。――★11

時間による社会設計◉どうやら日本人は近代社会を構築するにあたって、新たな時間社会にしてしまうつもりがあったようだ。それは時計産業がカメラ産業とともにあっというまに世界を制したのにもあらわれていて、どうも日本人はほかの美意識はともかくも、近代社会というものを時間によって社会設計することをあきらかに好み、あきらかに自信をもって選択したにちがいない。「規律を守ろう」というスローガンが企業にも工場にも学校にも溢《あふ》れたのはそのせいだろうし、セイコー(精工舎)などという社名にもそれが見えている。――★09

日英同盟〈1902〉――各界の対露開戦論

明治三五年(1902)に日英同盟が締結されると、戦争の準備がととのい、「東京朝日」も「読売」もいっせいに強硬外交路線を主張します。東京帝国大学の教授らも「七博士《しちはくし》意見書」を出し、国民全体が開戦論になっていく。あとは日本がロシアに宣戦布告するだけ。……ついに日本は列強の一国ロシアと戦うことになったのです。

こうなると、たとえ勝っても、あとはグローバル・ルールで生きつづけるしかなくなります。しかし当時、開戦に反対した知識人は、有名なところでは内村鑑三や幸徳秋水《こうとくしゅうすい》くらいのものでした。

その二人にして「反戦」じゃない「非戦」でした。――★11

日露戦争〈1904〉――ヨーロッパの期待

日露戦争は何がきっかけだったかというと、帝政ロシアがアジア北部に不凍港を求めて南下政策をとって満州・東北に進出し、武力を交えて清国と条約を結んで遼東《りょうとう》半島や大連《だいれん》の権益を手にしたことに始まっていました。ロシアは朝鮮半島の目と鼻の先まで降りてきていたのです。日本はこの朝鮮半島をほしがっていた。そのために日露ともに同じ地域でぶつかっていた。

一方、「扶清滅洋《ふしんめつよう》」をスローガンとした義和団《ぎわだん》事件をきっかけに、清国が北京に駐留する列強に咬《か》みついて宣戦布告したとき、この動勢を抑えられるのは日本だろうという期待がヨーロッパ各国にあったのです。とくにボーア戦争で手がまわらなくなったイギリスは日本にアジアでのストッパー役を期待しました。清国の宣戦を日本軍の活躍でたちまち制した連合軍は、これで北京議定書を結びます。このときロシアが満州をめぐって日本に圧力をかけてきた。イギリスは日本にストッパー役を続行させたいので、日本を応援する。これが日英同盟が結べた背景です。この同盟がなければ日本は交戦に決して踏み切れなかったでしょう。

おりから第一次ロシア革命にもさしかかっていたレーニンのロシア事情にも助けられ、日本はロシアに勝ちました。世界は驚いた。まさに日本は文明国の仲間入りをはたせたのです。こうして日本は初めて満州に足を踏み入れ、軍隊を派遣することになるのですが、いつロシア(ソ連になりつつある)が捲土重来《けんどちょうらい》をしてくるかはわからない。そこで防衛線をもうけ、満州地域を特別に重視するようになります。朝鮮半島もロシアや列強が進出しやすい地域だったので、強引に日本化してしまう。いわゆる韓国併合《へいごう》です。植民地化でした。朝鮮総督府《そうとくふ》がおかれ、その初代統監《とうかん》に伊藤博文がなるのですが、安重根《あんじゅうこん》にハルビン駅頭で射殺されてしまいます。——★08

秀吉と博文◉歴史上の日本人のなかで、韓国人にいちばん嫌われているのが、プンシン・スギルとイドン・バクムンです。プンシン・スギルは豊臣秀吉。イドン・バクムンは伊藤博文。なぜ伊藤博文が嫌われているのか。「朝鮮総督府の統監」だったからです。日韓併合のシンボルだったからです。それで暗殺された。その事情を日本人も理解しておく必要があります。そのうえで近代日本や近代アジアをちゃんと見るべきです。——★11

韓国併合〈1910〉——明治の終焉

韓国併合は、第一次日韓協約《にっかんきょうやく》から第三次日韓協約をへて、紆余曲折はありながらも、韓国併合条約として完遂されるのですが、日本側では一貫して「保護国化」という用語がつかわれます。列強はこれをしぶしぶ認めます。しかし、これはあきらかに植民地化です。「併合」という用語は政治的造語であって、日本の国内議論からいうと、「日韓提携」に固執する伊藤博文に対する配慮だった。伊藤の「提携」じゃなまぬるい。「併呑《へいどん》」というとややいいすぎだ。だったら「併合」ならいいだろうというわけです。

韓国併合条約の調印は一九一〇年のことです。これは明治四三年、つまり明治の終わりでした。この日韓併合が、その後の日本と韓国の歴史に何をのこしたかは、もはやいうまでもないでしょう。一九一九年（大正八）三月一日、朝鮮の民衆は独立を求めて「三・一《さんいち》運動」に立ち上がり、反日抗日の意志を示します。――★11

明治日本は四十数年をかけて、ただただ朝鮮半島の併合に向って突進してきたということでもあったのです。――★11

朝鮮半島での言語支配――同化とは何か

日本が植民地下の朝鮮半島でおこなった言語支配は、しばしば「朝鮮語抹殺政策」とか「民族語抹殺政策」とよばれてきた。今日、南北朝鮮で「国語醇化《じゅんか》運動」を絶やしていないのは、この日本の言語支配を忘れないようにしているせいだという見方もある。……いったい「同化《どうか》」とは何か。アイデンティティをともにするということである。それを民族的なアイデンティティにもおよぼそうというのが同化政策である。私のようにアイデンティティという用語すら大嫌いな者には、はたしてそんなことが可能なのかと訝《いぶか》るが、ときに植民地政策というものは「同化」を重視する。日本の同化政策は朝鮮半島においては徹底したものだった。朝鮮総督府を中心に神社の設置から小学校教育まで、ありとあらゆる同化政策が推進された。——★09

朝鮮と日本▼日本の歴史にとって朝鮮半島はたいへんに大きい意味をもっています。アジアの文化や技術の窓口であったことは、いうまでもないのですが、それだけではなく、とくに朝鮮の各王朝が「非侵略的な性質」をもっていたということが大きい。それは日本が二五〇年近くにわたって鎖国をしたり、日本文化を充実できたことと、おおいに関係がある。もしも朝鮮が好戦的だったら、日本は鎖国などしていられなかったでしょう。朝鮮民族が非侵略的であるという好ましい性格をもっているということは、日本が安泰でいられる大きな緩衝帯をもっているということです。けれども、その朝鮮が列強の危険にさらされたら、どうか。日本のシナリオに大きな変更がおこるでしょう。のちのち一九五〇年代にアメリカが介入して朝鮮戦争がおこり、南北朝鮮が分断されてしまったのは、その危険性が恐ろしい現実になった姿です。日本はこのときアメリカの指示で自衛隊をもったわけでした。——★11

「青鞜」創刊〈1911〉——瓦解する明治の中で

明治四四年（1911）、平塚雷鳥は「青鞜」を創刊する。大逆事件《たいぎゃく》がおこり、三〇歳の管野《かんの》スガが絞首台に消え、日本が韓国併合を果たしおえた年、明治が瓦解《がかい》していく年である。石川啄木は「時代閉塞の病状」を訴えながら、若くして死んでいった。意外なことに、「青鞜」創刊は雷鳥が特段に決意したことではなかった。生田長江《いくたちょうこう》に女性だけの雑誌の発刊を勧められて、動機が発見できないまま、踏み切っただけのことだった。だから雑誌名も生田が決めた。十八世紀半ばのロンドンにモンタギュー夫人のサロンが青い靴下を流行させた「ブルーストッキング」派を、日本ふうに「青鞜」としたものだ。——★17

辛亥革命▼一九一一年（明治四四）には武昌《ぶしょう》（武漢《ぶかん》）で孫文《そんぶん》の革命の狼煙《のろし》が上がって、辛亥《しんがい》革命がおこります。中国大陸が孫文によって新しい息吹を得ることには、政治家・実業家・社会運動家など、多くの日本人が支援していました。この時期、日本の中の革新的な動きをさかんに推進していた者たちは、中国が列強の支配の魔弾から逃れて大きく変化していくことを望んでいたところもあったからです。ただ、孫文の臨時政府はそのころの軍閥《ぐんばつ》のボスだった袁世凱《えんせいがい》によって、その座を追われてしまった。袁世凱が政権を握った時点が清朝崩壊の時点です。——★14

「国柱会」設立〈1914〉——近世日蓮主義の中枢

『法華経《ほけきょう》』はインドにも西域《さいいき》にも中国にも朝鮮にもひろがった経典ですが、その解釈をめぐっては日本がきわめて独自の位置をもちました。法華経を激しい国家改革と国家安寧《あんねい》の議論のテキストにしたのは『立正安国論《りっしょうあんこくろん》』を書いた日本の日蓮《にちれん》だけです。またその日蓮に学ぼうとした者たちの構想にあらわれたものだけです。

その日蓮主義が明治日本のなかで、きわめて激越な行動的日蓮主義として、政治や革命の只中に登場してきました。北一輝《きたいっき》もそこに参入していった一人です。石原莞爾《いしはらかんじ》も強烈な日蓮主義になっています。五・一五《ごいちご》事件のトリガーとなった血盟団《けつめいだん》事件の首謀者の井上日召《いのうえにっしょう》も、江川桜堂《えがわおうどう》の「死なう団」も過激な日蓮主義でした。——★08

その代表が田中智学《たなかちがく》なのですが、智学は国柱会《こくちゅうかい》という組織をつくり、国体と仏教というものは一緒になるのではないかということを、考え多くの人たちに影響を与えていく。宮沢賢治《みやざわけんじ》もまさにその影響を受けた。——★12

昭和の忘れもの

二十一ヶ条の要求〈1915〉――大正という時代

昭和の前には病弱な天皇を戴いた大正時代がありました。大正デモクラシーが沸きおこり、白樺派が勃興して、大正六、七年（1917, 1918）あたりからは鈴木三重吉《すずきみえきち》や西条八十《さいじょうやそ》や野口雨情《のぐちうじょう》の童謡運動が始まります。それとともに竹久夢二《たけひさゆめじ》らがアナーキズムに惹《ひ》かれながら大正浪漫《ろまん》に耽《ふけ》ります。そこに原敬《はらたかし》の暗殺や米騒動《こめそうどう》がおこり、やがて関東大震災が覆っていく。

軍部のほうはシベリア出兵から山東出兵《さんとうしゅっぺい》というようなことをしました。折からのロシア革命に干渉しようという国際包囲網に参加した。そこへ降って沸《わ》いたようにやってきたのが第一次世界大戦ですが、日本は日英同盟の誼《よし》みをもって三国協商《さんごくきょうしょう》に加わり、ドイツに宣戦布告しました。これは日本に未曾有《みぞう》の好景気をもたらします。ところがここで図《ず》に乗って、大正四年（1915）に日本政府は中国に対して「二十一ヶ条の要求」を突きつけた。南満州と内蒙古《うちもうこ》の租借《そしゃく》の延長、ドイツ権益の譲渡、福建省《ふっけんしょう》での日本優遇など、二一項目にわたって中国に対する日本の権益の拡大をかなり強硬に要求しました。

中国は当然これを拒《こば》んだのですが、日本は最後通牒まで出して列強諸国の援助が得られない中国を孤立させます。やむなくかなりの条件を呑《の》んだ。それが五月九日のことで、このあと広汎な反日運動になっていきます。——★14

「大正」とは決してぼんやりした時代でもラティックな時代でもなくて、日本近代が現代に舵《かじ》を急激に取った決定的なトランジット・エイジだった。——★14

日本の失敗◉「日本の失敗」はどこに始まっていたのかということだ。東京裁判では満州事変までさかのぼったが、日本からすればもっと前に問題があったと言わざるをえまい。たとえば松本健一《まつもとけんいち》は、アメリカが米西《べいせい》戦争に勝ったことと日本が日清日露に勝ったことがほぼ同時であったため、互いに互いを「仮想敵国」にしたことがすべての不幸の始まりだったと仮説した。この仮説は半ば当たっている。それなら大隈重信内閣の対支《たいし》二十一ヶ条の要求こそが決定的な失敗だったのである。——★17

夢二のうつつ◉竹久夢二の日々は大正浪漫そのものだったように見られてきたが、そんなことはない。

そんな時代ではなかった。たまきと結ばれた直後に幸徳秋水らの大逆事件に巻きこまれ、ヨーロッパに行こうとしたときは第一次世界大戦のあおりを食らった。――★09

童謡と軍歌――大衆文化の消滅

この時代は、ようするに白樺派と大正デモクラシーと竹久夢二で始まり、関東大震災と大杉栄虐殺の大正一二年（1923）をへて、ラジオやカフェや早慶戦や円本《えんぽん》に象徴される昭和初期には大衆文化の爆発を迎えるものの、昭和五年（1930）に世界恐慌の波をうけて大きく変質し、小林多喜二《こばやしたきじ》が虐殺される昭和八年（1933）までにはすっかりその姿を消してしまった「ある社会・ある文化」というものを象徴しています。そのなかで童謡が生まれ、軍歌とともにいったん消えていったのです。――★06

私は最近の日本が
「歌を忘れたカナリヤ」に
なっているような気がするのです。――★06

川面凡児「鎮魂行法」――神社神道の淵源

依霊《よりひ》。水滌厳法《みそぎいづのり》。術魂《ばけたま》。御手代《みてしろ》。いかにも霊妙そうで、なんとも奇っ怪な響きをもつ。めったに聞かない言葉であろうが、ある界隈ではさかんに使われている。こういう言葉に出会うには、神社神道のちょっとした脇道を覗《のぞ》く必要がある。たとえば、今日の神社神道、および神道系の多くの集団が採用している祓《はらい》や禊《みそぎ》の行《ぎょう》は、おそらくは明治末期から昭和初期にかけて活躍した川面凡児《かわづらぼんじ》の鎮魂行法説《ちんこんぎょうほう》というものに淵源があるはずなのだが、その淵源から先を見ていくと、こうした言葉が頻繁に飛び交っていたことがわかる。

神社神道の祓や禊なんて、その淵源はもっと古来からのものだろうと思うだろうが、むろんそのルーツは古いのだが、今日の祓の儀や禊の儀の行法となると、川面凡児あたりの近代行法に淵源が求められるのである。その川面の行法が、一方では今日の神社のそこかしこにストイックに入りこみ、他方では大政翼賛会《たいせいよくさんかい》とともに戦中の日本に波及したということを、あらためて考えるべきなのである。功罪半《こうざいなか》ばだというのではない。日本人はいまでもことあるごとに神社でお祓いをうけているのだが、そうした禊や祓をどのようにうけとめているのか、ここらでちゃんと考えたほうがいい、そう、言っているのである。

鎮魂行法は宗教学的にはシャーマニズムの系譜に入る。そこには憑霊型《ひょうれい》のものと脱魂型《だっこん》のものがある。そんなことはシャーマニズムの歴史このかたずっと続いていることだ。しかし、そのシャーマニズムが今日の日本の神社のそこかしこでも〝近代的〟に継続されているというふうには、ふつうは思わない。けれども、そうした見方をいっさいしないようにしたとたん、むしろ日本は奇怪なオカルティズムに犯されることになるのである。以上のこと、いささか、じっくり考えなおすべきこ

とだろう。―――★09

ハルビン学院と満州――スパイ養成所か親ソ派の温床か

ハルビンに大正九年(1920)にロシア語専門学校ができた。後藤新平《ごとうしんぺい》の肝入りの学校で、最初は日露協会学校という名称だったが、満州国が〝成立〟してからは満州国立大学ハルビン学院となった。

ハルビン学院はソ連から見れば、ロシア語堪能者を輩出するスパイ養成学校であり、日本軍部や日本政府の旧守派から見れば、親ソ派の温床と見えた。満鉄の初代総裁をつとめた後藤は、世間からは〝大風呂敷〟とよばれ、ときにはアカだと見られたこともあるような、不可解だが単純な人物であるが、日本がロシア革命以降のソ連の研究を本気でやるべきだという確信だけはもっていた。後藤は、たった五〇万程度のボルシェビキが一億四〇〇〇万人のスラブをぶんまわせた理由が知りたかったのだ。

そもそもロシアにはネッセルローデの次のような言葉が生きている、「アジア政策はロシアの内政なのである」。ウラジオストックは東洋征服の象徴であり、ロシアは東シベリアのチタから満州を貫通してウラジオストックに直通するルートを確保する課題を頑固にもっていた。それが東清鉄道の敷設という計画で、そのチタとウラジオストックのちょうど真ん中にハルビンがあったのである。日本が満州を抑えるには、まさにハルビンにおいてこそロシアと対決する必要があった。

もうひとつ後藤がハルビンでの拠点を急ぐ理由があった。日本軍がちょうどシベリア出兵をあきらめたばかりだったのだ。それが大正一一年(1922)である。ハルビン学院はその二年後にできたのだ。

——★09

いったい満州とは何だったのか、少なくとも満州に託した「思い」とは何だったのか。——★09

北一輝『日本改造法案大綱』〈1923〉——青年将校の聖典

北一輝の『日本改造法案大綱』は、二・二六《にいにいろく》事件の青年将校たちの聖典となった。内容は驚くべきもので、天皇の大権による戒厳令《かいげんれい》の執行によって憲法を三年にわたって停止し、議会を解散しているあいだに臨時政府を発動させようというふうになっている。その三年のあいだに、私有財産の制限、銀行・貿易・工業の国家管理への移行を実現し、さらには皇室財産を国家に下付《かふ》して華族制なども廃止してしまおうという計画になっている。そのほか普通選挙の実施を謳《うた》い、満一五歳未満の児童の義務教育を一〇年延長することも提案する。その費用は国家が負担すべきだと書いた。英語を廃してエスペラント語を第二国語とすること、男たちが女性の権利を蹂躙《じゅうりん》するのは許さないこと、ようするに国民の人権を擁護することなど、かなり進んだ社会保障も謳われている。天皇の大権は発動させているが、天皇のその後は保証していない。——★09

和辻哲郎『日本精神史研究』〈1926〉——「国民的自覚」と保守主義

和辻哲郎《わつじてつろう》はその後も、『風土』と『鎖国』において、それまでだれも気がつかなかった問題を組上《そじょう》にのせて、ひとつの「型」をつくりあげた。その主旨がその後の知識人にどのように継承されたかではなく、そのような「型」があることを最初に披瀝《ひれき》したことが評価されるのである。

和辻は『日本精神史研究』で本居宣長《もとおりのりなが》の「もののあはれ」にふれたのであるが、これも宣長以降は誰もふれてこなかった話題だった。九鬼周造《くきしゅうぞう》は、この和辻の開示があったから、「いき」をめぐる仕事にとりかかる気になれたと言っている。そうした和辻の勇気のなかで、そろそろそのことを議論する者が出てきていいと思っているのは、和辻が「日本精神」を問題にしたことである。

和辻がそのことを持ち出したのは昭和九年（1934）の「日本精神」という論文が最初なのだが、そのなかで、明治中期の日本民族主義の高揚は何だったのかを問うた。日本人の「国民的自覚」はなぜ度《ど》しがたい保守主義のイデオロギーになってしまうのかということを問題にし、とくに日本人の衝動性を批判した。そして「日本精神」とは、そういうものではないのではないかという疑問を呈し、自分でひとつの答えを書いてみせたのだ。それは「日本を重層的にとらえることが、むしろ日本人の日本精神を明確にすることになる」というものだった。

この論旨はかなり不備なもので、また、この手の議論にありがちの「日本の特殊的性格」を言い出しているのが残念なのだが、それをべつにすると、この議論の仕方はその後にずっとつづく日本人論のひとつの「型」をつくったものだった。

こういうところが和辻には随所にあったのである。日本人の「町人的性格」を問題にしたのも和辻だった。石田梅岩《いしだばいがん》の心学《しんがく》をとりあげたのも最初であった。これらの〃発見〃が、結局は『風土』では日本人のモンスーン性を浮き上がらせ、『鎖国』では誰もが目を伏《ふ》せて語っていた鎖国に積極的な意味を持たせることになった。――★09

宣長と戦意高揚思想◉本居宣長については、たいへんに誤解されていることがある。とくに戦前戦後を通して〃戦意高揚思想の元凶〃ともくされたことだ。その誤解が確かめられることもなく、広がった。

この誤解は、いまだ解けてはいない。日本軍部の戦意高揚には本居宣長の「やまと心」や平田篤胤《ひらたあつたね》の「やまと魂」が謳われているのだから、『国体の本義』などで説かれている忠君愛国や皇軍精神は国学の本意にもとづいている、という浅い解釈がいまだまかり通っているのである。国学や皇学というもの、皇民の勇ましい「ますらをぶり」の武ばった精神ばかりを謳歌しているのだと解釈されてきてしまったのだ。

これはおかしい。訂正すべきだ。そもそも宣長の国学は通りいっぺんのものではない。なかなかの多重思考になっている。その特色は念入りの擬古主義にもあらわれている。これは方法日本独自の「擬《もどき》」の思想ともいうべきところで、こういうところが見えないと、宣長はわからない。よく知られているように、宣長は「もののあはれ」を説いた。「風雅《ふうが》」を重視した。その「もののあはれ」や「風雅」は古と今とを二重多重に結びつけることをいう。本来と将来をつないで生きることをいう。この古と今は密接につながっている。それを安易に切断してしまえば、どうなるか。宣長は「思ひやり」がこの世から欠如すると見た。宣長にとって、今とは適当でちゃらんぽらんな「浮き世」などではなく、日本の歴史の根本につらなる「憂《う》き世」なのである。その今をなんとか「あはれ」と「思ひやり」によって古につなげるには、多重的な「擬」が必要だと、そう宣長は見通していた。——★17

「日本という方法」は日本という国境には決して縛られない。——★09

満州某重大事件〈1928〉——張作霖爆殺と田中内閣総辞職

昭和三年（1928）の六月四日、奉天《ほうてん》付近にさしかかった列車が爆破されました。満州軍閥の張作霖《ちょうさくりん》が爆殺されたのです。犯行は関東軍参謀《さんぼう》の河本大作《こうもとだいさく》によるものでした。この事件はしばらく「満州某重大事件」として伏せられます。伏せられたこと自体に、このあとの昭和史のすべての問題が集約されています。

　事件は関東軍が単独でおこしたことでありながら、それが公表されれば日本はたちまち苦境に追いこまれかねません。それで関東軍は自分たちがやったことすら伏せたのですが、内閣にも軍部の指導者にもしばらく真相がわからなかった。やっと昭和四年(1929)の初夏になって、田中義一《たなかぎいち》首相は昭和天皇に「この一件は何とか闇に葬りたい」と報告した。これで天皇が怒ります。闇に葬るとは何事か、さっそく辞めなさいといったといいます。結局、事態は田中内閣の総辞職でケリがつきます。しかし、ここに天皇が政治に口を出したという事実が残ってしまったのです。——★08

世界恐慌▼一九二九年(昭和四)の世界恐慌は日本にも大きな打撃を与えます。日本では、一九三〇年(昭和五)に三〇〇万人が失業しました。そこに加えて東北地方を中心に飢饉が広がっていった。頼みの満鉄《まんてつ》(南満州鉄道)も赤字になった。かくして日本も「円《えん》ブロック」を形成するため、「大東亜共栄圏《だいとうあきょうえいけん》」というものを計画し、満州の地に復活の活性剤を見いだそうとしたんです。「八紘一宇《はっこういちう》」や「五族協和《ごぞくきょうわ》」はこのときのスローガンです。——★11

九鬼周造『「いき」の構造』〈1930〉——**「異質との出会い」**

九鬼周造が考えたことは、「寂しさ」や「恋しさ」の本質とはいったい何だろうかということです。

九鬼はまず、「寂しさ」とは他者との同一性が得られないとおもう気持ちであると見ます。しかし、同一性が得られないからといって、その寂寞《せきばく》が大事なものではないとはいえないのではないか。「寂しさ」は重要ではないか。そう考えた九鬼は、次に「恋しさ」とは「対象の欠如によって生まれてくる根源的なものへの思慕」であろうとみなした。

こうして、これらの感情や感覚は、まとめていえば「失って知る異質性」というものではないかというところへいく。そして、ここでハッと気がついた。これはひょっとして東洋哲学の根底にある「無」や日本仏教や日本美学の底流にある「無常」と近いものではないか。「無」や「無常」は何かを失うことによってそこに芽生えるもので、自分もそのことを哲学しようとしたわけです。

九鬼が感じたものは、失ってはじめて感じる憧れであり、寂しさであり、哀しさであり、美しさです。それは同一化ができなかったものの感覚です。われわれはすでに「異質との出会い」を与えられてしまっているということにほかなりません。これは九鬼の日本論として最も重要なところです。日本文化は異質性を当初にとりこんでいるからこそ、そこに和漢の境い目を感じ、そこに数寄の心を生じさせて、そこから生まれてくるものに注目してきたのではないかということです。

しかし、近代から現代に向いつつあった日本人は、この異質性の本質をどこかでとりちがえてしまった。満州に進出するようになって、満蒙《まんもう》の社会文化を日本の同質性にとりこんで、かえって本来の異質性がもつ「寂しさ」や「恋しさ」を失ってしまったということが顕著です。

五族協和や大東亜共栄圏というヴィジョンや構想は、最初から東亜を同質的同一性のもとに入れようというものです。そこには岡倉天心がいう「アジアは一つ」というヴィジョンもあったでしょうが、天心の「アジアは一つ」はむしろ異質性の共存だったはずです。それを同一性や同質性のもとに強引に率先しようとすると、どうなるか。そういうことをすればするほど、それらの人々は引いていくか、抵抗するか、従属するだけです。

これは異質性との出会いとはまったく逆です。……九鬼周造が『「いき」の構造』を書いたのは昭和五年（1930）でした。この年はたいへん重要な年で、この直後から日本は満州事変に突入して、そのまま戦争の道まっしぐらになってしまいます。いろいろ原因がありますが、司馬遼太郎《しばりょうたろう》は、これは日本が「異胎《いたい》の国《くに》」になったからだといいます。本来の母体ではなく、別の母体で「日本」を膨《ふく》らませていったというような意味でしょう。そうなったのは「統帥権干犯問題《とうすいけんかんぱん》」がまかりとおってからだと見た。――★13

すなわち**日本文化**はそもそも「**異質との出会い**」が**必要**だったということなのです。――★13

ロンドン軍縮条約調印〈1930〉――統帥権の干犯

昭和五年（1930）、浜口雄幸《はまぐちおさち》内閣は海軍の反対を押し切ってロンドン軍縮条約を調印するのだが、これがあっというまに「統帥権《とうすいけん》を干犯《かんぱん》している」という議論に拡大していった。日本国家の決定力がどこにあるかという問題が、ここで吹き上ってしまったのである。これをきっかけに、事態は軍部内の抗争を通して最悪の状態に向ってしまい、五・一五事件、二・二六事件、さらには満州事変に突入していった。――★09

統帥権干犯問題●もともと日本には幕末維新を通して、互いに異なる二つの天皇論が意識的にコントロールされていたのです。ひとつは吉田松陰に代表される精神派（社稷派《しゃしょくは》）とでもいうもので、民族民権の根拠として天皇を中心とした組み立てをしたいという考えかたです。西郷隆盛がこちらに属します。もうひとつは横井小楠《よこいしょうなん》に代表される合理派（近代派）で、天皇を〝制限君主〟として立憲君主制のもとに近代国家を組み立てたいという考えかたです。この精神派と合理派という用語は松本健一流です。

明治政府は表向きは後者の路線でつくられました。しかしその実、大久保利通や伊藤博文はあきらかにこのことを知っていて、明治型の立憲君主の体制を手順よく整えます。さらには自由民権運動をへて大日本帝国憲法にいたる過程では、天皇を精神的にも合理的にも積極的に活用するという両義的体制の確立に向っていったのです。大久保や伊藤には、天皇がたんなる「天皇制という機関」のシンボルにすぎないことは重々承知のことです。それにもかかわらず、このことを公言することは絶対にしてはならぬものだというふうにした。これはいわば密教的天皇主義です。

一方、政府や軍部の下部組織や国民に対しては、天皇が絶対服従をもたらす崇敬《すうけい》の対象でなければならないことを絶対的な公言《こうげん》によって伝えていくべきだと見ていました。公言とは勅語などを幅広く利用することです。また各地を巡行《じゅんこう》して天皇が臣民《しんみん》に姿を見せることです。これはさしずめ顕教的天皇主義とでもいうものでした。

しかし現実には、二つの天皇像は別々に機能していたのです。それが大日本帝国というものでした。とくに日露戦争前後からは、密教的な絶対秘密と顕教的な絶対公言によって両義的な天皇の活用度をはかっていくという作戦があからさまに広まっていった。そして明治政府からすれば、こうした事態は巧《たく》みに誘導されているとおもわれていたのです。誘導の紐《ひも》はこっそり一部の覇権者《はけんしゃ》が握っていると確信していたからです。しかし、その紐は意外なところで綻《ほころ》びます。手品のネタが割れてしまいます。それがいわゆる「統帥権干犯問題」の露呈です。――★08

明治憲法は三権分立と議院内閣制で、一応はその頂点に天皇が立ち、国軍の統帥権も形式的には天皇がもったのですが、やがて陸軍によって、統帥権は三権を超越するというふうに解釈されたのです。陸軍によると、統帥権の基本は「帷幄上奏権《いあくじょうそうけん》」で成り立っていて、天皇の補弼者《ほひつしゃ》である軍の統帥機関が、内閣に関係なく統帥権事項を単独で上奏《じょうそう》できるというものです。統帥機関というのは陸軍が参謀本部で、海軍が軍令部《ぐんれいぶ》です。明治憲法によれば、天皇は「無答責《むとうせき》」にありましたから、これで軍部はいくらでも勝手に戦争に邁進できたわけです。——★13

統帥権の明確な定義も実権の掌握もないまま、昭和五年に向って統帥権干犯問題として日本をすっかりおかしくさせていった。——★13

江戸と維新の統帥権◉江戸幕藩体制下の日本は、大名同盟の名主《みょうしゅ》としての将軍が統治するガバナンスですから、統帥権は将軍がもっていました。最後にこの将軍の統帥権が発揮されたのは、長州征伐です。ただ幕府はこのとき代理をたてて、総大将を尾張徳川の慶勝《よしかつ》にした。これがそもそもあいまいだったんですが、続く戊辰戦争のときは慶喜《よしのぶ》が大政奉還《たいせいほうかん》をしていましたから、またまた日本という一国の統帥権がどこにあるかが、さらにあいまいになってしまう。こうして幕府は倒壊して、維新政府ができたとき、幼少の天皇がトップに立ちました。けれどもこの政権は軍隊をもっていない。軍隊をもっていない革命政権なんで世界史上、例がありませんから、そこで薩長土の三藩が合わせて一万の兵を自主的に提供しました。これは薩長土の抜け目ないところで、その後も三藩の官僚が国家を牛耳ることになった布石《ふせき》です。

ついで山縣有朋《やまがたありとも》が西郷を陸軍大将にして、徴兵制をつくりあげます。ところが西郷が征韓論そのほかのごたごたのうち、下野してしまった。これでますます統帥権があいまいなものになるのですが、それがさらに西南戦争というかたちで矛盾が発露してしまいます。なにしろ西南戦争は、「陸軍大将西郷の私兵」と「徴兵された国軍」とが衝突したのですから、これは前代未聞です。――★13

満州事変〈1931〉と国際連盟脱退〈1933〉――奈落の入口

昭和六年（1931）九月一八日、奉天郊外の柳条湖《りゅうじょうこ》付近の鉄道が爆破されます。直後、朝鮮滞在軍が林銑十郎《はやしせんじゅうろう》司令官の独断で鴨緑江《おうりょくこう》を越境していった。これが「満州事変」です。この時点で、すべての歯車がとまらなくなったのです。あとは泥沼のような日中戦争の開始でした。

一〇月には錦州《きんしゅう》を爆撃し、一一月にはチチハルを攻略します。満州事変のあと、昭和日本は翌年の一年だけで上海《しゃんはい》事変、満州建国、血盟団事件、五・一五事件をつづけさまにおこします。それからはリットン調査団に満州撤退の勧告をうけると、国際連盟を脱退して世界から孤立していきます。以降は奈落《ならく》での狂言のような事態を演じるしかなくなっていきました。――★08

石原莞爾と満州事変●満州事変の作戦シナリオは、関東軍作戦主任の石原莞爾《かんじ》、関東軍高級参謀の板垣征四郎《いたがきせいしろう》、関東軍司令官の本庄繁《ほんじょうしげる》のたった三人が、三人だけで書いたものでした。石原は永田鉄山《ながたてつざん》と並び称されていた天才的軍人でした。

……石原は明治四四年（1911）に孫文が武昌で辛亥革命の狼煙をあげたときに、朝鮮の守備隊にいて兵卒たちとともに近くの小山にのぼって万歳三唱を叫んでいます。しかし孫文の革命は袁世凱との妥協に変わり、いっこうに革命成就の気配にならない。そこへ日本から二十一ヶ条の突き付けがある。石原は、この要求の撤廃《てっぱい》を日本がすることが必要だと即断した。それが日中関係と日米関係を同時に好転させる唯一のチャンスと見たのです。しかし、日本は二十一ヶ条を多少の変更のまま押し切ってしまいました。これで日中関係が一気に悪化した。そこへもってきて、日本はアメリカに譲歩した。これはアメリカの仮想敵国シナリオが発動したことを意味します。

そう、石原は判断して、この失敗を取り戻すには関東軍が満蒙を領有してみせるしかないという計画に走ったのです。――★08

私たちが現在の日本の繁栄を考えるには、
満州という擬似帝国にあった
モデルのことを知らなければなりません。――★12

王道楽土▼一部の日本人の政治家や活動家は、その韓《かん》半島を含めた北東アジア全体の領域を視野に入れた合同計画のようなものを練りはじめた。それが満州までを版図《はんと》とした「王道楽土《おうどうらくど》」という構想であり、それを韓半島と日本をつなぐ領域で見ると「鳳の国《おおとり》」というものになっていたわけです。そこには日韓の古代史が絡んでいる。扶余族《ふよぞく》やツングース族や、高句麗《こうくり》・新羅《しらぎ》・百済《くだら》との連携の面影も蘇《よみがえ》っているのです。──★14

「鳳の国」というのは大高麗国建設の夢ともいうべき破天荒なもので、古代の沿海州に勢力をはっていた扶余族の版図をふたたび蘇らせようというものである。──★09

多民族国家「日本」●日本が単一民族の国だというふうになったのは、古いことではない。古いどころか、日中戦争や太平洋戦争以前は日本は多民族国家として位置づけられていた。大日本帝国の時代はむしろ日本は多民族国家・混合民族論を標榜したがった。日本が日本を単一民族国家と見るようになったのは、戦後のことだったのだ。──★09

日本人＝ユダヤ人同祖説●「列強に伍する日本」というグローバル・イデオロギーは、もとはといえば明治国家そのものが抱えたヴィジョンでもあり、また悲願でもあった。それが日清・日露の勝利の美酒と三国干渉などの悔しさとが混じっていくうちに、しだいに国民思想に流れこみ、そこに〝空想史学〟の兵《つわもの》たちが、それなら歴史をさかのぼって日本の正当性を訴えてみましょう、国民の渇望に応えてみましょうと考えたわけである。

しかし、そこに喜劇も悲劇も待っていた。史実の捏造という暴挙に歯止めがかからなくもなっていった。たんなる個人の妄想なら、それでもよかった。しかしこの暴走は〝フィクション〟であることより〝ノンフィクション〟であることを望みすぎたため、どこかで八紘一宇《はっこういちう》の思想や関東軍のアジア政策に絡み、ドイツやロシアから巻きおこった「黄禍論《おうかろん》」に対する憤懣やるかたない反論の暴走とも関係していった。——★09

上海事変〈1932〉——日蓮主義の影

昭和七年（1932）一月、上海事変がおこる。上海に日本山妙法寺の末寺にあたる妙発寺があり、その僧侶たちが托鉢《たくはつ》に出てタオル工場・三友実業公司の従業員に襲われたことが導火線となった。三友実業が強力な抗日組織の拠点であったこと、この事件に激高した日本人青年同志会がタオル工場を襲ったこと、中国の官憲が出動して日本人を射殺したこと、海軍まで出動したことというふうに拡大していった。日本人青年同志会による襲撃を指導したのは重藤千春《しげふじちはる》という大尉で、日蓮主義者だった。

このシナリオは最初は板垣征四郎《いたがきせいしろう》が書き、上海の日本公使館武官補佐の田中隆吉《たなかりゅうきち》が実行にあたって、例の川島芳子《かわしまよしこ》らが暗躍した。のちに、その田中を五・一五事件の青年将校の一人山岸宏海軍中

尉がアジトを襲って問責をした。山岸は日蓮主義者だった。――★09

島崎藤村『夜明け前』〈1932〉――「或るおおもと」

島崎藤村《しまざきとうそん》に『夜明け前』があります。幕末維新の約三〇年の時代の流れとその問題点を、ほぼ全面的に、かつ細部にいたるまで扱っています。藤村はこの長編小説を通して、日本人のすべてに「或《あ》るおおもと」を問い、その「或るおおもと」がはたして日本が必要とした歴史の本質だったのかどうか、そこを描きました。それを一言でいえば、いったい「王政復古によって国家をつくる」とはどういうことだったのかということで、いま、このことに答えられる日本人はおそらく何人もいないとおもわれます。近代日本の下敷きにはそうとうの〝食い違い構造〟があることを、あらためて考えるべきだとおもいます。そこはまだ残念ながら『夜明け前』のままなのです。それを現代史のいちばん近くにもってきても、敗戦事態と五五年体制事態にまったくメスが入っていないことを認識すべきでしょう。――★08

藤村が描いた歴史は、あくまで〝父の時代〟の歴史であり、その奥に父が抱いた王政復古の変転の歴史というものだった。このことを藤村ほど真剣に、かつ深刻に、かつ自分の血を通して考えた作家は稀有《けう》である。それは、日本の近代に「過誤」があったのではないかという苦渋をともなっている。藤村の指摘はそこにある。そして、そのことをこそ物語に塗りこめた。

では、過誤ではない歴史とは何なのか。過誤を避ければ苦渋がないかといえば、そんなことはもはや日本の歴史にはおこりそうもなく、たとえば三島由紀夫の自決のようなかたちでしかあらわれないものかもしれないのだが、それでも藤村は結果的ではあるけれど、唯一、『夜明け前』をもってその過誤を問うたのだった。答えがあるわけではない。むしろ青山半蔵の挫折が答えであった。

——★09

われわれは半蔵の挫折を通して、日本の意味を知る。——★09

血盟団事件と五・一五事件〈1932〉——昭和維新

昭和七年（1932）二月九日、井上日召《いのうえにっしょう》の「一人一殺《いちにんいっさつ》」を胸に秘めた小沼正《おぬましょう》が打ったピストルの銃弾が民政党の井上準之助《いのうえじゅんのすけ》を貫き、菱沼五郎《ひしぬまごろう》の銃弾が三井の団琢磨《だんたくま》を襲った。いわゆる「血盟団《けつめいだん》事件」の勃発である。つづく五月一五日、海軍の古賀清志《こがきよし》によって第二弾の計画が実行にうつされた。犬養毅《いぬかいつよし》首相の射殺、牧野伸顕《まきののぶあき》への襲撃、愛郷塾農民決死隊による変電所襲撃、川崎長光の西田税《にしだみつぎ》襲撃などである。これらは一斉におこなわれた。五・一五事件である。

かくて昭和維新は発動された。その行動はまったく幼稚なものであったが、不満の意志はついに白日のもとに曝されたのである。そして、そのいずれにも権藤成卿《ごんどうせいきょう》がいろいろな意味でかかわって

いた。——★09

権藤成卿と自治学会●自治学会こそは権藤成卿が主宰する権藤独自の結社であった。そこでは「社稷《しゃしょく》国家の自立」が叫ばれ、明治絶対国家主義が徹底して批判された。社稷とは、土の神の社、五穀の神の稷を併せた言葉で、古代中国の社稷型封建制に由来する共済共存の共同体の単位のことをいう。「社稷は国民衣食住の大源であり、もって国民道徳の大源である」と、権藤の『皇民自治本義』にはうたわれている。けれどもそこには、あまりにも儒教的で孟子的な日本主義が謳歌されていた。

権藤は大真面目であった。権藤は大化改新のクーデター構想に思想的な確信をあたえた南淵《みなみぶちの》請安《しょうあん》に理想をもとめ、それを〝日本最古の書〟である『南淵書《なんえんしょ》』として発表したほどだった。これはたちまち学者たちの批判を浴び、ほとんど黙殺された。けれども、『南淵書』は北一輝の『日本改造法案』とともに、昭和維新のひそかな〝バイブル〟となったのである。なぜなのか。そこにクーデターの理念と根拠が綴られていたからだった。

五・一五事件ののち、権藤は私塾「成章学苑《せいしょう》」をひらき、農本自治主義を深めるための「制度研究会」を発足させた。もはやテロリズムだけで革命はおこらないことを悟ったようだった。

昭和九年(1934)、権藤は「制度学雑誌」を創刊、制度学研究会を発足させ、機関紙「制度と研究」

も出した。翌年は二・二六事件が勃発、時代は国体明徴運動へと大きく迷走していった。権藤はもはやこうした動向に背をむけ、社会の自治的進歩のみが構想されるべきだと言いつづけた。また、高まる戦争の不安のなか、日中開戦の決定的不利を予告しつづけた。が、誰も権藤の言葉などに耳を貸さなくなっていた。——★09

古澤平作の「阿闍世コンプレックス」——「おそれ」と「ゆるし」

昭和七年（1932）、古澤平作《こさわへいさく》はウィーン精神分析研究所に留学して、翌年に帰国した。このときフロイトを訪ねて、『罪悪意識の二種』という論文を提出し、そこに母子関係にひそむ阿闍世《あじゃせ》コンプレックスの原型があるのではないかと考えた。

この段階での古澤は、エディプス・コンプレックスにひそむもうひとつの特色として、「おそれ」と「ゆるし」が表裏一体となっている日本人の精神構造に着目し、これをエディプス・コンプレックスのひとつのヴァージョンとして取り上げ、そこに母親コンプレックスの萌芽を問うという認識を示していた。すなわち、フロイトのコンプレックス理論は「おそれ」を重視しているものの、父の子に対する処罰に対する「おそれ」が、どのような「ゆるし」となるかについての言及がない。

しかしきっと人間意識には母との関係において、この「ゆるし」を期待している部分もあるのではないか。それは父が果たさないだろう「ゆるし」であって、それをめぐってもコンプレックスが形成されているのではないか、少なくとも日本人にはそういうコンプレックスがあると見たのである。そのコンプレックスのモデルを、古澤は仏教説話の阿闍世《あじゃせ》の物語から採った。――★09

もうひとつのエディプス・コンプレックス◉阿闍世コンプレックスのモデルは、もっとさまざまな解読の対象を求めて広がったほうがいい。ひとつは、日本人の独得のコンプレックスとして日本型コンプレックスをもっと検討してみようというものだ。これは日本人論にとどまることなく、さらに阿闍世にかぎらぬ仏教モデルによる精神哲学の編集という段階に突入してもよいように思われる。またひとつは、母親がまだ見ぬわが子にたいして抱く不安を阿闍世コンプレックスとして読み解いてみることである。さらに阿闍世コンプレックスをギリシア神話から仏教説話まで、ゲーテからドストエフスキーにまで、ノヴァーリスからクンデラまで広げて適用してみる試みがもっとあったってよい。

母の韋提希《いだいけ》についての研究ももっと広がるべきだろう。『観無量寿経《かんむりょうじゅきょう》』では韋提希が釈尊《しゃくそん》に救いを求めようとしたとき、釈尊は霊鷲山《りょうじゅせん》で法華経を説いていたことになっている。その渦中、遠くから韋提希の悲痛な声が空中を伝わってきた。釈尊は説法を中断し、ここで一人の母の声をきくことがどんなに大事かを聴衆に告げ、韋提希が救われるという筋書きになっている。

いま、われわれは、ブランド志向やバイキング料理やおばさん茶道に走る日本の凡庸《ぼんよう》な母たちに囲まれつつあるが、実は本来の〝母の声〟を聞く耳を欠いているのかもしれないのである。これは新たなイダイケ問題とよばれていいものである。——★09

世界が「日本」のことがわからなかったのは、日本が「日本」のことを世界に提示できなかったことの裏返しでもあるわけです。——★14

二・二六事件〈1936〉から日中戦争へ——青年将校と大政翼賛会

昭和の金融恐慌とともに農村恐慌がやってきます。そうすると、若い軍人たちはいよいよ自分たちが決起しなければならないと考えるようになって、陸軍の中でのダラ幹や体制派に文句を突き付けたくなってきます。かれらを総称して「青年将校」というのですが、この青年将校たちは陸軍士官学校を出てもあえて陸大《りくだい》（陸軍大学校）には進まず、体制側のエリートになることを拒《こば》んでいる将校たちです。

……やがて統制派《とうせいは》（幕僚《ばくりょう》将校）と皇道派《こうどうは》（青年将校）の対立は頂点に達し、いわば追い詰められるかっこうになった皇道派の青年将校たちが、追い詰められた状況を一気に打開しようとして、昭和一一年（1936）二月の、いわゆる「二・二六事件」をおこすというふうになっていきます。失敗ではあったものの、この失敗は青年将校たちに陸軍大学出身の幕僚エリートには何もできないんだというおもいと、これは自分たちがやるしかないという気運に火をつけました。

二・二六のあと日本はどうなっていったのか。一言でいえば盧溝橋《ろこうきょう》事件をトリガーとした日中戦争に全面突入していきました。では、そのあとはといえば、日独伊三国防共協定《にちどくいさんごくぼうきょうきょうてい》や三国同盟が結ばれ、大政翼賛会がつくられるなか、ハル・ノートをめぐって日本とアメリカが一進一退をしている渦中、真珠湾攻撃が決行されたというふうになるのです。———★14

道義と国益●アメリカは日本を戦争に引きこむことを国益とした。イギリスも同意した。日本はこの包囲網の前で戦争回避も努力した。が、ハル・ノートの前後、開戦に踏み切った。包囲網の前で屈服して戦争を回避することは不可能ではなかったが、戦争を選択した。これが道義《どうぎ》である。その道義によって日本は無謀な戦争に突入してしまった。真珠湾を急襲した山本五十六《やまもといそろく》は日本がアメリカと戦っても勝ち目がないことを知っていたが、最終的には道義を選択した。戦争をするかどうかという場合であれ、国家においてはこうした道義が動くときもあると覚悟していなければならない。———★09

皇国観と折口信夫——日本という方法

戦時中の日本の皇国観ほど複雑怪奇なものはない。超国家主義や日本ファシズムの高揚の経緯を解きほぐしたものは、まだ出ていない。そこには戦勝を祈願するための大和魂の謳歌《おうか》があるし、敵性言語を排撃するための国語主義的な言霊観《ことだまかん》がまじっているし、軍人精神高揚のための神人一致観も称揚されていた。そうした迷走する過剰な日本主義のなかで、一貫して独自の「日本という方法」をめぐる思想を紡いでいったのが折口信夫であった。折口がそうなりえたのは、すぐれて古代観念に通じる思索を保ちえたからだった。――★17

折口の怒り――「安心して死ねるやうに」

昭和二〇年(1945)七月二六日、内務省五階の情報局講堂で戦意高揚の啓発《けいはつ》宣伝を組み上げるため、文化芸能団体の協力を要請する会合がひらかれた。日本の敗色は濃厚だったが、最強硬派の陸軍は本土決戦を控えて文化人や芸能人の戦意を確認しようとしていた。質疑応答では公論社の上村哲彌《かみむらてつや》社長が机を叩いて檄をとばした。上村は大東亜研究所の阿部仁三《あべじんぞう》らとともに当時の国内言論を牛耳っていて、陸軍の意向を代弁していた。

この発言に異を唱えたのが折口信夫だった。当日、折口の隣りの席に座っていた高見順《たかみじゅん》が『昭和文学盛衰史』にその模様を記している。「そのとき、私の隣のひとが静かに発言をもとめる手をあげた」と書き、そのときの印象を加えている。「誰だか知らなかったが、見るからに温厚さうなひと」が「言葉こそおだやかだけれど、強い怒りをひめた声」で、「安心して死ねるやうにしていただきたい」

と言ったというのだ。

上村が「安心とは何事か」と気色ばんで詰め寄ると、折口は「己《おのれ》を正しうせんがために、人を陥《おとしい》れるやうなことを言ってはなりません」とたしなめた。高見順は、この折口の発言に「はっとした」「民を信ぜよといふ声を頭から押しつぶしたことに対して、そのひとは黙つてゐられないといふふうだつた」と書いている。——★17

——いったい柳田・折口・保田は日本の来し方行く末に何を凝視したかったのだろうか。——★17

柳田・折口・保田◉柳田国男《やなぎだくにお》は日本の郷土では「泣くこと」が重視されるとみなし、そこに先祖からのイエの思いが一貫していると見た。折口信夫は日本人の歌や物語に「たおやめぶり」があることを誇り、その「めめしさ」にこそ生命の輝きが認められると主張した。保田與重郎《やすだよじゅうろう》は古来の言霊《ことだま》のはたらきに注目し、そこには「偉大な敗北」がうたわれていると見た。いずれも軍国主義日本の戦局のなかでの思索である。——★17

昭和二〇年〈1945〉八月六日午前八時一五分——ヒロシマ

八月六日八時一五分、「エノラ・ゲイ」がパラシュートで落とした原子爆弾が広島の地上六百メートルで爆発した。二十万人が即死、もしくは数日後に苦しみ悶《もだ》えて黒焦げになって死んでいった。近代国家が生まれてのちの前代未聞の都市殲滅《せんめつ》である。

陸軍の指令で広島上空にさしかかった仁科芳雄《にしなよしお》は、「これは原子爆弾にちがいない」と知った。この知らせをうけた鈴木貫太郎《すずきかんたろう》首相は、戦争終結のための最高戦争指導会議を開くことをようやく迫水久常《さこみずひさつね》に命じ、モスクワの佐藤尚武《さとうなおたけ》大使はこのころやっとモロトフ外相との会談をとりつけた。しかしモロトフは「ソ連は明日にも参戦する」とにべなく答えただけだった。八日、ソ連は参戦を表明して、怒涛のように満州への進撃を開始した。政府はこれが最後になるはずの最高戦争指導会議を開くのだが、ここにきてまだ意見がまとまらない。そこへ長崎にも原爆が投下されたという打電が入ってきた。死者七万人である。

驚くべきことにポツダム宣言の発表からその受諾までの二〇日間、日本人のすべてがまったく何の決断もできず、何の行動もおこせなかったのだ。では、その二〇日間に何がおこっていたのかといえば、「国体護持」(天皇制維持)の懸念だけが、政府重臣のあいだを駆けめぐっていた。——★09

太平洋戦争全過程一三四七日間に、
軍民あわせて約三〇三万人が死者となったのだが、
最後の二〇日でそのうち三八万人が死んでしまった。——★09

清沢洌〈1890—1945〉の『暗黒日記』——戦時下に敗戦後を見る

清沢洌《きよさわきよし》は戦火のなかで、案外悠々《ゆうゆう》と次の時代を読みきっていた人だった。このあたりの慧眼《けいがん》にはさすがのものがある。たとえば次のごとく、だ。「新しい時代には言論の自由の確保ということが、政治の基調とならなくてはならぬ」。「今回の戦争の後に、予《よ》は日本に資本主義が興《おこ》ると信ず。総《すべ》てを消費しつくしたる後なれば、急速に物資を増加する必要あり。然《しか》も国家がこれをなすのには資金なく、また官僚を以《もっ》ては、その事の不可能なことは試験ずみである」。また、「政治家に必要なのは心のフレキシビリチーである」というふうに。——★09

『暗黒日記』ダイジェスト●（正宗白鳥《まさむねはくちょう》氏は）日本国民は戦争の前途にたいして不安を持っていないと話していた。そうだろうと思う。暗愚なるこの国民は、一種のフェータリズムを有しているのだ。／不思議なのは「空気」であり「勢い」である。米国にもこうした「勢」があるが、日本のものは特に統一的である。この勢が危険である。あらゆる誤謬がこのために侵《おか》される。／いわゆる日本主義の欠点は、国内の愛国者を動員しえぬことである。思想の相違を以《もっ》て、愛国の士《し》をも排斥することである。／日本国民は世界一だというのに、日本人ほど自国民を疑うものはない。／日本においては秩序が維持されていたがゆえに、地方自治が発達しなかった。／作戦に対する批判が全くないことが、その反省が皆無になり、したがってあらゆる失敗が行われるわけではないか（アッツ島玉砕の日）。／英霊は日本人のみにあって、外国人にはないのだろうか。／日本は英国を東亜より引きあげしめるべきではなかった。英国が居れば、相共《あいとも》に米国を牽制することが出来た。英国は恐ろしくない。然《しか》るにこれを追ったために英米は握手してしまった。／日本人は問題の重要性を識別する力がない。形式に捉《とら》われるのはそのためだ。──★09

敗戦〈1945〉と「独立」〈1951〉──分割されなかった日本

戦後の日本はどうでしょう。天皇の人間宣言と東京裁判があったあとは、連合軍を代表してアメリカが日本列島をずっと占領しました。ソ連も北海道を留萌《るもい》と釧路《くしろ》を結んだ線で二分して占領したいといっていたのですが、これはアメリカがはねのけた。それで日本は分割されないですんだけれど、そのかわりアメリカがすべてを支配することになりました。

占領されただけじゃなく、憲法も産業政策も自衛隊も、みんなアメリカが用意した。そのあと昭和二六年（1951）にサンフランシスコで講和会議をしたとき、平和条約というものを結んで日本はやっと「独立」した。「占領」があって、やっとの「独立」があった。でも、その「独立」は日米安保条約と同時の発効ですから、いま日本はそのままアメリカの軍事力の傘のなかにいるわけです。こうして日本中にアメリカの軍事基地ができた。これが「サンフランシスコ体制」というものです。──★11

日本は、いまだにサンフランシスコ体制のなかにいるままです。――★11

インペリアル・デモクラシー◉戦争には敗北したものの、ポツダム宣言を受諾するにあたって、日本（と、そしてアメリカ）がただひとつ気にしたのは、やはり「国体護持」だったのである。ここにスキャッパニズムが隠然と作動した。スキャッパニズムとはＳＣＡＰ（連合軍司令部）とＪＡＰＡＮ（日本政治）とが、戦後ずうっと談合状態を続けていたということを示しているスキャパニーズ体制のことをいう。国体ナショナリズムは戦後日本にも必要であり、アメリカにも必要だったのである。もこうして天皇制が維持され、そこにアメリカの民主主義がぴったりくっついたのだ。まさに「インペリアル・デモクラシー」の胎生だった。――★09

占領下の日本◉ＳＣＡＰのもと、マッカーサーＧＨＱが〝民主化〟を徹底させていた。その渦中、国内では戦後復興をめざして、ありとあらゆる計画と再編と駆け引きと競争がおこっていた。占領下の日本にとって、昭和二四年（1949）一〇月に中華人民共和国が成立したことと、昭和二五年（1950）六月に朝鮮戦争が勃発したこと、同七月に日本でも〝赤狩り〟が始まったことが大きかった。二・一《にいち》ゼネストは中止され、下山《しもやま》事件・三鷹《みたか》事件・松川《まつかわ》事件などが仕組まれた。松本清張《まつもとせいちょう》がことごとく暴いたことである。

そうしたなか、マッカーサーは国家警察予備隊の創設と海上保安庁の拡充を指令した。二六年（1951）九月にはサンフランシスコ条約と日米安全保障条約が調印締結《ていけつ》された。全面講和ではなく、単独講和だった。単独講和にすぎなかったことが大問題で、このことがその後の日本の行方を決定づけたのだが、GHQのほうはこれで日本の兵器製造を緩和し、そのまま二七年（1952）の保安隊の発足へ、二九年（1954）の自衛隊の発足へと押し切っていった。――★16

「新かな・新字」指令〈1946〉――国語改革の矛盾

敗戦直後の昭和二一年（1946）一一月一六日のこと、「現代かなづかい」と「当用漢字《とうようかんじ》」に関する忌まわしい内容が内閣告示された。いわゆる「新かな・新字」の指令である。

この日は憲法の公示から一三日目にあたっていて、いわば時を同じくして戦後日本人は憲法と国語の強い変更を迫られたわけだった。その後も国語審議会を中心に「国語改革」は次々に実行され、この勢いには誰も抵抗できないという情勢だった。

そもそも「現代かなづかい」は現代人が慣行《かんこう》している発音に従って表記しようというもので、「おめでたう」を「おめでとう」に、「キウリ」は「キュウリ」に、氷は「こおり」とする方針になつている。しかしそれならなぜ、扇を「おおぎ」でなく「おうぎ」とし、狩人を「かりゅうど」でなく「かりうど」としたのか。こういう矛盾がいっぱいにある。もっと決定的なのは「私は」「夢を」「町へ」の「は」と「を」と「へ」だけは残したことである。それを残すなら、なぜ他の大半の表記をことごとく〝表音主義〟にしてしまったのか。――★09

日本という国家を論じるには、まずもって日本語あるいは国語を議論できなければならない。――★17

国語と国家●「国語」は明治中期以降に確立したもので、それ以前は国語ではなく、また国民生活上のフォーマットでもなかったといったほうがいい。そのことを早くに議論したのが契沖《けいちゅう》から富士谷成章《ふじたになりあきら》をへて宣長におよんだ国学的国語論とでもいうべきものだったが、これは明治近代ではほとんど無視された。ということは日本の「国語」は近代国家とともにできたということで、これは認めたほうがいい。

いったい近代日本が富国強兵・殖産興業のネーションステートに向かうにあたってどんな意識上ないしは精神上の問題を抱えたかというと、ずばり、日本の国語はどういうものでなければならないか、世界に向けての日本語とは何かということだった。日本はこれに躓《つまず》きもし、これを抑えつけもして、しだいに世界帝国としての装填をめざしていった。――★09

教育の日本●義務教育をコントロールして、教科書検定に文部科学省が一〇〇パーセント介入しているのは、日本の教育が国家装置であることを証左する。それを、かつての教育勅語の時代にくらべてずっと民主的になっているではないかなどとは、思うべきじゃない。――★09

東京裁判〈1946―1948〉――**放置されたわかりくさ**

いったい東京裁判って何だったのでしょうか。われわれはこれを自在に持ち出して、日本の来《こ》し方行《かたゆ》く末《すえ》を議論しているのでしょうか。そもそも日本国政府はこのことをどう説明するつもりなのでしょうか。日米同盟の中に封印しようというのでしょうか。仮にそんなことをしてもすぐに靖国《やすくに》問題や歴史教科書問題や沖縄基地問題がそこを破ってしまいます。――★14

日本人にとって釈然としないばかりではないということも知っておいたほうが、いい。すでに東京裁判が始まる前、当初、弁護団に予定されていたテオドール・ステルンベルクは「日本はまちがった理想主義にかられてあのような罪を犯したのだ。しかしながらかれらを極刑に処することは法律的立場から絶対に反対である」とのべていた。ロバート・タフトは、ニュルンベルク裁判が終わり東京裁判が開廷されるにあたって、「ニュルンベルクの判決がアメリカの汚点になるというのに、いままた事後法によって東京裁判を復讐心によって裁くことがないように」と警告した。鬼の主席検事となって日本人の多くが恨んだ酔っ払いのジョセフ・キーナンすら、「侵略戦争とみなせるのは、論理的には満州侵略以外にはありえなかった」と回顧した（キーナンは最初は天皇を裁くつもりだったが、マッカーサーの一存で天皇を被告にも証人にもしないことを約束させられた）。

ようするに東京裁判は終わっていないのだ。納得など、誰もしていないのだ。何をもってその裁きを正当化できるのか、事態はいっこうに進展していないのだ。――★17

戦犯どころか、日本はこのあと、日本人が日本の字引を見捨てていった。これでは経済戦争ですら負けるのは当然である。――★09

東京裁判とニュルンベルク裁判●東京裁判とニュルンベルク裁判に基本的な差異はないが（あえてそうした）、その後の日本とドイツの態度にはかなりの違いがあった。ドイツは一九七九年（昭和五四）にナチスの犯罪の時効を廃止し永久に追及するという国会議決をしたことにあらわれているように、ドイツ人自身による犯罪裁判をしてきた。国家間の賠償《ばいしょう》よりも個人を対象にし、個人を救済しようとした。日本はアジア諸国への〝補償〟と〝謝罪〟をほぼ完璧に果たしたが、日本人が日本人を裁くことはしなかった。国家間で責務を果たしたのだ。すべては東京裁判で終わったかのように見せていた。何かを終わらせたかったのだ。これをサンフランシスコ条約でもう一度、確認した。――★17

東京裁判史観と靖国問題◉アメリカは東京裁判で天皇の戦争責任を問わないことによって、戦後の日米同盟社会の構築をつくりだそうとした。しかし、それはどう見てもアメリカのシナリオである。これによって、裁かれた日本の戦後社会には、いまなお核心のぼけた戦争責任という複合亡霊がアメリカがらみで残ることになった。それなのに、アメリカがらみでなく、東京裁判史観と靖国問題が複合亡霊のまま空中浮遊しているのである。――★17

農地改革〈1947〉と農業共同体の崩壊――コメづくりの放棄

日本の農業共同体は、敗戦後からガタガタと崩れていくようになる。農業の機械化と経済主導の農業政策が農村をおかしくさせていった。農業にはいかに因習的であれ「字《あざ》」や「村《むら》」というまとまりが欠かせないのだが、この紐帯《ちゅうたい》がきづきあげた「作《さく》」や「和《わ》」の精神も、現代生活にあわない古くさいものとして唾棄《だき》されるようになった。この変化は戦時中に農村のメンバーが戦争に狩り出され、農村が労働力を失っていったことにそもそもの兆候があって、そこに敗戦の打撃が加わったという二重の変化によるもので、敗戦後の農村からすれば機械化もやむをえなかったところもあった。

しかし、そこへもっと恐い変化が加わった。ひとつは「農村生活は封建制の遺習である」という批判と非難が高まってきたこと、もうひとつは機械の導入のためにも電化生活のためにも「現金を確保する必要」に迫られたことである。これによって一方では鎮守《ちんじゅ》の杜《もり》や祭祀《さいし》をともにする農事的生活文化が壊され、他方で年一度の収穫時の収入ではなく、月給で現金収入を得るための第二種兼業農家が急速にふえた。

そこへ追い打ちをかけたのが、住宅や工場やゴルフ場による「開発」だった。農地はあっというまに虫食いになっていった。逆に、これによって土地が売れて一時的な成り金になる者たちも出てきた。けれども、それは農村を捨てるということだった。最後にここに政府の減反政策が加わった。田畑の四分の一に稲作をしてはいけないという政策である。コメづくりはもはや日本の農業共同体の基本ではなくなってきたのだ。――★09

戦前と戦後の分断は容易ではない。――★17

日米安保条約調印〈1951〉――日本は独立したか

サンフランシスコ講和条約とともに、日米安保条約も調印された。この内容は日本国民にまったく知らされていないものだった。それだけではない。この調印はなんと米軍の下士官クラブでおこなわれたのだ。しかしとはいえ、これでアメリカ軍付き基地付きの「独立」は決まってしまったのである。しばらくはこのままの形で日本は経済復興するしかないだろう。――★17

軍事の、経済の、生活の大国

自衛隊設置〈1954〉——軍事大国と経済大国

アメリカが朝鮮戦争の勃発にそなえて日本に再軍備を迫ったとき、吉田茂《よしだしげる》は憲法九条とソ連の介入を盾にとって、これに強硬に反対した。結果は自衛隊（最初は警察予備隊）の設置となったものの、この吉田ドクトリンの発動によって、アメリカは日本の軍事力を予想以上に肩代わりせざるをえなかった。

日本は戦後憲法で「交戦力としての軍事力」を放棄したが、国を守る軍事力を放棄したわけではない。しかも国防力においては、現在の日本は軍事大国である。ただし、それは日本の単一軍事力で成立しているのではない。一〇をこえるアメリカの軍事基地との組み合わせによって、キマイラのごとくに成立しているにすぎない。しかもアメリカの駐留軍は、沖縄問題やその地での暴行事件で顕著なように、ほとんど日本政府や地方自治体の意志には決して従わない。アメリカが日本に基地を置いているのは、日本の国防のためではなく世界戦略上の軍事上の必要性のためであるからだ。

他方、国家の責任は、国家が国民に何を強いるかということと裏腹になる。すなわち国民にどのような義務を生じさせるかということが、国家の責任になる。日本は兵役義務を国民に強いていないが、納税の義務は強いている。ここに日本が日米安保同盟を破棄できない理由と、その結果、経済大国をめざすしかなくなった理由があった。──★17

国家とは何か、とくに日本という国家はどういうものなのかという問題は、一筋縄の議論では語り尽くせない。──★17

吉田茂のシナリオ●日米戦争下、吉田茂はいわゆる反戦グループをつくり、皇道派を統制派に対立させるという和平シナリオを動かそうとしていた。宇垣一成《うがきかずしげ》を担ぎ出そうとしたりしたが、うまくいかなかった。すでに昭和一七年(1942)には日本の敗戦を予感していた吉田は焦《あせ》る。が、その焦りは終戦工作まで生かせなかった。もっとも、そうした徹底した工作シナリオづくりに埋没する性格こそが、敗戦後の日本を自立させるに役だった。

吉田が占領下の日本で覚悟したことは、①天皇と国体の存続をのぞけば、エリート官僚が考えることとほぼ同じことで、とくに新しいものはない。②国内の革命勢力の弾圧、③旧守派《きゅうしゅは》の伝統的手段の復活、④資本主義的繁栄、⑤日本の国際地位の向上、これである。けれども、その新しいものがとくにないことをひとつひとつ実現することが、最も困難だったのである。それに第一次吉田内閣について、アメリカは当初はくそみそだったのだ。だからアメリカとの溝も埋めなければならなかった。

ともかくも吉田は用心深かったのである。どんなこともそうだった。だから吉田は「用心深い自衛権」「用心深い自衛隊」をつくろうとしたとしか言いようがない。きっとアメリカもそのように見るしかなかっただろう。問題はむしろ国内である。そうしたアメリカの鏡に映った日本を見せつづけた吉田を、日本人はどう読んだのか。池田勇人《いけだはやと》まではともかく、岸・佐藤以降の日本の政治は、しだいに吉田の用心深さの意味のタガから外《はず》れていったからである。——★09

「七人の侍」公開〈1954〉——黒澤明と早坂文雄の卓見

黒澤《くろさわ》は芥川龍之介《あくたがわりゅうのすけ》や山本周五郎《やまもとしゅうごろう》の素材や武士道の宿命を描きつづけて、あれだけ国際的な受賞歴を誇ったにもかかわらず、「ぼくは日本人として言いたいことを言っているだけだ。外国に受けようなんてことはいっぺんも考えたことがない」と言い切った。

……いま「七人の侍」など黒澤映画の音楽をつくった早坂文雄《はやさかふみお》の卓見が何であったかを、われわれは忘れすぎている。早坂は西洋音楽が「幅」と「量」に依拠しているのに拮抗して、日本音楽が「線」や「余」によって成立しうることを訴えていたのである。——★09

保守合同〈1955〉――正力松太郎と「原発日本」

当時、日本の政権は吉田茂の日本自由党が握っていた。自由党はもともとは鳩山一郎《はとやまいちろう》が辻嘉六《つじかろく》や児玉誉士夫《こだまよしお》の資金を得て敗戦直後に立ち上げたものだったのだが、鳩山は組閣直前に公職追放で表舞台から去った。鳩山の番頭格《ばんとうかく》の三木武吉《みきぶきち》、河野一郎《こうのいちろう》、石橋湛山《いしばしたんざん》も公職追放を受けた。

昭和三〇年（1955）に入ると、事態は次々に「原発日本」に向かって進み始めた。アメリカは井口《いぐち》駐米大使に原子力要員の訓練と濃縮ウランの提供をちらつかせ、日本テレビは「原子力の平和利用」や映画「原子未来戦」を放映し、正力松太郎《しょうりきまつたろう》は衆議院議員に打って出て初当選をはたした。そこへアメリカの原子力平和利用使節団（ホプキンス・ミッション）がやってきて、各地で原子力賛歌の講演会やイベントなどが打ち続くと、もう事態はとまらない。日米原子力協定が仮調印され、アメリカからの濃縮ウラン受け入れも決定された。

しかし政権が不安定すぎた。昭和三〇年二月の総選挙では鳩山の民主党は第一党になったものの、過半数には達しない。自由党の総議席数ともそれほどの差がつかない。社会党も右派と左派に分かれていたが、両派がまとまってこれに共産党が加われば民主党の議席を上回る。民主党・自由党・革新野党が三すくみなのだ。これでは政権は安定しない。日本の発展もない。こうしたなか自由党と民主党を合体させて、巨大な保守政党をつくろうとする動きが水面下で活発になってきた。

一一月一五日、民主党と自由党は解党し、自由民主党という巨大保守党が誕生した。しかし、正力は総理にはなれなかった。いや、誰もこの日には総裁になってはいない。幹事長の岸信介《きしのぶすけ》と総務会長の石井光次郎《いしいみつじろう》は総選挙をしたのちの総裁選びに転じたからだ。とはいえ正力に総理の椅子に座るチャンスがなくなったわけではなかった。先送りされただけだ。

そう見た正力は引き続いて原子力カードを総裁レースの切り札にしようと、アメリカ相手に工作を重ねていった。CIAはこうした正力を「ポダム」の暗号で、当時の正力の〝おねだり〟の大半を文書に残していた。それによると、アメリカは正力の〝死に物狂い〟に呆《あき》れ始めたのだ。「正力は利にさとく、食えない奴だ」ということになっていったのである。正力は総理大臣にはなれなかったものの、昭和三〇年年末に原子力三法（原子力基本法・原子力委員会設置法・総理府設置法）が可決されると、明けた昭和三一年（1956）一月一日に総理府に原子力委員会が発足し、そこで初代の原子力委員長に就任した。一月五日に第一回の原子力委員会で、正力は「五年以内に採算のとれる原子力発電所を建設したい」とぶち上げた。

産業界にも拍車がかかった。最初に走り出したのは三菱原子動力委員会で、旧三菱財閥系二三社がずらりと顔を揃えた。ついで日立と昭和電工による一六社の東京原子力産業懇談会が発足し、住友系一四社の住友原子力委員会が、三一年六月には東芝など三井系三七社の日本原子力事業会がつくられた。日本原子力研究所の敷地として東海村《とうかいむら》が決定すると、その鍬入《くわい》れをしたのは正力だった。かくて昭和三五年（1960）一月一六日、東海村の原子炉建設が着工した。その三日後、新日米安全保

障条約〈六〇年安保〉がアメリカで調印された。――★16

原発はまさに挙国一致体制によって発進することになったのである。その頂点に正力松太郎がいた。――★16

ヤクザを知る●われわれはヤクザを知らなすぎる。それはよくない。もっと知るべきである。それには歴史から繙きたい。できれば中国のヤクザの歴史、すなわち遊侠や任侠の「侠」の動態や思想から順に見るべきだ。ヤクザは明治政府にも戦後の保守政治にも深く絡んでいただけでなく、日本の多くの民衆生活にも食いこんでいた。そこにひそむ「侠」や「組」の発想は、私がアジアに感じている本質のひとつでもある。――★09

ロカビリー・ブーム〈1958〉――ポップカルチャー元年

昭和三三年〈1958〉、ロカビリー・ブームに火がついていた。この年は長嶋《ながしま》がデビューして、東京タワーが完成し、初めて即席ラーメン〈まだインスタントラーメンとはよんでいなかった〉というものが世の中に登場し、テレビでは「月光仮面」が颯爽《さっそう》とオートバイに乗って疾走していた。山崎貴《やまざきたかし》監督の「オールウェイズ」という映画で昭和三〇年代が懐旧とともに描かれているが、あの映画の軸はこの昭和三三年だった。テレビ・電気洗濯機・電気冷蔵庫のいわゆる〝新・三種の神器〟が躍り出て、長嶋・東京タワー・即席ラーメン・月光仮面とともに、栃錦《とちにしき》・若乃花《わかのはな》、石原裕次郎《いしはらゆうじろう》、テレビ番組の「事件記者」「私は貝になりたい」、林家三平《はやしやさんぺい》の「どうもすみません」、大江健三郎《おおえけんざぶろう》『飼育《しいく》』、土門拳《どもんけん》『ヒロシマ』、大藪春彦《おおやぶはるひこ》『野獣死すべし』、木下恵介《きのしたけいすけ》の映画「楢山節考《ならやまぶしこう》」などが、ことごとく一緒くたに話題になった風変わりな年だった。ようするにこの年は、日本のポップカルチャー元年だったのだ。なんでもポピュリスムにしてしまうようになったのは、この年からなのだ。――★09

メートル法施行〈1959〉――歯止めの喪失

いったいいつから何を失ったのかとは、はっきり言えないが、おそらくは昭和三四年(1959)にメートル法を施行したときに、最後の歯止めの基盤を失ったにちがいない。皇太子と美智子《みちこ》さまの結婚の年である。ゴダールが「勝手にしやがれ」を撮り、ウィリアム・バロウズが『裸のランチ』を発表した年、「週刊現代」「週刊文春」「少年マガジン」「少年サンデー」が一緒に出た年、天覧試合で長嶋がサヨナラホームランを打った年である。

もちろん、そこから先でも歯止めを試みる機会はいくらもあった。ごくごく象徴的に言うことにするが、ひとつは昭和四六年(1971)のドルショックとスミソニアン体制への移行の時である。このとき円《えん》が初めて三六〇円から三〇八円に動いた。せっかくプリゴジンが『構造・安定性・ゆらぎ』を書いたのに。私が「遊《ゆう》」を創刊した年だ。

もうひとつは、ロッキード事件と毛沢東《もうたくとう》が死んで四人組が逮捕された昭和五一年(1976)やCNNが放送を開始して『なんとなくクリスタル』と「フォーカス」が出版された昭和五六年(1981)があやしい。ここで気を引き締めるべきだった。もっと端的にはゴルバチョフが就任して日本にエイズが到達した昭和六〇年(1985)ではあるまいか。筑波万博が開かれ、テレビというテレビが「やらせ」に走り、パック・ジャーナリズムが大手を振った時である。――――★09

このあと日本は
ただただ傲慢になっていくばかり。――――★09

――――

所得倍増計画〈1960〉――――「日本株式会社」の誕生

池田勇人が高度成長と所得倍増を叫んで、金持ちと貧乏を分断してでも国の財力をつけようとしたとき、日本は五五年体制をバックにした政界・財界・官界の〝鉄の三角形〟を確立した。かつて岸信介らが満州で夢見た「日本株式会社」の誕生である。このとき日本は消費者物価を押さえずに、生産者を支援した。このコントロールにはきわどい能力が要請されたので、あらゆる産業のジャンクションに官僚が跋扈《ばっこ》した。これを当時は「需給調整」とよんでいた。日本の経済社会のコマンディング・ハイツを主に通産省と大蔵省が握ったのだ。――――★09

日本的経営と高度成長●日本的経営による日本的資本主義は、そもそもは戦時中の「戦時経済」(国家総力戦体制)が産み落としたものだった。

昭和一五年(1940)に発足した第二次近衛《このえ》内閣が「新経済政策」を掲げ、株主の権利を制限するために商法を改正し、所有と経営を分離した。実は「下請け・終身雇用・年功序列・親方日の丸」の四本柱は、この商法のもとにこそ発展してきたものだった。これがいわゆる「日本株式会社」の実態なのである。一言でいえば「民有国営」の国家社会主義に近い。

これを下敷きに昭和三五年(1960)に池田内閣が「国民所得倍増計画」に踏み切った。立案者は下村治《しもむらおさむ》だった。実質GDPを二・七倍に、工業生産を三・八倍に、輸出を二・六倍にしようというものだ。これはまた「戦時経済」の延長なのである。つまりは、日本は戦時型で高度成長をやってのけたのだ(いまの中国と同じである)。しかしながら、この日本株式会社の成就は軍事面をアメリカが肩代わりするという日米安保同盟が片方にあって成立するものでもあった。そのアメリカが日本株式会社のやりかたに文句をつければ、たちまち変更を迫られるものでもあった。

———★17

靴を脱ぐ国●日本人は家に入れば靴を脱ぐ。資本主義国のなかで、こんな習慣をもっている国はない。たったこれだけでも住居の構造、インテリア、衛生感覚などにいろいろ影響が出る。こういうことが贈り物、行事、人事制度、葬祭、アルバイト料、コンパとパーティ、昼食の時間などにも影響があらわれて国風《こくふう》資本主義を構成する。だからときにはこうした比較も知るべきなのである。——★09

「鉄腕アトム」放映開始〈1963〉——被爆国の逆襲

もともと日本では、昭和三八年（1963）に手塚治虫《てづかおさむ》による国産初のテレビアニメ「鉄腕アトム」が放映されたときをもって、アニメ元年とした。数年にわたって一九三話が放映された。三年後、手塚は「ジャングル大帝」全五二話を放映することに成功し、こうしてシリアル・アニメ（続きものアニメ）の幕が切って落とされた。

日本のアニメにおいて、とりわけディストピア性とゾーン性が格別な意味をもってきたことは強調しておいていいことだろう。実は、すでに「ゴジラ」（1954）がそうだったのだ。また「大魔神」（1966）がそうだったのだ。これは日本が世界で唯一の被爆国であること、つまりはつい先だって国土を破壊されたばかりだという、生々しい喪失記憶を引きずっているせいでもあった。だから、「ゴジラ」や「大魔神」までは、言ってみれば、そうした近過去の破壊や喪失に対する制作者や表現者たちの逆襲だったのである。——★17

マンガと「和の仕切り」●日本のマンガ家の多くにあてはまるのだが、もともとコマ割りと残像効果は日本人の表現特性かとおもうくらいに、巧みなものがある。おそらく絵巻、屏風、襖絵《ふすまえ》、連歌《れんが》、俳諧《はいかい》、風呂敷、生け花、和菓子、懐石料理などの表象性と無縁ではないだろうが、しかし、そのような「和の仕切り」の感覚をマンガにどう生かすかは、本人次第。――★09

金子光晴『絶望の精神史』〈1965〉――**絶望を問題にしない日本人**
金子光晴《かねこみつはる》が書きたかったことは、「日本人のもっている、つじつまの合わない言動の、その源《みなもと》である」。金子は日本人がどうしてこんなにくだらない日本人になってしまったのかということを怒りながら観察して生きてきた。なぜそうなったのか、それはどこからきたのか、それでいいのか。……金子光晴は日本人に対して絶望しているのではなく、〝絶望を問題にしない日本人〟を問題にしたかったということである。――★09

昭和の人身事故《じんしんじこ》で、
いまも日本のダイヤは遅れたままになっている。――★17

江戸東京の「拝借文化」●江戸東京は親子どんぶりのような「拝借文化」をもっている。世界中から日本中から拝借してきたもので成り立っている。そのごちゃまぜ力があまりにも強大なので、各地は「地方」扱いをされ、東京は一極集中のセンターにのし上がっていった。そのぶん地方者は東京で一旗上げるしかなくなった。けれどもその上京者たちももちろん拝借文化のうちなので、いつだって親子どんぶりの「具」として取り替えられてしまう。――★17

三島由紀夫割腹〈1970〉――反体制と頽廃

一九六八年〈昭和四三〉はニクソンがベトナム北爆を停止した一方、ソンミでは大虐殺が進行し、マーティン・ルーサー・キング牧師が暗殺された。こうしたドラスティックな動きのもと、主要都市の多くの大学でバリケード蜂起がおこり、パリのカルチェラタンが解放区になったほか、反体制運動が頂点に達していった。日本の全共闘運動もこの年に爆発する。三島由紀夫《みしまゆきお》が市ケ谷で割腹したのは昭和四五年〈1970〉であるが、その直接の引き金になったのは、この昭和四三年に頂点を迎えた反体制的な、そして三島にとっては頽廃的な状況だった。

かつては自衛隊には右翼のスピリットが少しはあったのに、それが歪曲《わいきょく》し壊滅しているから三島は怒ったのか。その怒りが通じなくて、それで日本刀を持ち出して切腹してみせたのか。こういう三島の言動は、さて右翼的なんですか、そうではないなら、何なんですか。――★09

天皇争奪の昭和史●あえて端的にいえば、昭和史とは「天皇＝愛国＝自己正当化」がそれぞれの行動思想をめぐって争奪された歴史であった。血盟団は経済主義者に一人一殺を向け、青年将校は「君側《くんそく》の奸《かん》」を取り除くために二・二六事件をおこし、統制派の軍部は天皇主義を大東亜共栄圏に駆使した。そのように見ていくと、三島や森田が天皇万歳を叫んで自決していったのは、そうした天皇争奪の情けないほどの忌《い》まわしさに終止符を打ちたかったのかとも見えてくる。——★17

三島は何かを間違ったのだろうか。
それとも三島の仕掛けが効かなかったのだろうか。
どうも、そういうことではないように思われる。——★09

金本位制崩壊▼一九七一年（昭和四六）、ニクソンは、ドルと金の交換の一時停止を発表します（ニクソン・ショック）。アメリカの金保有量がブレトン・ウッズ体制（ＩＭＦ体制）を発動した時期の二四六億ドル（1949）から一二〇億ドル（1967）に半減していたためでした。いわゆるドル・ショックです。これで金・ドル本位制と固定為替相場制が崩れ、各国に経済成長をもたらしてきたブレトン・ウッズ体制にピリオドが打たれて、一九七三年（昭和四八）からは「変動相場制」になりました。

池田内閣の所得倍増計画と、新幹線と東京オリンピックと、そして公害とで開けた日本の高度経済成長も、ここで打ち止めです。……高度成長のシンボルの新幹線は、その資金を世界銀行から借りたのですが、そのとき世界銀行は日本の石炭産業を整理すれば貸すといった。それで九州の三井三池炭坑や北海道の夕張《ゆうばり》炭坑が閉じられて、そのかわり日本は経済成長にぐんぐん向っていったのです。その世界銀行をエンジンのひとつにしていたブレトン・ウッズ体制に、いよいよ幕が下りたのです。夕張炭坑を閉鎖された夕張市の宿命は、このときからはじまっていたといえばいいでしょう。――★11

藤原新也の『印度放浪』〈1972〉――日本人が変わったとき

藤原新也《ふじわらしんや》がインドに行くとき、日本は多少は怒っていた。藤原が日本に帰ってきたとき、日本人の大半は笑っていた。そこに六〇年代から七〇年代への変わり目があった。そのど真ン中で全共闘が崩壊し、三島由紀夫が自決した。日本人が変わったのだ。――★09

価値観ががらがら変わる国●日本という国は価値観ががらがら変わる国である。明治維新から太平洋戦争まで、婦人運動からマルクス主義まで、関東大震災から阪神大震災まで、天皇信仰から天皇人間宣言まで、モガ・モボからガングロ・コギャルまで、プロ野球から大晦日《おおみそか》の格闘技まで、保守合同から連立政権まで、ともかくよく変わる。

むろん日本でなくとも時代は変わるものだが、日本ではその変化が国の隅々まで一斉《いっせい》なのだ。数百万部を競いあう大新聞と何でも呑みこむ巨大テレビ放送網のせいもあるし、そもそも「うつろひ」に敏感な国民性のせいもある。――――★09

昭和五一年〈1976〉のヒットチャート――なんでも歌謡曲へ

昭和五一年(1976)に〝なんでも歌謡曲〟という見方が萌芽した。この年は、前々年の「襟裳岬《えりもみさき》」と前年の「シクラメンのかほり」でフォークの吉田拓郎《よしだたくろう》・小椋佳《おぐらけい》が歌謡曲に参入してビッグヒットを飛ばした勢いを背景に、都《みやこ》はるみの「北の宿《やど》から」、荒井由実《あらいゆみ》(その後のユーミン)の「あの日に帰りたい」、太田裕美《おおたひろみ》の「木綿のハンカチーフ」、キャンディーズの「春一番」、山口百恵《やまぐちももえ》の「横須賀ストーリー」、研《けん》ナオコの「あばよ」などがズラリと並んだ。

しかしよくよく見ると、「木綿のハンカチーフ」は「はっぴいえんど」の松本隆《まつもとたかし》が歌謡曲に進出した記念作であり、「横須賀ストーリー」はロックバンドの宇崎竜童《うざきりゅうどう》の作曲で、「あばよ」は中島《なかじま》みゆきの作詞作曲だった。――――★09

歌謡曲の最前線◉仮りに日本文化の現在表象が歌謡曲の表象だとすると、日本の歌謡曲は「母国語」

「自国語」をこそ、その発露《はつろ》の母体とするべきなのだが、ところが実情はそうではなかったことがかえって見えてくる。世界でも珍しいほどに、いまの日本の歌謡曲からは自国語ではない言葉が溢れかえっている。つまり日本の歌謡曲は日本の歌であることからつねに逸《そ》れようとすることによって、歌謡曲の最前線をつくってきたということになる。——★09

現代日本語の革新はどうみたって秋田実《あきたみのる》と阿久悠《あくゆう》と桑田佳祐《くわたけいすけ》によって進められていったのである。——★09

語りの問題●一九七〇年代後半から八〇年代にかけて文化人類学やその亜流思想が普及していくと、多くの社会文化論が闇や異端ばかりを照らし始めた。人類学者や民俗学者もそのお先棒をかついだ。またマスメディアもミニコミも、片言節句《へんげんせっく》の異端的発言に耳をそばだて、これをアンプリファイしてみせた。

負のほうが正しいとか、異端にも一理があるとか、排除された者こそ救われるというのは、かえって事態の本質を見えなくさせ、歴史や歴史的現在が抱えもっている構造を見失わせることになりかねない。けれども、その手の議論のほうが、本来の負の歴史の意味を語る者より圧倒的に多くなっていったのだ。そんなことでいいのか、いったいこのように「敗走が勝利であるかのような語り口」のままに歴史の現代化が進んでいいものか。ここには何か「語りの問題の過誤」がひそんでいるのではないか。王も道化《どうけ》もいなくなり、自我と大衆とメディアばかりになってしまった時代、もっと別の語りがあってもいいのではないか。――★09

国語に弱い日本人◉日本人が国語問題にからっきし弱いことは事実である。たとえば五十音図がすでに中世の密教僧らによって作成されていることなど、ほとんど知らない。漢字仮名交じり文の由来や当用漢字の制定の事情を知っている者はもっと少ない。のみならず、英語社会が浸透するなかで、ガイジンに向かって日本語で喋《しゃべ》れない者も数多い。日本人に日本語コンプレックスのようなものがあるというのも頷《うなず》けなくはない。

一方、Jポップや日本語のラップなどを聞いていると、平気で日本語を英語に交ぜている例も多く、「シャ乱Q」といったどこの言葉かわからないバンド名も次から次に乱舞した。芸能界ばかりではない。いっときのニッサンの「マイカー」やソニーの「ウォークマン」のように、日本製英語を世界に発信する企業も少なくない。どこかめちゃくちゃで、場当たり的なのである。しかし、私は「シャ乱Q」も「ウォークマン」も賛成で、日本語のこうした使いかたは近代以降ではなく、古代から始まっていたと見ている。――★09

「の」◉日本語では「秋の田の仮庵の庵の苫をあらみ」の「の」はすべて異なるし、「明日の朝のお父さんのメニューのことなんだけどね」の「の」も、みんな違うのだ。

ということは「森の音楽」と「音楽の森」との意味の違いを、「日本の北斎」と「北斎の日本」との違いを、われわれはしだいに忘れてしまっているということになる。これはどうしても取り戻すべき日本語の〝本分〟だ。――★17

『日本人の世界地図』〈1978〉――**沈黙できない日本人**

ドナルド・キーンが最初に伊勢神宮の遷宮《せんぐう》式に参列したときは、たいへん静かだった。それが二〇年後に参加したら、参列者がザワザワひっきりなしに喋っていて、終わるとすぐ帰ってしまう。鶴見俊輔《つるみしゅんすけ》がそのことを言うと、長田弘《おさだひろし》は「いまや石庭の前でも日本人は沈黙できなくなっているのではないか」と言って、今日ではパチンコ屋のなかにこそ沈黙があるのが日本だと、すごい指摘をしている。――★09

西洋化と押しつけ主義◉たとえばキックボクシングという名称はタイにはない。タイではムエタイだ。そのことをタイの坊さんすらもが怒っている。キックボクシングは日本人が勝手につけた英語流のネーミングで、なんでも英語にしてしまえば海外理解になる、海外のことを受け入れてあげたことになるという発想なのである。

このような日本人の押しつけ主義は、実はアメリカ人によく似ている。アメリカにもそういうところがある。しかし、それが日本のばあいは、自分たちが西洋化したことでグローバルになったとおもいこんでいるという、とんでもない誤謬《ごびゅう》になる。日本人もそろそろ、もう少し黙ってものを見なければならない。黙って日本を見て考え、黙って人の話を聞かなければいけない。すぐチャチャをいれなければすまない大阪吉本的な〝いちびり〟だけでは、文化はとうていつくれない。――★09

他国の文化というものは、まず耳を澄まし、目を凝らさないかぎりは見えてこない。日本人にはそこが欠けている。――★09

日本が最も醜かった時〈一九八〇年代〉――バブルとグルメ

在日朝鮮人問題、ヒロシマ体験、中上健次《なかがみけんじ》の功罪、金史良《きむさりゃん》や李良枝《いやんじ》の文学の評価、被差別部落問題、日本の中の異邦人の実態、金芝河《きむじは》の評価、天皇とアジア、朴正熙《ぱくちょんひ》政権と全斗煥《ちょんどぅふぁん》時代によってつくられた韓国社会の意味、韓国民俗学の動向、日本的身体感覚の退嬰《たいえい》、セマウル運動の本質、金時鐘《きむしじょん》という文学、光州《こうしゅう》事件、日本のパチンコブーム、そして「アジア的身体性」とは何かという問題。

……梁石日《やんそぎる》はこれらの話題を一九八〇年代の前半に抉《えぐ》るように扱っていた。それは思い返せば、日本が最も醜《みにく》かった時期であった。バブリーであること、土建屋的国づくりの体質が露呈していたことは、どこの国にもおこることであるから目くじらを立てることはない。それよりも「経済大国」を自称したうえで、「生活大国」と言い出していた。グルメブームという得体の知れない大ブームがおこってきた時期でもある。そのころスーザン・ソンタグは、世界でこんなにアグリーな都市はないと呆れていたものだ。――★09

消費過剰時代●八〇年代に入ってからだろうが、地上げや借入超過とともに新人類や「おたく」が広まって、日本は消費過剰時代に突入していったのだ。メディアもメーカーも広告業界もかれらをやたらにもてはやし、日本に誇れるものはマンガ・アニメ・スシ・カラオケだという自負だけが目立つようになった。つまりは、日本に史上初めての〝わがままで健康的な自己中心世代〟が登場してしまったのだ。これでは日本に貧困の差別、セクハラ、いじめ、幼児虐待、草食化、鬱《うつ》病が蔓延してもおかしくない。――★17

日本的サブカルチャー●「日本人のやさしさ」と「日本人の暴力性と色情性」とを重ねあわせられる何らかの説明を、日本人はもっているのだろうか。いいかえれば、日本人の行動規範のいっさいは、大衆的な遊びの中では何ひとつ守られていないし、生かされてもいない。ようするに日本のサブカルチャーにはいっさいの説明可能な道徳も反道徳もないのだとしたら、日本人は快楽と暴力をよそおうことでしか日本的なペシミズムを回避できないということになる。——★09

よせばいいのに「経済大国」を標榜し、ついではさらには「生活大国」といい出した。なぜ大国でありたいのでしょうか。——★06

鬼平の眼●池波正太郎《いけなみしょうたろう》は、一九八〇年代の日本を「ほとんど魂を失った廃墟《はいきょ》だ」というふうに言っている。もうひとつ、池波が昔日《せきじつ》の町にあったけれども、いまはなくなっているあることを指摘している。それは「融通《ゆうずう》」だ。以前は、下町の東京人も、どこの地方都市の日本人も、どんな無理や障害や不便にも、まずはなんとかして「融通」をしようと考えていたというのである。……そして、次のような〝判定〟を下している。

第一に、「私が子供のころは、子供から、すぐに大人《おとな》の世界へ入っていった」というのだ。これがどういう意味かは第二の指摘で、すぐわかる。すなわちそのころは、「現代のように、若者のための風俗など、なかった」というのだ。池波は「大人の生活が子供の世界と密着していた」と判定するのである。男たちが酒を飲む場も大半は家庭が用いられた、とも書いている。

いったい日本は「若者」を許容してどうするつもりだったのか。そういう若者を誇りにできたならともかくも、親はおずおずとし、教師はびくびくとして、テレビは媚《こび》を提供しつづけるのだ。それで何がおこったかといえば、一億総自信喪失だった。そこを池波正太郎は、鬼平《おにへい》ふうにこう書いている。「大人の世界が充実しない世の中が、子供の不幸を生むのは当然なのである」。そして、こんなふうにも付け加えた。「こんなわびしい大人たちの真似を子供はしたがらない。そこで子供と若者を相手にした風俗が氾濫《はんらん》することになり、男だか女だかわからない若者が登場して、家の中で老人が死んでいくのも見ないようになったから、簡単に首を吊ったり屋上から飛び降りたりするわけなのである」と。――★09

李御寧『「縮み」志向の日本人』〈1982〉――小国思想をめぐる謎

一言で説明すれば、日本では「引き寄せ」が重視されてきたということだ。万葉《まんよう》古今《こきん》このかた雪月花を愛でるにあたって日本人は、花は手折《たお》り、雪は少量を盆に活け、月も外で眺めるよりも蔀戸《しとみど》や御簾《みす》ごしに見ることを好んだ。自然と全面的に対峙して観照するのではなくて、その美の一部をスクリーニングして引き寄せた。

難問はあくまでも、日本には小国思想がなぜ育まれなかったのかということなのである。それを暗示的に言っておけば、日本がおかしくなるときは、結局「取り合わせ」の方法や「数寄の方法」を見失ったときなのである。ひたすら海外のサイズをそのまま呑みこもうとしているときなのだ。そのままにロールとルールとツールをまるごと鵜《う》呑みしようとしているときなのだ。これはいまならば「グローバリズムの陥穽《かんせい》」とも片付けられようが、この言い方だけでは説明にはなるまい。外からのものを受容しようとしていること自体が、問題なのではない。そんなことは古代このかたやってきたことなのだ。そうではなく、それらの〝編集〟をしなかったときが問題なのである。内外の文物や制度や思想を取り交《ま》ぜ、組み合わせ、数寄のフィルターをかけなかったことが問題なのだ。

たとえば科挙《かきょ》をそのまま取り入れたら、どうなっていたか。科挙は中国のような巨大な人口と縁故をかかえた大国にはふさわしくとも、日本には必要のない制度だった。それなら、同様に、植民地も必要がなかったはずである。たしかに飢饉や農村部の窮乏《きゅうぼう》はあったけれど、それを満州で補《おぎな》えるかといえば、そんなことも不可能だったはずなのだ。内村（鑑三）や石橋（湛山）が反旗をひるがえしたのは、そこなのだ。戦火を交えることのすべてを否定するわけではない。闘うこともときには必要だ。けれどもそれが国内社会の矛盾の解消になるかといえば、そんなことはこれまでの戦争の歴史を見れば、あきらかなのである。では、そういう戦争を仕掛けられなくなった戦後憲法を抱いた日本という国が、代わって経済の大国や生活の大国をめざしていればいいのかといえば、これでは露地も躙口《にじりぐち》もへったくれもないことだ。俳句の切《き》れ字《じ》もないことだ。

いまの日本は「余白」を失っている。すべてを世界基準に照らした制度にしようとしているために、かつての「余白」が消えて、むしろさまざまな局面で衝突をおこしている。過剰なのである。導入も過剰、反応も過剰、留保も過剰なのである。そうなってしまったからと言ってはいけない。すでに導入してしまったものも、あきらめてはいけない。もう一度、組み直すべきである。こういうときには「縮み志向」というよりも、大胆で高速の「編集志向」を発揮するべきなのである。

既存のしくみでは余白はつくれまい。かつて枯山水《かれさんすい》が生まれたのは、禅の方丈の前庭という禁忌《きんき》の場所だった。そこには庭などつくってはいけなかった場所なのだ。それを白砂《しらすな》と石で庭を組んだのは、山水河原者《せんずいかわらもの》の力と才能を借りた禅僧たちだった。その庭はかつて誰も見たことがないものだった。このような発想と入れ替えと、小さなタブーへの挑戦が必要なのである。――★09

もしも日本がなくなったら◉もしも日本がなくなったら富士山もサクラも見られない、もしも日本がなかったら落語のオチがわからない、もしも日本がなかったら「あのー」と言うだけの不思議な挨拶が聞けなくなるし、ウォシュレットはこれ以上工夫されなくなるだろう。もしも日本がなかったら、俳句の切れ字が変になるだろう、世界の小型車はうんと不便になっていくだろう。もしも日本がなかったら、以心伝心がなくなって、おしぼりが出なくなるだろうし、即席ラーメンの変わりだねが途絶えてしまうにちがいない……。――★17

東西冷戦の終結〈1990〉と日米構造協議〈1989〉——何を失ったのか

東西冷戦がおわったといわれるのは、ベルリンの壁が解体され、ソ連が消滅したときです。ゴルバチョフが新たなロシアの大統領になったのが一九九〇年（平成二）三月でした。ところが日本は、それから「失われた十年」という時代を迎えます。バブルが崩壊し、急速に景気が後退したところへもってきて、消費税引き上げやゼロ金利政策解除の失敗、不良債権処理の先送りなどによる大手金融機関の経営の失敗などがつづいたからだと、一応は解説されています。しかし最近では、この「失われた十年」は、平成元年（1989）の日米構造協議に端を発したアメリカの要請に、日本が応じすぎたということが要因になっていただろうということがわかってきました。この日米構造協議は、その後はアメリカの「年次改革要請書」として毎年、日本に突きつけらることになりました。つまりは「新自由主義」による要望を日本に突きつけた。小泉《こいずみ》・竹中《たけなか》改革がこれにまたもや対応しつづけた。——★11

権力のありどころ◉国家というものはどこだって国益のために動くものである。しかし、アメリカをはじめとする各国がそのような日本の意志や意図を分析しようとしてみると、あるいは当事者間で交渉してみると、日本側にそのような明確な方針があるとは思えなくなってくる。

一神教による歴史のうえに近代国家を構築したヨーロッパ型あるいは欧米型の国家権力の作

り方とは異なる日本を、国家や権力のしくみから説明しようとしても、その欧米型の概念にあてはまらない機能を新たな概念で説明するか、それとも旧来の日本がもっていただろう価値観を支えた概念で説明するしか、説明のしようがないのだ。

いずれにせよ、日本の権力の問題は、日本に作用しつづけている「負のしくみ」に目を及ぼさないかぎりは、新たな〝説明〟には入れまい。しかし、それを政治家が説明したところで、権力の座が得られるとはかぎらない。――★09

「失われた十年」のあいだに日本に上陸しきった病根は、いまだに除去できないままになっている。――★11

9・11〈2001〉と協同性――有事と平時

欧米では協同性は有事においてこそ称えられる。9・11でニューヨークの消防団が称えられたのはそのせいだ。それは根底に軍隊における勇気や友情が近似的な前提になっていることが多い。「ダイハード」「リーサル・ウェポン」「マトリックス」、みんなそうだ。ところが日本では平時の協同性に、なんともいえない厚みがある。小津安二郎《おづやすじろう》なのである。NHKの朝ドラなのである。それは「ぬくもり」「礼儀ただしさ」「以心伝心」などでできていて、そこにはたえず「みんなのおかげ」という意識

がはたらいている。――★17

失われた十年の後●一九九〇年代を日本の「失われた十年」というらしい。そのわりに何が失われたのか、まったくはっきりしていない。答えを出した者もいない。そのあいだに小泉純一郎《こいずみじゅんいちろう》政権が強化され、「なんでも民《みん》」になり、地域格差が埋めがたくなり、六本木ヒルズが建設されてそこに三木谷浩史《みきたにひろし》や堀江貴文《ほりえたかふみ》が入ることになったというほうが、わかりやすい。二十一世紀日本の最初の五年間は「失われた十年」が鳴り物入りで用意した民間金融主義に席巻《せっけん》されているだけなのである。――★09

なぜ北朝鮮はあんなにも多くの拉致をしたのか。何が得策で、被害者たちに何を求めたのか。なぜ、みんな黙っているのか。――★17

傷つきやすい国――「**近代化**」**の行方**

日本にはいつ地震がくるかわからないし、いつ台風や大雪がくるかわからない。日本史の大半は旱魃《かんばつ》と飢饉の歴史です。しかもいったんきたらそれは全国ニュースです。中世でも近世でも全国ニュースだった。しかも資源にはかなり限界がある。季節も変化する。これが不安定でなくて、何でしょう。こういう国では一事が万事です。

もともと日本は危険な情報や動向を感じやすい国土の上に成り立っているのです。フラジャイル・カントリー（傷つきやすい国）、これが日本の真の姿です。これは宿命としての、あるいは宿世《すくせ》としての不安定というもので、だからこそ安定のために何度も立ち向かうわけですが、それでも一挙に災害はやってくる。しかもそれは繰り返しやってくるのです。

こうした宿世としての不安定を打破したい一団もいた。明治維新の群像たちです。電信・電話・鉄道・トンネル・橋梁《きょうりょう》・ビルディング・工場群がこうして日本に導入されました。これが「近代化」というものです。なぜ、かれらが大改革に乗り出したかというと、もともとのきっかけはペリー以来の不平等条約によって「国が外から縛《しば》られる」ことがあることを知ったからです。すでに山片蟠桃《やまがたばんとう》らが心配していたことでした。だからこれを撤廃しようとした。そして列強と同じことをしようとした。

ここまでは当然かもしれません。けれども、それだけでは足りなかった。不安定な経済工業力を軍事力で補う必要もあると考えた。そこで日清・日露戦争をおこして力を示す。さらには韓国併合を企てる。ところが列強は容易にはそれを許しません。三国干渉もする。そこで抵抗する。忍従もする。が、このあたりからおかしくなってきたのです。

こうして異様な昭和史へと突入するわけですが、その結果が、とどのつまりはアジアと欧米を相手にしての戦争と完敗ですから、もはやどんな主張も通らなくなってしまったわけでした。それだけではなくて、国土のすべてが他国に占領された。そこで今度こそはと民主主義を根底にした社会を築くことにした。これは社会のしくみの根底を、それまで日本が体験していなかったイデアとルールで律するというわけですから、たいへんです。坂口安吾《さかぐちあんご》はそれなら堕落を選ぶべきだといいました、石川淳《いしかわじゅん》は江戸文化に逃げた。

しかし、大半の日本人はおおいに働くことになりました。さすがに経済力と生活力をつけないかぎりはどうにもままならない。親分のアメリカに軍事をあずけ、数年前までは一億玉砕《ぎょくさい》だったのが、今度は一億経済です。安保の傘にも入ることにもなります。こうして一見、動揺をつづける国際状況を気にしないで経済復興に集中するようになったのですが、気がつくとアメリカの意図のもと、国際舞台の片隅を動く従者の役柄《やくがら》になっていました。

それでも敗戦を〝災害〟だとみなせたのでしょうか、経済復興のためには、そうとうの知恵をしぼります。たとえばかつての江戸商人の知恵もいかし、農村漁村の風習もいかし、これで高度成長に応える日本独自の仕組を作動させました。いわゆる〝日本的経営〟です。が、これが批判されることになると、すぐに終身雇用制をはずしたり、時短《じたん》を受け入れたり、ようするに今日でいうグローバル・スタンダードに態勢を切り替えた。――――★06

日本的経営の行方●そもそも会社というのは、株主（ヒト）が法人である会社をモノとして所有し、同時に、その法人である会社がヒトとしての会社資産を所有しているという「二重の所有関係」にある。この上半分は、会社は株主に所有されているモノにすぎず、そのモノとしての会社が会社資産を所有している法人だというのは、たんに名目として〝法的な人〟という言葉をつかっていることをあらわしている。が、下半分では、会社は他の人の支配を受けない資産を動かせるれっきとしたヒトだとも言っている。日本の会社の多くは、戦後の財閥解体以降はさまざまな工夫を凝らして「日本的経営」を実現させ、ヒトっぽい会社のイメージをつくりあげてきた。

ところが、産業資本主義の限界と高度成長に陰りが見えてくると、この「日本的経営」に反省が出て、アメリカ型の合理的な企業システムに切り替えようとする歯車が回転しはじめた。

会社をモノとして精密に判定し、かつ自由市場の売り物・買い物のように見ようという風潮、アドルフ・バーリやガーディナー・ミーンズの言葉でいえば「所有と経営の分離」への踏み出しである。また、そのほうがバブルや不況に強い企業体質をつくっていけるのではないかと、これは官僚・財界・マスコミ・政界が笛や太鼓を鳴らし、その気運に加担する動きが一挙に動き出してしまったのだ。

そこへ三大改革がやってきた。「グローバル化」、「金融革命」、「ＩＴブーム」である。最初は別々だったこの加速剤は、やがて〝グローバルＩＴ金融市場〟ともいうべき巨大な市場がどこかに控えているような幻想をすっかりつくりだした。けれども、これがバブルだったのである。

――★09

グローバリズム◉今日のグローバリズムはいまなおグローバル・ワンによるグローバリズムで、本来の、たとえばバックスミンスター・フラーが提唱したような、宇宙船地球号的なグローバリズムなどではない。二酸化炭素の排出量を取引の材料にするためのグローバリズムなのである。

――★09

平成の愛国モードは、あらためて衣食住のすべてを動員して語る必要があるだろう。

――★17

伝統文化の「方向」◉それにしても、なぜ日本の伝統文化は、折口の「短歌の本質が短歌を滅亡させねば止《や》まないだらうといふ哀《かな》しみを抱いてゐる」という方向を抱えたのだろうか。それが歌詠《うたよ》みが抱えた宿命だけではないだろうことは、はっきりしていよう。邦楽だってこれを抱えて、すでに説経節《せっきょうぶし》や隆達節《りゅうたつぶし》や豊後節《ぶんごぶし》を見失い、近代になっては浪花節《なにわぶし》や女義太夫《おんなぎだいゆう》を壊滅させてきたわけである。

しかし一方で、こういうことも同時に自問自答してもよかったのである。たとえば、川瀬敏郎《かわせとしろう》の花は伝統の再生ではなかったのか、高倉健《たかくらけん》の映画的生き方は「日本」ではなかったのか、桂米朝《かつらべいちょう》の上方落語は何だったのか、米山正夫《よねやままさお》と美空《みそら》ひばりの「車屋《くるまや》さん」は文化ではなかったのか、ラモス瑠偉《るい》が日本に帰化したのはサッカーの日本化ではなかったのか、琉球沖縄のエイサーの若者たちによる歌と踊りはどうなのか、島田正吾《しまだしょうご》が米寿をこえて独演しているのは「翁《おきな》」とはちがうのか、鈴木清順《すずきせいじゅん》の映像は日本思考ではなかったのか、というふうに。――――★09

日本人にとっての日本人◉たしかに日本人の自画像、とりわけ文芸や芸能による自画像には、あたかも普遍的であるように見えて、実はそこから何も出てこない迷妄《めいもう》の場所というものがある。それを「無」とか「無常」とか「粋」とみなしていけばいくほど、その説明が何も生まなくなるようなものがある。これはそのような思索をする者の大半が、科学や論理学や自然学と交わってこなかった欠陥でもある。――――★09

「一途で多様」なJAPANS◉日本は縄文弥生のはなっから「一途で多様」なJAPANSなのだ。天皇と幕府は並列していたし、その美意識も「あはれ」であって「あっぱれ」なのだ。少なくとも、網野善彦がせめてアイヌ・東国・西国・琉球の四つの地域史で日本を語らないと話にならない

と言っていた通りなのだ。——★17

3・11〈2011〉と東北——古代から受け継がれた「負」

東北があまりにも巨大な「負《ふ》」を抱えたことはあきらかだ。瓦礫と化した一帯はことごとく「広域グラウンドゼロ」になってしまったのだ。しかしながら、その「負」は必ずしも3・11の巨大地震と大津波だけがおこしたものではないともいわなければならない。すでに古代エミシの時代から朝廷や幕府の制圧と支配をへて、明治政府や軍国主義がもたらした「負」が、ここには連綿と受け継がれてきた。そうだとすれば、東北復興は沖縄とも日本海の各地の「負」ともつながるべきなのである。——★16

なるほどわれわれにもつねに〝瀬戸際〟というものがある。ところがその瀬戸が近づいてくるところがわからない。たいていは急に瀬戸際がくる。——★09

沖縄の力●沖縄は日本・中国・ポリネシア・東南アジアを同時にスクリーニングする力をもっている。それは八重山《やえやま》上布《じょうふ》や宮古《みやこ》上布にあらわれている。そのうえで沖縄には内地人をヤマトンチューと呼べる度胸がある。いまだ日米基地問題では悩んではいるけれど、沖縄人にはきっと自己主

張力があるので、そのうち突破するだろう。――★17

日本人とリスク●日本は「リスク」についていささか変わった考えかたの歴史をもってきたとおもいます。ここでリスクとは、ふつうに「危険負担性」と見てもらえばいいのですが、ずっと昔から日本人は、リスクは自分たちがもともと背負っているんだという見方をしてきているようなのです。

たとえば地震や台風が多いということについては、これを半ばあきらめて甘受し、それが通りすぎるのを耐えていく。また、徳川期から昭和初期まで、日本はほとんど「木と紙の国」だったため火事が多かったのですが、火事のリスクの大きさより、火事がおこってもへこたれない民族性をつくりあげるほうに気持ちを寄せてきた。火消が「勇《いさ》み肌《はだ》」をもつ象徴になったのも、そういうところがあります。

日本人はあいかわらずいろいろの心配をしていても、災害がくれば、それを受け入れる。そして、「しかたがない」「はかないなあ」「せつないね」とおもう。ときに俳句をつくってみる程度です。まったく強靭《きょうじん》ではありません。だいたい「小ささ」が好きなのですから、大きなリスクをとる気なんてない。小割りとか、月割りとか、ざる蕎麦をちょっとかきこむとか、それでもまだ食べられそうならまた頼むとか、庭がなければ、玄関の前に小さな鉢の植木をいろいろ組み合わせるとか、そういう単位にいるのですから、大きなリスクと大きなリターンによって日々をたのしもうとはしていない。

しかし、どうでしょう。アメリカン・リスク・マネジメントの趨勢《すうせい》に対決できるのは、ひょっとすると、このような日本人の「小さな変化」を見立てられる力なのではないかという気もするのです。また、天変地異をひょいひょいと自然哲学や俳諧にしてしまう才能が、新自由主義の金融工学に刃向かえる力ともいえるのではないでしょうか。――★11

日本人は何もかもを見て見ないふりをして、いまなお日本を見捨て、日本を見殺しにしつづける。問題は、ただひたすら、そのことにある。――★17

わ・を

倭王……041, 051, 061
和歌……076, 078, 080, 081, 098, 109, 127, 173, 175, 176, 182-184, 186, 293
和画……293
和学……251
若衆歌舞伎……245
若党……209
若者……245, 364, 365, 375
和漢……048, 070, 097, 103, 205, 207, 260, 298, 316
『和漢朗詠集』……110
倭語……040, 073, 079
倭寇……225
倭国……051, 052, 055, 062, 066, 067
和事……148, 264
和魂……296, 298
倭人……023, 030, 039, 041-043, 046, 047, 055, 061
「私は貝になりたい」……350
度会神道(伊勢神道)……159, 171
倭の五王……044, 051, 240
ワビ(侘び/詫び)……202, 203, 205-207, 217, 221, 229, 240, 258
侘び茶……173, 203, 205, 206, 221
和風……070, 096, 101-103, 108, 147, 195, 198, 199, 202, 297
和物……195, 207, 216, 217
和洋折衷……298
をかし……134, 265
ALTウイルス……027
GDP……352
GHQ……337, 338
IT……373
Jポップ……360
NHK……369
SCAP(連合軍司令部)……337

謡曲……190
洋行組……279
影向……026, 226
養生……151
洋務運動……289
陽明学……234, 235
養老律令……067
ヨーガ……053
夜儀……096
横山党……129
吉田神道……159
吉田ドクトリン……344
予祝……031
吉原……241, 247, 252
余情……137, 155, 185, 188, 189, 256
寄棟……035
余白……176, 177, 196, 366, 367
読本……262
寄合……164, 193
依代……022, 032, 050, 078, 119
憑坐……033
ヨーロッパ……116, 218, 227, 230, 266-268, 278, 300, 307, 308

ら

楽……051
楽市楽座……214
落語……257, 367, 375
落書……181
楽茶碗……222
洛中洛外図……243
楽浪(郡)……028, 030, 039
ラジオ……308
落款……205
蘭学……249, 251, 263

り

リアリズム……162, 163
利休好み……241
陸王の学……234
陸軍……282, 283, 319-321, 330, 332, 334
陸軍士官学校……330
陸大(陸軍大学校)……330
李氏朝鮮……191, 224, 282
理事無礙法界……085
リズム……024, 025, 034, 106, 147, 199
立憲君主制……274, 278, 287, 290, 318
立志社……286
律宗(律僧)……106, 150, 194, 195
『立正安国論』……167, 168, 305
リットン調査団……321
律令(官)……051, 066, 067, 072, 075, 077, 096, 112, 125, 131, 132, 135
リーフデ号……229
琉球……169, 235, 375
流行……020, 044, 058, 072, 096, 100, 102, 108, 116, 118, 119, 133, 145, 181-183, 185, 186, 193, 218, 252, 264, 304
流行歌……147
柳条湖……321
隆達節……374
龍安寺……178
令外官……112
領事裁判権……272
『梁塵秘抄』……146, 174
両統迭立……180
遼東(半島)……030, 300
両部神道……157
遼陽……030
臨済……167, 168, 176, 195
琳派……254
倫理……150, 251, 297

る

留守組……279
ルネサンス……220, 237-239
瑠璃光浄土……118
ルール……092, 100, 208, 299, 366, 372

れ

例……133, 144, 145, 197
例外……133
礼儀……369
霊山……071
霊畤……049
冷戦……368
霊力……031, 054, 125
歴史教科書問題……340
列強……274, 289, 292, 299, 300, 301, 303, 304, 307, 323, 371
連歌……100, 119, 155, 165, 175, 176, 182-184, 200, 203, 208, 209, 354
『連環記』……118
錬金術……089
連句……235, 255
連合軍……060, 065, 066, 092, 169
連合軍(第二次世界大戦)……300, 336, 337
連衆……183, 208
錬丹術……089

ろ

炉……020, 222
老荘思想……063, 152, 153
郎党……131, 151
ロカビリー……349
六古窯……195, 196
轆轤……048, 049
盧溝橋事件……331
露地……241, 366
ロシア……272, 283, 291, 299-301, 306, 310, 324, 368
六角堂……160
六歌仙……108
ロッキード事件……351
ロッコーン……022
ローマ字……219, 287
ロール……100, 366
ロンドン……293, 304
ロンドン軍縮条約……317
『倫敦塔』……275

昔物語……123, 125
武者の世……142-145, 164
無常(観)……062-064, 097, 106, 117, 120, 127, 145, 146, 155, 156, 173, 193, 316, 375
無常迅速……064
無心……183
ムスビ・ムスブ……024, 025, 042, 043
陸奥……067, 152
無答責……320
『無名草子』……155
『無名抄』……157
『無門関』……204
村上源氏……131
室生寺……157
室町幕府……191, 216
室町殿……192, 193

め

冥……161
明治憲法……278, 288, 319, 320
名所……081, 141, 243, 263
明治六年政変……280, 281
名物(狩り)……208, 215, 216, 222, 247
明暦の大火……251, 252
明六社……280, 281
目利き……100, 174, 194
メートル法……350
めめしさ……333
メメント・モリ……116

も

蒙古襲来……169, 180
木版活字……231
木器……217
持成……176, 184
モード……048, 374
擬(モドキ/擬き)……145, 188, 190, 314
モノ……074, 078, 079, 099, 123, 125, 127, 171, 221, 373
物合わせ……100
物語……020, 023, 073-075, 079, 099, 102, 123, 125-128, 155, 156, 162, 173, 186, 189, 253, 325, 329, 333
物実……033
物数寄……222
もののあはれ……074, 099, 126, 138, 186, 312, 314
物名賦物……183
物部氏……056, 057, 059
ものまね(物学)……082, 085
桃山……196, 214, 216-218, 220, 229, 237, 247, 252, 253
母屋……120, 198
モンゴル……152, 169, 178, 190, 291
本寺末寺制……234
門徒……213
問答……148, 182, 187
門徒制度……234
文様……016, 019, 021, 023, 040, 042, 057, 103, 196, 218

や

八百万の神……086
矢数俳諧……253
ヤキモノ……048, 049, 086, 087, 196
ヤクザ……257, 349
薬師如来……118
八坂神社……102
『野獣死すべし』……350
社(屋代)……022, 023, 031, 032, 054, 071, 119
靖国……340, 342
八瀬の童子……027
やつし……264
藪入り……244
野暮……264
山背……052, 094
邪馬台国……041, 043
大倭……091
大和(山門)……052, 091, 094, 095
大和磐余稚桜宮……049
大和絵(倭絵)……099, 293
やまと心……126, 313
大和魂……313, 332
大和朝廷……043-046, 048, 061, 067
ヤマトンチュー……376
山名氏……197
山の民……127
山伏……174, 239
弥生……020, 025-028, 030, 035-037, 039-042, 048, 056, 138, 239, 375
野郎歌舞伎……244, 245

ゆ

「遊」……351
遊宴の庭……141
遊郭……199, 242-245, 252
邑君……039
幽玄……164, 165, 185, 186, 188, 189, 200
有司……274, 278, 287, 292
遊女……142, 146, 183, 189, 242, 247, 261
融通……364
友禅模様……237
有職故実……154
遊牧民……045
遊里言葉……261
遊行……114, 127, 140, 146, 172, 174
遊芸……082, 119, 127, 128, 150, 184, 188, 192, 195, 202, 203, 209, 215, 262
ユダヤ……278, 323
夢(占)……037, 116, 188
『夢の代』……267
ゆるし……328

よ

『夜明け前』……325, 326
洋学……251, 263, 296

……295
発句……184, 235, 255
法華……104, 212-214, 221, 241
法華神道……157
宝相華……103
法相宗……106
ポツダム宣言……334, 337
ポップカルチャー……349, 350
ポップス……146, 147, 350
ボーディサットヴァ……047
ほどき……190
仏……039, 054, 055, 057, 063, 071, 107, 108, 114, 140, 145, 157, 204
ポリネシア……021, 376
ボルシェビキ……310
ポルトガル……219, 228, 229
本歌……208
本願……160
本願寺……234
本所一円地……278
本草学……235, 251
『本草綱目』……235
本地垂迹……107, 108, 157, 159, 171
『本朝通鑑』……249
『梵網経』……084
本来無事……240
本来無一物……240
本領安堵……152, 162

ま

間……081, 119-121, 136, 185, 198, 199, 207
真(ま)……121
枕詞……040, 079, 099
『枕草子』……095, 102, 124
まこと……073, 074, 121
将門の乱……130
ますらをぶり……313
摩多羅神……159
町衆……206, 213, 215, 221, 222, 238, 247
町奉行……242
町奴……247
松川事件……337
末法……094, 115, 116, 118, 142, 162
祭り……017, 022, 023, 031, 034, 049, 069, 134, 135, 243, 244
まつろわぬ民……067, 092
真名……096
真名序……103, 110
マルクス主義……357
まれびと……187, 193
マンガ……354, 363
満州……017, 027, 276, 300, 301, 306, 310, 311, 314-316, 321-323, 334, 341, 351, 66
満州事変……307, 317, 318, 321
マンダラ……052, 053, 083, 090, 104
満鉄(南満州鉄道)……282, 315
万葉仮名……040, 058, 072, 073, 076, 080, 086, 095, 103, 105, 110, 137
万葉(期／人)……015, 060, 074, 078, 080, 081, 206, 255
万葉化仏……087
『万葉集』……078-081, 200, 365

み

御内……164
三浦氏……131
御教書……191
ミコト……058
三島(茶碗)……217
三島由紀夫自決……326, 355-357
御簾……120, 365
ミスティシズム……085
味噌……018
禊(ミソギ)……188
三鷹事件……337
見立て……050, 081, 082, 157, 189, 208, 209, 217, 241, 259, 261, 263, 264, 378
見立ての庭……241
弥陀の本願……160
みちのく……067
道々の人……172
道行の資……150
密教……054, 084, 085, 088, 090, 094, 096, 098, 104, 106, 114, 116, 119, 157, 158, 174, 297, 319, 360
三具足……198
密厳浄土……104
密伝……053, 054
水戸イデオロギー……249
水俣病……089
身分解放令……279
任那……051, 065, 067
御屋(宮)……032
屯倉……052
ミヤコ(都)……030, 032, 049, 052, 094, 095, 097, 102, 109, 115, 117, 132, 140, 146, 170, 181, 189, 200, 237, 238
宮処ぶる……097
宮座……193, 194, 218
雅び……095-097, 134, 137, 138, 185, 189, 237-239
宮びる……097, 134
名……131
冥加金……271
名主……151, 178, 209
弥勒……118, 221
三輪山……049, 070
明……190-192, 223-225, 227, 232, 233, 248, 249
閔氏……289
民主党(日本)……347
民主化……337
民政党……326
民撰議員設立建白書……284
民俗学……034, 359, 362
民族語抹殺政策……302

む

無為……063
ムエタイ……361
無縁……051
迎講……115

058, 068, 075, 076, 084, 087, 089, 091, 096, 098, 109, 123, 130, 132, 143
藤原京……077
『藤原惺窩先生行状』……255
藤原文化……122, 127, 142
藤原北家……111, 112
扶清滅洋……300
襖(絵)……120, 128, 177, 198, 212, 354
伏せ庵……035
風情……136, 137, 181, 189, 201, 256
巫僧……071
不足……124, 207
部族……019, 043, 044, 056, 057
舞台……050, 130, 187, 200, 261
二つのＪ……294
補陀落……275
物外……207
仏閣……163, 193, 263, 277
仏教……051-059, 062-064, 069-072, 084, 087, 088, 095, 097, 104, 106, 107, 114, 115, 117, 118, 123, 145, 148, 149, 152, 153, 157-160, 162, 174, 203, 234, 251, 274, 277, 305, 316, 329
仏教史学派……251
仏国土……088, 170
復古の構え……185
仏像……055-057, 069, 084, 107
仏法……054, 087, 168, 234
仏本神迹……157
浮屠／浮図宗……057
武道……133, 231
不動明王……259
風土記……074, 076
負の(景色／山水／はたらき)……161, 165, 178, 230, 231, 242, 359, 369
フヒト……024
不平等条約……272, 286, 292, 371
フミベ……024
武門……130, 143, 149, 198
冬……033, 034, 154, 167, 200, 201, 202
扶余族……323
フランシスコ会……219
フランス……228, 266, 272, 273
フランス革命……266
振袖火事……251
不立文字……150
風流……128, 129, 134-136, 181
振舞……078, 206, 218, 254
無礼……150, 204
プレートテクトニクス……016
ブレトン・ウッズ体制(ＩＭＦ体制)……356, 357
不老長寿……089
文永・弘安の役……169
『文華秀麗集』……102
豊後節……235, 254
文身……019, 020
文人画……263
文明……019, 152, 284, 287, 300
『文明論之概略』……284
文禄・慶長の役……226

へ

部……047, 048
平安京……094, 095, 097, 101
平安緑釉……087
『平家物語』……126, 142, 155, 156, 275
平氏(平家)……129, 131, 141, 143, 144, 156, 186
平治の乱……141, 142
平城京……077, 086, 097, 108
米西戦争……307
兵農分離……236
『兵法家伝書』……245
「平民新聞」……290
北京……223, 224, 232, 300
北京条約……272
ベトナム北爆……355
部民……240
ベルリンの壁……368
辺角山水……176, 177
弁韓……042
辺境……067, 093
編纂……049, 066, 073, 248
編集……048, 070, 073-077, 079, 080, 101, 103, 106-110, 123, 146-148, 159, 165, 171, 173, 182, 183, 186, 194, 203, 208, 222, 249, 251, 253, 255, 257, 266, 329, 366, 367

ほ

保安隊……338
母音的……025
法皇……132, 133, 135, 146, 174
封建制……151, 152, 280, 327, 342
保元(平治)の乱……141, 142
奉公……151, 162, 244
彷徨神……172
奉告祭……288
方術……116
方丈……177, 367
北条氏……131, 153, 162, 164, 177, 178
奉天……314, 321
宝天文化……260-262
法難……214, 277
蓬莱……021, 190
法隆寺……055, 060
ボーカリゼーション……040
北朝(持明院統)……169, 179, 180
北面の武士……131, 132, 141, 173
『法華経』……096, 158, 305, 329
母権……035
菩薩……047, 107, 118
星……116, 169
保守合同……347, 358
戊辰戦争……292, 320
細川氏……197
ほそみ……124
ボーダーランド・ステイト

婆娑羅(バサラ)……129, 181, 182
土師器……086
箸墓……044
柱……073, 097, 119, 120, 199
『裸のランチ』……350
秦氏……056, 058
旗本奴……247
八幡……070, 107, 171
パチンコ……361, 362
×(バツ)……019
八紘一宇……315, 324
八窓庵……239
放書……105
花の御所……185, 203
花下連歌……183
花火……231
花見……219
埴輪……032
妣が国……275
バブル……362, 368, 373, 374
祓(ハライ)……107, 188, 309
パリ……218, 292, 355
春……033, 034, 165, 167, 188, 208
ハル・ノート……331
ハルビン……017, 301, 310, 311
ハルビン学院……310, 311
ハレ(晴)……033, 034, 120, 156, 199, 244
破礼講……150
バロック……228, 238, 239
番……100
反歌……076, 079
蛮社の獄……270
蕃神……055, 057
阪神大震災……357
万世一系……267, 278
反戦……300, 345
班田……064, 131
反日運動……302, 307
『般若経』……156
藩領域市場圏……236

ひ

日吉……072, 144, 157
比叡山……072, 115, 117, 154, 159, 160, 213
冷え寂び……201, 202
東アジア……017, 018, 030, 033, 039, 041, 042, 051, 060, 062, 084, 107, 120, 192, 223, 233, 278, 322
東インド会社……227, 228
東山文化……155, 184, 197, 201, 202, 203
彼岸……141
引き算……178, 186, 205
火消……252, 377
披講……148
庇……120
被差別民……178, 186, 205
毘沙門天……118
聖……090, 096, 113-115, 127, 169, 239
備前……196
人遊び……078, 187, 188
人形……032, 118, 235, 254
一間……120
『ひとりごと』……200
ひなび……096, 097, 239
被爆国……353
檜皮葺……097
『秘密曼荼羅十住心論』……104
姫サビ……240
皇女……092, 142
神籬……031, 050
日向……043
拍子……245, 246
評定衆……164
平等院……118
「瓢鮎図」……196
漂泊……059, 137, 172, 200, 206, 243
屏風(絵)……120, 128, 176, 177, 203, 212, 219, 247, 354
平仮名……103, 104, 105
ビルシャナ仏……084, 085, 087
『ヒロシマ』……350
広島……333, 334, 362
琵琶法師……156
貧……239
ヒンドゥー教……052, 157

ふ

ファシズム……331
ファッション……186, 218, 245, 252
風雅……136, 183, 314
風狂……155, 181, 203, 204
風景……095, 128, 176
『風姿花伝』(『花伝書』)……187, 189, 275
風水……095
風俗(画)……111, 218, 221, 229, 364, 365
『風土』……312, 313
風土……017, 034, 036, 038, 042, 071, 277
フェミニズム……035
侮外病……275
『富嶽三十六景』……263
複式夢幻能……187, 189, 226
『武家義理物語』……256
武家諸法度……230
武家の棟梁……149, 184
分限者……194
富国強兵……269, 274, 279, 286, 292, 297, 339
武士……126, 130-134, 137, 138, 141-145, 150, 151, 153, 158, 171, 173, 193, 203, 209, 216, 236, 244, 251, 255-257, 259, 260, 262, 267, 294, 296, 346
富士川の合戦……144
富士山……263, 367
『武士道』……293
武士道……134, 158, 251, 252, 259, 260, 294, 346
伏見城……216
賦物……183, 208
巫者……028
巫女王……092
武昌(武漢)……304, 322
武将……100, 130, 179
武将の庭……177
藤原一族(家／氏)……050,

南北朝……122, 132, 150, 176, 179, 180
南北正閏問題……180

に

二・一ゼネスト……337
二・二六事件……311, 318, 328, 330, 356
丹生明神……072
和魂……147, 148
ニクソン・ショック……356
錦絵……237, 261, 262
二十一ヶ条の要求……306, 307, 322
二十五三昧会……118
二所朝廷……122
躙口……366
似絵……163
日英同盟……299, 300, 306
日独伊三国防共協定……331
日米安全保障条約……336, 338, 343, 345, 348, 352
日米構造協議……368
日米修好通商条約……272
日米和親条約(下田条約)……272
日蓮主義……305, 324, 325
日蓮宗……106, 157, 212
日露戦争……276, 292, 293, 398, 300, 307, 319, 371, 323
日韓協約……301
日記……100, 102, 110, 143, 203, 396, 335
日清戦争……276, 289-293, 323, 371
日宋貿易……143
日中関係……322
日中戦争……321, 323, 330, 331
『日本王代一覧』……249
日本画……292, 293
『日本外史』……275
『日本改造法案大綱』……311
日本株式会社……351, 352
『日本権力構造の謎』……073
日本語……037, 040, 046, 047, 058, 073, 081, 086, 106, 110, 111, 250, 253, 287, 339, 359, 360, 361
日本国王……191, 192, 225, 273
『日本誌』……230
日本主義……295, 297, 327, 332, 335
『日本書紀』(日本紀)……044, 049, 054, 062, 067, 073, 076, 079, 125, 278
日本人青年同志会……324
『日本人の世界地図』……361
日本人＝ユダヤ人同祖説……323
日本聖学派……250
「日本精神」……312
『日本精神史研究』……312
日本的経営……352, 372, 373
日本的霊性……145, 158, 275
『日本霊異記』……115
入貢……039, 041, 191
ニューヨーク……293, 369
ニュルンベルク裁判……340, 341
女房……098, 102, 125, 127, 183
ニライカナイ……275
庭……049-051, 090, 141, 147, 174-177, 199, 200, 241
任侠……257, 349
人間宣言……336, 357
人情……255-257
『仁王経』……084

ぬ・ね

塗籠……120
ネーション・ステート……289, 290
ネットワーカー……051, 113, 114, 172-174
ネットワーク……030, 087, 089, 090, 158, 169, 170, 214, 248
『涅槃経』……106
念仏(宗)……099, 113-115, 118, 127, 135, 140, 148, 149, 153, 154, 159, 160, 174

の

能……050, 082, 119, 129, 140, 155, 175, 185-189, 195, 203, 226, 246, 254
農耕……024, 033, 035, 041
農村……236, 280, 330, 342, 343, 366, 372
農地改革……342
軒……199, 201, 297
ノマド……173
祝詞……068
ノン・チャイニーズ……190, 232

は

俳諧……124, 183, 234, 235, 252, 253, 262, 354, 378
敗戦……065, 066, 269, 288, 325, 335, 336, 338, 342, 345, 347, 372
廃仏毀釈……274, 277, 278
はか……125, 126, 140, 145, 146, 377
破格……133, 204
『葉隠』……251, 259
馬韓……042
白山……057
白紙……176
白磁……217
白村江……060, 065, 066
幕藩体制……236, 252, 273, 320
幕府……139, 151, 154, 164, 178-180, 191, 216, 229, 230, 232-234, 236, 237, 242, 243, 245, 247-252, 254, 264, 270-274, 320, 375, 376
白鳳……060, 084
幕末……178, 179, 211, 249, 262, 270, 273, 280, 295, 296, 318, 325
舶来……181, 194

天孫降臨……043
天台宗(密教)……106, 157
天台僧……159
天台法華……117, 119
天台本覚思想……118, 119
天智系……094, 122
天皇……027, 044, 048, 049, 052, 061, 062, 064, 068-070, 073, 076-078, 087, 091, 092, 096-098, 100, 107, 109, 111, 112, 122, 123, 132, 141, 143, 144, 161, 170, 176, 179, 192, 224, 232, 233, 249, 267, 272-274, 277, 278, 287, 288, 297, 306, 311, 315, 318-320, 334, 336, 337, 341, 342, 345, 356, 357, 362, 375
『天皇記』……064
天平……077, 084-086, 089, 091, 101, 103, 104
天保の改革……270, 271
天保の大飢饉……271
伝馬……064
天武系……094, 122
天文法華の乱……212, 213

と

時……081
ドイツ……306, 324, 341
唐……060, 065, 066, 084, 086-088, 107
同化……275, 302, 303
東海道五十三次……090
東学教団……289
陶器……217
道義……134, 331
道教……056, 151
東京オリンピック……357
東京裁判……307, 336, 340-342
東京タワー……349, 350
東京美術学校……293
道化……360
陶芸……119, 216, 217, 226
銅剣……028
東国……080, 113, 130, 138, 141, 158, 183, 375
東寺……157
陶磁器……226
「東照宮実記」……247
道場……160, 193
堂上連歌……183
東晋……045
統帥権……317-321
統制派……330, 345, 356
当世の体……182
東大寺……087, 088, 160
銅鐸……028, 029
闘茶……150
道中芸能……200
当道……257
道徳……134, 234, 256, 288, 297, 327, 364
倒幕……178, 179, 267
東福寺……212
同朋衆……194, 195, 202, 205
東北……017, 028, 067, 092, 093, 130, 300, 315, 376
東北王化……092, 093
陶窯……216
童謡……306, 308
当用漢字……338, 360
東洋道徳・西洋芸術……296
道理……140, 144, 161-164
土器……016, 020, 021, 023, 024, 027, 037, 048, 049, 086, 240
常磐津……257
土偶……020, 032
徳川氏……228
得水蔵風……095
徳政令……171
得宗……164, 178, 179
十組問屋……271
常滑……196
床の間……176, 177, 184, 198, 203
常世……021, 117, 275
『土佐日記』……110
外様……164
斗々屋茶碗……217
鳥羽殿……141
土間……035
伴……047, 048
品部……047, 048
渡来人……040, 046, 047, 052, 055, 056
トランスジェンダー……111
鳥居……022, 089
度量衡……077
ドルショック……350
どんぐりロード……027
遁世……134, 135, 137, 145, 173

な

内閣(議院制)……274, 287, 290, 307, 314, 315, 317, 319, 338, 346, 352, 357
内宮……069, 157
内治派……281
内発……276
苗(代)……031-033
長崎……219, 229, 248, 261, 334
中臣氏……068, 075
中村座……252
ナチス……341
納豆……018
撫物……170
浪花節……374
南無阿弥陀仏……083, 113, 115, 148
奈良三彩……086, 087
奈良麻呂の乱……091
「楢山節考」……350
ナラ林帯……017, 018
成田不動……259
『南淵書』……327
南下政策……300
南京条約……272
南朝(大覚寺統)……172, 179, 180, 225, 249
南伝仏教……088
納戸神……199
南都六宗……088
南蛮……218-220, 222, 223, 247
『南方録』……221

374
『弾左衛門とその時代』……279
ダンス・マカブル……116
『歎異抄』……160
壇ノ浦の合戦……144
談林……252

ち

小さきもの……124
小さな政府……295
知行……210, 236
『「縮み」志向の日本人』……365
地図……090, 109, 219, 220, 247, 268
治天……132, 133, 191, 192
地方……035, 107, 112, 116, 130, 132, 189, 141, 335, 344, 355, 364
茶(人)……018, 114, 149-151, 173, 181, 182, 185, 188, 194-196, 203, 205-208, 217, 220-223, 226, 238-240, 247, 260, 262
茶事／茶会……209, 220, 239
茶器／茶具足／茶道具……150, 215, 216
茶室……199, 221, 239
茶数寄……194, 241
茶禅一味……150, 155, 194
茶立人……222
茶道……134, 329
『茶の本』……275, 293
茶の湯……119, 155, 197, 202, 206, 208, 209, 216, 222, 223, 226, 238, 247
茶湯御政道……220
茶振舞……206
茶碗……217, 222, 223, 226, 239
中華人民共和国……337
中華帝国……190, 232
中宮……123
忠君愛国……313
中国(語)……018, 021, 027, 030, 039-042, 045, 047, 049, 051, 060-066, 070-073, 086-089, 091, 097, 098, 104, 107, 117, 128, 129, 134, 141, 143, 144, 152, 153, 158, 166, 169, 175, 176, 178, 181, 182, 192, 196, 205, 212, 215, 223-225, 232, 233, 235, 248-250, 261, 266, 287, 291, 304-307, 324, 327, 349, 352, 366, 376
中国革命……286
駐留軍……344
趙……027
長安……095, 097
長歌……076, 079
朝儀……096
超国家主義……285, 331
朝貢……051, 224
彫刻……085, 162
長州……273, 282
長州征伐……320
朝鮮(半島／語)……016, 017, 020, 030, 039, 041, 043-046, 049, 051, 055, 056, 061, 062, 065-067, 086, 191, 192, 196, 212, 224, 225, 232, 282, 283, 286, 289, 290, 300-303, 305, 321, 322, 344
朝鮮語抹殺政策……302
朝鮮出兵……223, 225, 226, 232
朝鮮戦争……303, 337, 344
朝鮮総督府……301, 303
帳台構……199
朝廷……043-046, 048, 061, 067, 078, 086, 093, 097, 098, 112, 113, 122, 132, 143, 168, 179, 232, 233, 273, 376
朝堂院……097
徴兵……320, 321
散らし書き……136
鎮護仏教……057, 059, 064, 070, 088
鎮魂……055
鎮魂行法……308, 309
鎮守……071, 107, 343
鎮守将軍……067
鎮東将軍……068

つ

対……094, 096, 097, 100
追善……055
衝立て……120
通信使……192
つがい……100
月次……128
『菟玖波集』……182, 183
筑波万博……351
付合……183
付書院……199
辻が花……218
辻芸能……200
土蜘蛛……026
津波……376
艶……185, 201
ツール……023, 029, 100, 366
ツングース……323

て

庭園……141, 178
貞門……252
出島……219, 229, 230
鉄(器)……029, 031, 041
鉄鐸……029
鉄砲……221, 231
「鉄腕アトム」……353
点前……222
てりむくり……297, 298
テレビ……347, 349-351, 353, 358, 365
天下……085, 143, 184, 211, 212, 216, 220-223, 241, 247
田楽……129, 133, 135, 175, 186
天下布武……215
天狗……170
『天寿国繡帳』……063
天神……049, 108, 184
天人合一……250
天津条約……272
天人相関説……169, 170

禅宗……106, 149, 152, 153, 158, 177, 202, 212, 218
千秋万歳……200
専修念仏……148, 149, 154, 159, 160
禅定……152, 177
山水河原者……177, 367
専制……164, 214, 278, 287
選地術（占地術）……095
煎茶……260, 262
遷宮……361
遷都……077, 093, 223
禅の庭……177
宣命（書き）……068, 072
賤民……175
扇面法華経……096
仙薬……150
川柳……261
占領……113, 336, 337, 345, 372
禅林……128, 137, 149, 150, 222

そ

宋……143, 144, 153, 165, 168, 234
草……105, 221, 222
草庵……205, 206
宋学……182, 215, 233
草仮名……099, 105
総国分寺……087
宗匠……183, 184, 205
雑談……193
曹洞禅……157
雑密……054, 059, 084, 085, 088, 104
草木国土悉皆浄土……119
僧侶……058, 140, 149, 183, 206, 324
惣領……151, 164
蘇我氏……052, 056-059, 064
蘇我物部抗争……056, 057
俗……099, 199, 263
即位……091, 092, 107, 108, 132
即身成仏……108, 158
即席ラーメン……349, 350, 367
租借……306
粗茶……207
祖法……230
祖霊崇拝……054
ソ連……301, 310, 334, 336, 344, 368
そろい……100
尊王攘夷……274

た

タイ……022, 361
大アジア主義……285
第一次世界大戦……306, 308
大化の改新……064, 068, 076
大官大寺……059
大韓帝国……282
『台記』……144
大逆事件……304, 307
大極殿……102
代作……078
大衆……237, 243, 308, 360, 364
大乗仏教……054
大正浪漫……306, 307
『大乗起信論』……119
大正デモクラシー……306, 308
大政翼賛会……309, 330, 331
胎蔵界……157
大東亜共栄圏……315, 317, 356
大東亜研究所……332
大道芸……239
大徳寺……195, 203, 206, 222
大日如来……084, 085, 159
大日本帝国……284, 285, 319, 323
大日本帝国憲法……277, 287, 288, 290, 318
『大日本史』……180, 249, 251, 284
『代表的日本人』……293
大仏……086-089
太平洋戦争……323, 334, 357
太平天国の乱……289
大宝律令……067, 077
「大魔神」……353
大名……182, 197, 209, 210, 212, 216, 223, 240, 244, 247, 320
台目……239
題目……149
太陽暦……274
内裏……098, 102
大陸移動説……016
台湾……283, 292
タオイズム……059, 089, 133, 134, 153
たおやめぶり……333
他界……018, 021, 108, 117
鷹が峯……237
高千穂……043
高橋氏……075, 076
高床式……018, 034, 035, 097
宝塚……111
托身……131, 132
『たけくらべ』……296
武田氏……131, 210
『竹取物語』……102, 125, 127
竹花入……222
太宰府……113, 152
太政官……091, 132, 279, 297
堕胎禁止令……280
畳……198
橘氏……091
脱亜入欧……219, 292, 297
伊達……247
竪穴式……017, 020, 023, 034, 035
立花……119, 175, 184, 185, 202
田沼時代……260, 261
タマ……078
タマシズメ……029
魂……020, 029, 033, 034, 043, 078, 117, 240, 313, 332, 364
タマヨリ……029
多民族……323
他力……113, 148, 160
ダルマロード……027
達磨宗……135, 157
単一民族……323
短歌……079, 292, 293, 297,

神泉苑……102
神前読経……071, 107
神像……107
神体山……021, 031
神託……071
寝殿造……119, 120, 141
神道……054, 085, 157, 159, 171, 190, 235, 268, 274, 288, 294, 308, 309
新内……254, 257
新日米安全保障条約……348
『神皇正統記』……275
真柱……119
神仏習合……070, 085, 108, 157, 159, 297, 298
神仏分離……247, 277
神本仏迹……172, 180
神密習合……157
新吉原……252
新羅明神……159
侵略……219, 267, 303, 340, 341
神領(興行法)……171
神話……025, 036, 043-045, 073, 147, 186, 267, 329

す

スイ(粋)……265
随……052, 065
水銀……089, 090
『隋書』……061
水田/水稲……020, 025, 031, 036
水墨……155, 175-177, 182, 202, 203, 212
嵩山……167
須恵器……048, 049, 086
数寄……135-137, 155, 163, 165, 173, 181, 182, 194, 200, 205, 207, 217, 218, 220-222, 241, 265, 266, 316, 365, 366
数寄の遁世……135, 137
数寄の庭……241
数寄屋……199
スキャッパニズム……337
宿世……371
スクリーニング……365, 376
双六……090
スサ……146
スサビ……138, 146, 147, 148, 202, 241
鮨ロード……027
スヂ(筋)……161
ステップロード……027
州浜……141
スペイン……116, 214, 219, 228
スペイン継承戦争……227
スミソニアン体制……350
炭焼小五郎伝説……023
受領……112, 113, 183
「寸松庵色紙」……136

せ

聖……099, 199
征夷将軍……093, 152
征夷大将軍……092, 093, 129, 149, 152, 228, 232
征蝦夷将軍……068
西欧感覚……219
青海波文……086
生活大国……363, 364
征韓論……280-282, 285, 292, 320
聖山……022
正史……072, 073, 125
青磁……217
星宿……116
成章学苑……327
製鉄……041
「青鞜」……298, 304
製陶……196, 216
青銅器……028, 029
「制度学雑誌」/「制度と研究」……327
西南戦争……281, 284, 292, 321
青年将校……311, 324, 330, 356
清涼殿……097, 133
清和源氏……131
世界銀行……357
世界恐慌……308, 315
世界地図屏風……219, 247
席……193
関ヶ原……227, 232
赤山明神……159
石庭……178, 362
「関戸本」……136
セクハラ……363
世間虚仮・唯仏是真……054, 063
施茶……150
摂関……076, 096, 102, 109, 111, 116, 122, 123
石器時代……023
説経節……374
セックス……078, 244
雪月花……365
摂政……111, 112, 179
雪中梅花……167
『絶望の精神史』……354
説話……123, 128, 162, 174, 329
瀬戸……196, 216, 217
旋頭歌……182
瀬戸際……376
せぬ隙……246
セマウル運動……362
セラミックロード……027
禅……054, 088, 150, 152-155, 158, 165, 166, 176, 177, 195, 202-204, 212-214, 367
前漢……039
禅機……151, 187
宣教師……218-220
全共闘……355, 357
前九年・後三年の役……129, 130
全景山水……175
戦国時代(中国)……027
戦国時代(日本)……139, 197, 198, 205, 210, 213, 218, 242, 244
戦国大名……209, 210, 212
戦後……066, 232, 313, 323, 335-338, 342-345, 349, 366, 373
戦時経済……352
「千字文」……072
『選択本願念仏集』……154

193, 194, 203, 206, 208, 209, 297
守護大名……197, 209
儒魂洋才……296
主宰……193, 327
呪詞……078
朱子学……182, 191, 226, 233, 234, 249, 250, 255, 256
呪術……019, 020, 055, 102
衆生……107
主人公……044, 128, 140, 186, 214
入内……112, 123
出家……140, 145, 173
縮景……090, 145, 155, 247
「出世景清」……255
主と客……187, 192
呪能……078, 099
呪法……056, 116
須弥山……021, 268
修羅……170
巡礼……116
書(道)……072, 104-106, 111, 128, 136, 137, 155
書院……120, 177, 185, 198, 199, 203
攘夷……270, 272, 274, 289
荘園……112, 116, 131, 180
女王……092, 214
正月……018, 243
城下町……209, 236, 247
承久の乱……164
将軍……045, 067, 068, 092, 093, 129, 149-153, 164, 178, 180, 184-186, 193-195, 198, 202, 228, 232, 233, 238, 248, 249, 252, 262, 273, 320
彰考館……248, 249
上皇……096, 132, 133, 141, 164, 191
小国(思想)……295, 365
成実宗……106
小乗仏教……062
浄禅一味……177
正倉院……084
『正倉院文書』……114
消息……064, 123, 127, 196, 226
『樵談治要』……197
正中の変……178, 179
正長の一揆……185
浄土……090, 096, 104, 114-119, 141, 148, 154, 158, 170, 177
唱導……113, 148
浄土教(浄土宗)……098, 099, 106, 117, 158
浄土真宗……213, 277
浄土の庭……141
消費税……368
蕉風……255
承平・天慶の乱……113, 129, 130
正法……115, 161
『正法眼蔵』……166, 167
声明……106, 148, 254
荘民……131
縄文……016, 019-029, 031, 035, 037, 040, 042, 046, 048, 056, 138, 218, 239, 375
条約改正……286
『小右記』……129
逍遥……239
照葉樹林……017, 018, 030
条理……251
浄瑠璃……118, 235, 254, 255
「松林図」……226
唱和……182
昭和維新……326, 327
『昭和文学盛衰史』……332
諸行無常……106
殖産興業……274, 279, 292, 339
職人……173, 177, 231, 236
織豊……211, 219, 220
植民地……301-303, 366
序詞……079
女真族……232, 248
食器……048, 049, 087, 226
女帝……066, 091, 092
所得倍増計画……351, 352, 357
白樺派……276, 306, 308
新羅……045, 046, 048, 055, 060, 061, 065-067, 084, 323
白州……050, 242
白砂……187, 367
白拍子……135, 142, 239
シルクロード……027, 084, 101
祠令……107
シロ……022, 031, 032
しをり……124
晋……027, 045
真……221, 222
秦……028, 030
清……232, 233, 270, 276, 282, 289-293, 300, 304, 307, 323, 371
辛亥革命……304, 322
心学……313
人格神……032, 055
新陰流……246
新かな・新字……338
辰韓……042
新幹線……357
神器……029, 049, 086, 350
人器……086
神祇……031, 032, 038, 057, 070, 071, 106, 107, 157, 159
神祇官……172
神祇令……107
神宮寺……070, 071, 107, 297
『新古今和歌集』……142, 153, 164, 200
神国……171, 172, 180
真言(宗)……099, 106, 057
神社……031, 055, 069, 070, 102, 157, 169, 171, 193, 263, 277, 288, 303, 309
神社神道……159, 308, 309
新自由主義……368, 378
真珠湾攻撃……331
人神……108
壬申の乱……068, 069
新人類……363
親政……109, 111, 122, 179, 180
『新撰万葉集』……109
神仙……021, 028, 059, 089, 097, 117, 190

寂しい……207, 315, 316
サブカルチャー……363, 364
サヘギ……024
差別……242, 279, 362, 363
左右対称……103, 111
申楽……175, 185, 186, 189, 195, 218
茶礼……185
サロン……098, 108, 118, 128, 192, 193, 202, 304
三阿弥……177, 203, 205
三・一運動……302
三遠……175
山岳仏教(密教)……088
三韓征伐……048
参議……281-284
参客……193
産業革命……266, 267
『三教指帰』……063
三国干渉……292, 323, 371
三国協商……306
『三国志』……041, 047
三国時代……041, 049
三国同盟……331
三十八年戦争……093
三十番神……158
「三十六人家集」……136, 137
三種の神器……029, 350
山水(画/思想)……128, 166, 167, 175-178, 182, 201, 204, 205, 367
「山水経」……166
「山水長巻」(「四季山水図」)……204
三世一身法……077
山川草木悉皆成仏……119
サンチー……022
山中他界……018, 021, 117
3・11……376
山東出兵……306
山王神道……157
山王日吉……072
三筆……104, 105
サンフランシスコ講和会議(条約/体制)……336-338, 341, 343
参謀……314, 320, 321
『三宝絵詞』……123
三宝の奴……057
山林修行……085, 087, 088, 094, 104
三論宗……106

し

『飼育』……350
志斐の連……075
寺院……058, 070, 077, 119, 158, 177, 297
自衛権……346
自衛隊……303, 336, 338, 344, 346, 355
止観……158
此岸……141
時間……026, 081, 158, 166, 173, 299
磁器……217, 226
四季絵……128
軸……177, 184, 196, 198
地下(連歌)……183
「事件記者」……350
地獄……090, 118
司祭……092
地侍……209
「時事新報」……290
事事無礙法界……085, 275
時宗……174, 175, 194, 195, 218
時衆……174, 175, 194
地震……031, 370, 376, 377
氏姓(制度)……052, 068
慈善主義……294
氏族仏教……058
事大……224
七支刀……046
「七人の侍」……346
『七人びくに』……256
七博士意見書……299
市中茶湯……222
漆器……217, 226
執権……162, 164, 168, 169, 178
しつらい……176, 199
主(シテ)……187
死なう団……305
志野……216, 217
忍ぶ恋……259, 260
芝居……200, 242-244
紫微中台……076, 091
時分の花……173
シベリア(出兵)……306, 310, 311
シーボルト事件……270
資本……267, 280, 335, 345, 352, 353, 373
島国根性……017
島原……243
注連縄……022, 031
下京茶の湯……206
下山事件……337
釈迦/釈尊……115, 118, 152, 157, 167, 329
写経……072
社稷……327
社稷派……318
写生……163, 263
借景……082
シャーマン……029, 092
三味線……334, 335
「ジャングル大帝」……353
上海事変……321, 324
重円打文……086
修学院離宮……241
『拾玉集』……145
宗教改革……137, 218, 278
修史学……251
終身雇用制……372
(日本)自由党……347
十二神将……181
十二単衣……099
終末思想……116
自由民権……284-286, 318
自由民主党……347
宗門改め……234
儒学……215, 233-235, 249-252, 262, 263
儒教……055, 056, 084, 215, 234, 2355, 327
祝告……036
修験……054, 088, 113, 174
趣向……102, 145, 182-184,

広葉樹林帯……017
向陽義塾(向陽社)……286
高麗……066, 169, 217, 231, 323
高麗茶碗……217, 222
功利主義……294
交隣……224
光琳模様……237
公論社……332
呉音……073
御恩……151, 162
古学……250
五岳……021
後漢……039, 041
御感悦の茶……149, 150
五経博士……051
古今伝授……197
『古今和歌集』……099, 102, 103, 110, 136, 200, 365
国王……039, 191, 192, 224, 225, 273
国画……293
国衙……112
国学……249, 251, 262, 264, 313, 339
国語……072, 106, 287, 302, 311, 332, 338, 339, 360
国語改革……338
国語醇化運動……302
国際連盟脱退……225, 321
国司……064, 112
国字……287
国書……062, 225
国体……277, 288, 305, 313, 328, 334, 337, 345
『国体の本義』……313
石高制……236
国柱会……305
国府……113
国風……099, 102, 111, 353
国分寺……087, 089, 180
国民主義……297
御家人……151, 152, 164, 178
古言・古文……250, 251
五胡十六国……045
九間……198
五山……153, 155, 181, 182, 194, 195
『古事記』……044, 062, 072, 073, 076, 275
古事記序……047
五七調(七五調)……079
五十音図……360
五五年体制……325, 351
『五重塔』……275
古浄瑠璃……255
「ゴジラ」……353
己心の浄土……119
牛頭天王……159
御成敗式目……164
戸籍……064
巨勢氏……058
古瀬戸……196
五族協和……315, 317
小袖……218
児玉党……129
『国家』……275
国会開設運動……285
国家警察予備隊……338, 344
国家神道……274, 288
『国記』……064
国教……191, 277, 288
乞食(者)……184, 189
固定為替相場制……356
コト……078, 079, 171, 221
コード……048
コトダマ(言霊)……015, 040, 058, 068, 074-076, 079, 080, 111, 332, 333
詞書……127
古風の式……182
古墳……026, 035, 040, 048
古文辞学……250
米騒動……306
子守歌……280
小紋……231
『古来風体抄』……164
御霊……102, 108, 109, 170
御領所……210
欣求浄土……118, 141
権現信仰……157
金剛界……157
『金光明最勝王経』……084
金銅仏……054
金春能……246
崑崙……021

さ

座……033, 182, 184, 193-195, 208, 271
『罪悪意識の二種』……328
最恵国待遇……272
西国……113, 138, 141, 183, 220
祭祀……023, 036, 045, 049, 050, 069, 107, 140, 343
在地名主……178
在日朝鮮人問題……362
細隆線文土器……016
佐伯氏……024
蔵王権現……159
境い……060, 201, 239, 316
堺……206, 213, 214, 219, 222, 247
さかひ……200, 201, 205, 207
榊(境木)……031
「嵯峨本」……237, 238
防人……080
作庭……082, 119, 155, 177, 178
『作庭記』……141
冊封……061, 062, 192
作分……205, 209
『鎖国』……312, 313
鎖国……191, 228, 230, 231, 274-276, 303, 313
『ささめごと』……200, 201
座敷(芸)……135, 198-200
指出検地……210
坐禅(座禅)……053, 049, 153, 154
薩長……274, 277, 320
殺人刀……246
薩摩……273
茶頭……220, 238
悟り……148, 167, 201
サナギ……029
寂び(サビ)……164, 165, 201, 202, 207, 221, 229, 240, 241, 258

倶舎宗……106
百済……046, 051, 054-056, 060, 061, 065-067, 094, 323
クニ……028, 039, 042, 045
恭仁京……077
くにぶり……111
国焼……195, 217
国譲り……045
国割り……224
口分田……131
曲輪……199
グローバリズム……042, 095, 109, 274, 299, 323, 362, 366, 372-374
黒船……269, 272, 273, 276, 286, 295
軍歌……308
軍国主義……333, 376
郡司……064
軍事(大国)……151, 152, 210, 290, 336, 344, 352, 371, 372
君側の奸……356
『君台観左右帳記』……203
軍閥……304, 314
軍令部……320

け

ケ(褻)……033, 034, 120, 156, 199
経済戦争……341
経済大国……344, 345, 363, 364
経世家……267
経世済民……250
計帳……064
慶長文化……228, 260
芸道……133
芸能……059, 078, 082, 133, 146, 172-175, 185-190, 192, 199, 200, 215, 242, 245, 254, 332, 360, 375
慶派……145, 162
化外……067
穢(れ)……050, 170, 171
外宮……157, 171
下剋上……185, 197, 198, 212, 223
『華厳経』……084-087, 090
華厳……054, 083-085, 087-090, 104, 106, 164
結界……022, 050, 071, 072, 199
「月光仮面」……349, 350
欠史八代……044
血盟団……305, 321, 326, 356
家人……151
気配……026, 038, 074, 090, 099, 155, 322
下野……283, 284, 321
家礼……131
顕……161
元……152, 169, 170, 178, 190
遣欧米使節団……276-279, 281, 283
『建元論』……278
顕教……084, 319
元寇……169, 170
元号……278
元弘の変……179
源氏……129-131, 141, 178
原子爆弾……333, 334
『源氏物語』……098, 102, 125, 126
原子力……269, 347, 348
遣隋使……052, 060, 062
憲政……286
還俗……203
現代かなづかい……338
『現代日本の開化』……276
減反政策……343
建長寺……168
剣道……231
遣唐使……060, 102, 109
元和偃武……230, 231
原発……347-349
源平……130, 137, 142, 143, 162
憲法……277, 278, 287, 288, 290, 311, 318-320, 336, 338, 344, 366
顕密習合……298
建武式目……181
建武の中興……178-180
玄洋社……285, 286
元禄(享保)文化……227, 237, 252, 254, 260

こ

恋しさ……315, 316
小泉・竹中改革……368
五・一五事件……305, 318, 321, 326, 327
公害……357
広開土王碑……046, 067
皇学……313
後金……232, 233
高句麗……045, 046, 060, 061, 065-067, 323
皇国観……331
甲午農民運動……289
高山寺……164
講式……148
光州事件……362
好色……135, 136, 189, 265
『好色一代男』……253
公職追放……347
荒神……148
『興禅護国論』……154
『構造・安定性・ゆらぎ』……350
豪族……044, 055, 058, 068, 093, 097, 130, 132
小唄……254
講談……261
公地公民……064
皇帝……028, 049, 062, 091, 169, 190, 192, 224, 232, 233
皇統……179
皇道派……330, 345
高度成長……351, 352, 357, 372, 373
神庭……050
公武合体……178, 179, 274
興福寺……058, 160
公武水火の世……178
公民……064, 131
『皇民自治本義』……327
高野山……072, 089, 104

枯山水……177, 178, 201, 367
河内……052, 219
漢……028, 030, 055, 094, 098
韓……027, 041, 046, 048, 055, 066, 282, 322, 323
寛永(寛文)文化……252, 253, 260
漢音……073
漢画……293
勧学会……118
勘合貿易……191, 192, 224, 225
韓国……282, 292, 301, 302
韓国併合……301, 302, 304, 371
漢詩……102, 109, 182, 196
漢字……036, 039, 040, 046, 047, 058, 062, 072, 080, 084, 095, 098, 099, 103, 126, 134, 287, 338, 360
ガンジス……052
漢字廃止論……287
環状列石……020
漢人……190
関税……272, 274
貫頭衣……042
関東軍……314, 315, 321, 322, 324
関東大震災……306, 308, 357
神奈備……021, 031, 032
関白……109, 110, 112, 129, 179, 197, 232
寛平延喜の時代……108, 109
漢風……070, 101, 103, 202
漢風諡号……070, 091
漢文……046, 047, 073, 103, 110, 127
桓武平氏……131
『観無量寿経』……329
寛文文化……252, 260
官僚……028, 064, 164, 274, 278, 282, 287, 292, 320, 335, 345, 351, 373

き

魏……027, 041, 042, 047
紀氏……058
祇園……102, 170, 184, 238, 243
帰化(人)……056, 375
飢饉……184, 271, 315, 366, 370
擬古主義……156, 314
機根……161
擬死再生……043
紀州……045
議定政治……112
「魏志倭人伝」……042, 047
寄進……131, 132
季節……033, 034, 107, 124, 208, 218, 370
黄瀬戸……216, 217
きそい……100, 101, 150
北九州……043-046, 066
北朝鮮……302, 303, 370
北野(天満宮)……109, 243
北の有事……129, 130, 152
北山文化……155, 184, 185, 189, 197, 201, 203, 207
北山第……192
基地……336, 340, 343, 344, 376
喫茶……114, 151
『喫茶養生記』……114
気っ風……211, 265
絹……018, 042
騎馬民族……044
吉備……045
黄表紙……261
気風……215, 237, 253
義務教育……311, 340
キモノ……042, 043
客神……193
宮中……075, 128, 288
宮廷……097, 098, 102, 108, 109, 237
9・11……369
宮都仏教……087, 088
行(法)……115, 148, 308, 309
行(真行草)……105, 222
教育勅語……288, 340
恐外病……275
教科書検定……340
狂歌連……261
教外別伝……150
行書……105
経典……054, 107, 149, 305
経伝……053
狂蕩……262
享保の改革……271
『玉葉』……143
清原氏……130
清元……254, 257
『去来抄』……258
義理……255-257
ギリシア語……075
キリシタン……219-221, 229
キリスト教……220, 229, 277, 294, 295
切妻……035
ギリヤーク……017
綺麗サビ……240
切れ字……366, 367
義和団事件……300
金印……039, 041
金閣……185, 192
銀閣……177, 203
金官国……067
禁忌……050, 367
今言・今文……250
禁色……129, 135
「近代思想」……298
禁中並公家諸法度……230, 233
金融……330, 368, 370, 378
金融革命……373, 378
禁裏の茶会……220
金陵……190

く

空……029, 037, 152, 156, 165, 176
空手還郷……165
空想史学……323
『愚管抄』……142, 153, 161
公卿……112, 191, 197
傀儡師……239
公家……095, 133, 137, 159, 183, 189, 191, 193, 213, 218, 230, 233, 238, 239
公験……151
鎖連歌……183

諡名……070
オゴリ……203, 207, 221, 240, 258
オーストリア継承戦争……227
オスマントルコ……214
おそれ……328
おたく……363
男絵……099
おとずれ……038, 187
踊り念仏……140, 174
鬼……026, 027, 170, 188
男手……096, 105
オブジェ……078, 085, 090
思ひやり……314
お雇い外国人……297
女形……111, 244, 245
オランダ……228-230, 272
「オランダ風説書」……229
織部(焼物)……216
織物……042
音仮名……072
音訓……047, 072, 080, 103
女歌……142
女絵……099, 127
女歌舞伎……244, 245
女義太夫……374
女手……096, 103, 105, 127
陰陽道……116
怨霊……096, 109

か

海禁……191, 230, 274
海軍……290, 317, 320, 324, 326
開眼会……086
戒厳令……311
海国……275, 276
開国……270, 272-274
会社……227, 228, 274, 279, 280, 351, 352, 373
会所……156, 157, 185, 192, 193, 198
楷書……105
海上保安庁……338
会所地……247
外臣……039, 041
海人族……022, 023
外征派……281
貝塚……020
街道……090, 263
外蕃……067
『懐風藻』……102
外来魂……029
回礼使……192
界隈……086, 199, 308
科学……268, 296, 340, 375
歌学……164, 251
鏡餅……018
餓鬼……170
科挙……366
格……129, 133, 204
掛詞……040, 099, 183
過差……129, 135, 181
かさね……071, 101, 107
襲の色目……099
加持祈祷……096
雅正……134
歌人……079, 164, 173, 188
華人……030, 045
春日権現……157
化政文化……262
仮想敵国……307, 322
華族制……311
型……154, 172, 231, 312, 313
片……121
片歌……182
片仮名……103
形代……032
形見……043
カタリ……058, 074, 123, 125, 128
語り部……023, 072, 075, 076, 129
花鳥風月……063, 097, 101, 137, 173, 201, 203
活人剣……246
葛城氏……058
桂離宮……241
仮道入明……225
門付芸能……200
仮名……040, 058, 072, 073, 076, 080, 086, 095, 096, 099, 103-105, 110, 127, 137
仮名序……103, 110
仮名草子……252, 256
『仮名手本忠臣蔵』……309
狩野派……212, 254
株(札)……271, 352, 373
歌舞伎……111, 118, 129, 148, 235, 244, 245, 252, 259, 261, 264
傾奇……129, 181
かぶき踊り……228, 229
株式会社……274, 351, 352
歌舞所……079
株仲間……271, 272
貨幣……072
鎌倉時代……054, 145, 156-158, 162, 163, 193
鎌倉幕府……151, 164, 179, 139
カマド……085, 199
神……021, 023, 026, 029, 032, 035, 036, 038, 043, 049, 050, 054, 055, 057, 059, 068, 069, 071, 072, 074, 078, 085, 086, 088, 090, 107, 108, 119, 125, 157, 158, 161, 172, 174, 186, 188, 190, 193, 199, 241, 259, 277, 327
神遊び……078, 187, 188, 190, 241
神風……169, 170, 180
上方(文化)……247, 254, 264, 265, 375
神の戦争……170
仮面……188
賀茂祭……129
伽耶(加耶)……065-067
歌謡……078-080, 174
歌謡曲……358, 359
加羅……065, 067
唐絵……099, 293
カラオケ……363
からごころ(漢意)……251, 266
ガラスロード……027
唐破風……297
唐風……096, 101, 102
唐物……194, 195, 207, 216
唐物数寄……181, 182, 266

岩倉使節団……278, 279, 281
磐境……031
院(政)……083, 131-133, 143, 153, 179, 183, 191
院宣……191
インダス(文明)……152
インド……021, 022, 027, 041, 047, 062, 063, 071, 157, 227, 228, 266, 305
『印度放浪』……357
忌部氏……075, 076
インペリアル・デモクラシー……337

う

ヴィクトリア朝……266
上杉(氏)……210
ウォークマン……360
浮き世(浮世/憂き世)……211, 254, 263, 314
浮世絵(師)……218, 231, 234, 237, 243, 261-264
浮世草子……243, 252-254, 262
『雨月物語』……261, 275
宇佐(八幡宮)……070, 171
氏神……054
『宇治大納言物語』……127
氏寺……054, 058
失われた十年……368-370
有主の縁……051
有心(体)……137, 164, 165, 183
有心無心の競詠……183
歌……023, 063, 078-082, 098, 100, 106, 183, 188, 200, 201, 203, 140, 142, 146, 147, 156, 165, 280, 308, 333, 358, 358, 375
歌合わせ(歌合)……100, 109, 135, 182
謡い……254
歌垣……018, 077, 244
歌枕……081, 082, 140, 141, 173, 208, 243
宇宙山……021
宇宙船地球号……374
ウツ……037, 038
ウツツ……037, 038, 123
『宇津保物語』……136
ウツロイ……037, 038, 043, 081, 177, 358
ウツワ……036, 037, 049, 086, 216
産土……024, 031, 032, 071
右翼……355
浦賀……272
ウラジオストック……310
漆……018
運上金……271
雲南……027, 120

え

英語……134, 190, 287, 311, 360, 361
エイサー……375
衛氏朝鮮……030
エイズ……351
永長の大田楽……133
永平寺……168
駅馬……064
絵暦……262
エスペラント語……311
穢多……279
越人……030
エディプス・コンプレックス……328, 329
穢土……116, 119, 170
江戸城……246, 247
エノラ・ゲイ……333
絵巻……127, 128, 156, 162, 354
蝦夷……067, 092, 093, 152, 376
エリザベス時代……227
「襟裳岬」……357
燕……030
縁……051, 116, 199
沿海州……017, 323
縁起……071, 127
延喜・天暦の治……112
縁語……183
遠州好み……241
円本……308
延暦寺……157, 214
園林……178

お

『応安新式』……182, 183
欧化(主義)……276, 292, 295, 297
黄禍論……324
王権……068, 073, 074, 093, 191
王険城……030
奥州藤原氏……130
往生……115-119, 149, 158, 160
『往生要集』……115-117
王政復古……179, 277, 295, 297, 325
王朝……039, 042, 045, 282, 303
王朝文化(平安)……096, 097, 099, 108, 120, 134, 136, 137, 142, 183, 185, 238, 254
応天門……102
応仁の乱……155, 184, 185, 197, 198, 200, 201, 209, 213, 238
王法……234
押領使……112, 130
大王……051, 052, 055, 061
大月氏……041
大坂夏の陣(大坂冬の陣)……230, 232
大塩平八郎の乱……270
大杉栄虐殺……308
大伴氏……052, 057, 068, 076, 091
鳳の国……323
大庭氏……131
大祓……107
オカルティズム……309
『興津弥五右衛門の遺書』……298
「翁」……375
沖縄……340, 344, 375, 376
『奥の細道』……141, 275
「小倉百人一首」……142, 165

事項索引

あ

愛郷塾農民決死隊……326
愛国公党／愛国社……285
赤狩り……337
アカ族……022
悪所(悪場所)……241-244, 252, 262, 275
悪党……150, 152, 164, 170-172, 180, 225
悪人正機説……154, 160, 172
阿衡の紛議……108
赤穂浪士……252
足利将軍……180, 186, 195
足利氏……177
足軽……197, 209
阿闍世コンプレックス……328, 329
飛鳥(文化)……057, 058, 060, 068
飛鳥浄御原宮……068
安曇連……023
安土城……219, 221
安土の宗論……214
安土桃山(文化)……218, 220
あっぱれ……122, 137, 138, 375
『吾妻鑑』……149
アヅミ……022
アナーキズム……306
アニメ……353, 363
あはれ……074, 097, 099, 122, 126, 127, 134, 137, 138, 145, 186, 265, 312, 314, 375
アブダクション……079
安倍氏(一族)……075, 130
アヘン戦争……266, 270, 272
阿弥(号)……174, 175, 194, 195
阿弥陀(如来・堂)……115, 118, 141, 148, 159, 160
阿弥陀一仏信仰……113
阿弥陀浄土……096, 117, 118
阿弥陀聖……113
アメリカ……266, 281, 287, 294, 303, 307, 322, 331, 336, 337, 340, 342-344, 346-349, 352, 356, 362, 368, 372, 373, 378
綾(アヤ)……019, 042
荒事……148, 215, 252, 259, 264
荒魂……147, 148
アロー号事件……272
あわせ……071, 099, 100, 101, 107, 150
『暗黒日記』……335
暗殺……214, 281, 287, 287, 301, 306, 355
安保……336, 343, 345, 349, 352, 372

い

帷幄上奏権……319
イエズス会……218, 219
衣冠束帯……043
イキ(粋)／意気(意気地)……264, 265, 375
『「いき」の構造』……315, 317
易行……113
イギリス……214, 227, 228, 266, 270, 272, 273, 300, 331
生け花……175, 354
異国船打払い令……270
胆沢(城)……093
異質性……316, 317
いじめ……363
意匠……102, 111, 203, 240, 254, 296
衣裳……186, 218, 244
維新……219, 267, 274, 276, 277, 280, 281, 284, 287, 289, 292, 297, 318, 320, 325-327, 357, 371
異人……172
以心伝心……367, 369
『和泉式部日記』……102
出雲……042, 045, 075, 170, 245
伊勢……070, 089, 144, 262
伊勢神宮……069, 157, 171, 361
伊勢平氏……129, 131
『伊勢物語』……102
石上神宮……046, 071
イダイケ問題……330
異胎の国……317
市(場)／市庭……050, 051, 077, 078, 236
一座(建立)……182, 184, 193, 194, 208
一条の世……122, 123
一乗本覚思想……157
一代一元(一代一号)……274, 278
市の聖……113-115
一味同心……183, 193
稜威……032, 275
逸格……129
一揆……185, 197, 213, 234
斎庭……050
斎く……050
一句連歌(短連歌)……183
一切去来……226
一向一揆……197, 213, 234
乙巳の変……064
一所懸命……152, 162
井戸茶碗……217
糸割符……229
稲作……022, 027, 028, 030-036, 042, 343
稲荷神社……157
いにしえごころ(古意)……251, 266
異風異体……129, 135, 215, 228
今様……128, 129, 135, 140, 144-147, 174
『妹背山婦女庭訓』……261
異様……072, 085, 171, 204, 371
刺青……019
色好み……136, 189
いろは歌……063, 106, 156
斎瓮(祝部)……049
祝部土器……086
磐座……031, 049

モンタギュー夫人 Elizabeth Montagu……304
文武天皇……076

や

柳生(但馬守)宗矩……245
保田與重郎……333
柳田国男……333
山鹿素行……250
山縣有朋……284, 320
山片蟠桃……267, 371
山岸宏……324, 325
山口百恵……358
山崎闇斎……235, 250
山崎貴……349
ヤマトタケル……044, 045
ヤマトトトヒモモソヒメ(百襲姫)……044
山名宗全……197
山上宗二……209, 223
野明……258
山本五十六……331
山本健吉……275
山本常朝……251, 259
山本周五郎……346
梁石日……363

ゆ・よ

雄略天皇……051, 052, 080
煬帝……062
用明天皇……054, 055
横井小楠……318
与謝野鉄幹……293, 297
与謝蕪村……261
慶滋保胤……118
吉田兼好……162, 182, 200
吉田茂……344-347
吉田松陰……282, 318
吉田拓郎……358
与次郎……222
米山正夫……375

ら・り

ラモス瑠偉……375
蘭溪道隆……168
陸象山……234
李成桂……191
李自成……232
履中天皇……049
立阿弥……175
龍樹(ナーガルジュナ)……152
良源……115
倫子(藤原道長正室)……115

れ・わ

冷泉天皇……122, 123
レーニン Vladimir Ilyich Lenin……300
蓮如……213
盧同……260
若乃花……350
和気清麻呂……094
渡辺華山……270
和辻哲郎……312, 313

藤原定家……082, 153, 164, 165, 200
藤原佐理……106
藤原純友……113
藤原時平……109
藤原俊成……164, 165, 188, 189, 200, 256
藤原豊成……091
藤原仲麻呂……076, 085, 091, 123
藤原秀郷……130
藤原不比等……060, 076, 077, 085, 111, 123
藤原道長……115, 122, 123
藤原基経……108, 109
藤原基俊……164
藤原行成……106
藤原頼忠……110
藤原頼長……141, 144
藤原頼通……129
フビライ・ハーン(フビライ皇帝)……169, 190
フラー, バックスミンスター Buckminster Fuller……374
プラトン Plato……275
プリゴジン Ilya Prigogine……350
古田織部……238-240
フロイス Luís Fróis……219, 223
フロイト Sigmund Freud……328
ブンシン・スギル(豊臣秀吉)……301
文室綿麻呂……093

へ・ほ

ペリー Matthew Calbraith Perry……272, 371
弁円円爾……168
遍照……108
宝字称徳孝謙皇帝(孝謙天皇)……091
北条貞時……164, 169
北条早雲……198
北条時宗……164
北条時頼……164, 168
北条政子……153
北条泰時……164
北条時政……153
法然……113, 114, 119, 145, 148, 149, 154, 158, 160
細川晴元……213
ホダカノミコト(穂高命)……023
ホメロス Homerus……075
堀江貴文……370
堀河天皇……133
本阿弥光悦……212, 228, 237, 238, 240, 247
本庄繁……321
ホンタイジ……232

ま

前島密(来輔)……287
牧野伸顕……326
正岡子規……290, 293, 297
正宗白鳥……335
松尾芭蕉……082, 124, 140, 173, 202, 235, 240, 252, 255, 257, 258
マッカーサー Douglas MacArthur……337, 338, 341
松方正義……286
松本健一……307, 318
松本清張……337
松本隆……358
丸山真男……275
卍山……155

み

三浦梅園……251
三木谷浩史……370
三木武吉……347
三島由紀夫……326, 355-357
水野忠邦……270, 271
美空ひばり……375
美智子(妃)……350
水戸光圀(徳川光圀)……180, 248, 249
南淵請安……327
源実朝……149, 150
源隆国……127
源為朝……141
源為憲……123
源満仲……129
源頼義……130
源義家……130, 143
源義朝……141, 142
源頼朝……129, 142-144, 149, 153, 162, 215
源頼信……130
ミマキイリヒコ(崇神天皇)……044
三宅雪嶺……297
都はるみ……358
宮沢賢治……305
明恵……164
明兆……182
ミーンズ, ガーディナー Gardiner C. Means……373

む

無学祖元……168
夢窓疎石……176, 177, 182
睦奥宗光……292
村上天皇……122
紫式部……122, 125, 142
村田珠光……155, 203, 205-207, 222

も

毛沢東……351
本居宣長……251, 261, 262, 266, 312-314, 339
物部尾輿……057
森有礼……219, 281, 287
森鷗外……298
守屋毅……200
モロトフ Vyacheslav Mikhailovich Molotov……334
文阿弥……175

徳川家継……260
徳川家宣……260
徳川家光……248
徳川家康……180, 212, 224, 228-232, 234, 237, 252
徳川斉昭……271
徳川光圀(水戸光圀・水戸黄門)……180, 248, 249, 251
徳川慶勝……320
徳川慶喜……320
徳川吉宗……260, 262, 271
徳富蘇峰……290, 297
智忠親王……241
智仁親王……241
ドストエフスキー Fyodor Mikhailovich Dostoyevsky……329
戸田茂睡……251
栃錦……350
舎人親王……060, 073
鳥羽上皇……142, 144
富永仲基……251
巴御前……142
土門拳……350
台与……092
トヨタマヒコ(豊玉彦)……023
豊臣秀吉……212, 214-216, 219-221, 223-226, 231-234, 238, 247, 301
鳥尾小弥太……286
トルレス Cosme de Torres……219
頓阿……175

な

中江兆民……275
中江藤樹……235, 250, 255
中上健次……362
中島みゆき……358
永田鉄山……322
中臣鎌足(藤原鎌足)……064, 068, 076
中大兄皇子(天智天皇)……060, 064, 066, 068
長屋王……108
難升米……041
夏目漱石……276, 293
ナポレオン Napoléon Bonaparte……266
並木正三……261

に

ニクソン Richard Milhous Nixon……355, 356
西周……287
西田税……326
仁科芳雄……334
二条院讃岐……142
二条良基……183
日蓮……063, 137, 145, 149, 157, 162, 167, 168, 170, 214, 305
新田義貞……179
新渡戸稲造……293, 294, 297
ニブツヒメ(丹生都比売)……089, 090
如浄……166
忍性……150, 194
仁徳天皇……044

ぬ・ね・の

ヌルハチ……232
ネッセルローデ Karl Nesselrode……310
能阿弥……177, 203, 205
ノヴァーリス Novalis……329
能因……140
乃木希典……298
野口雨情……306
野中兼山……250, 251

は

売茶翁……260
白隠……155
朴正熙……362
橋本左内……296
長谷川等伯……212, 226
ハックニシラススメラミコト……045
はっぴいえんど……358
鳩山一郎……347
塙保己一……251
浜口雄幸……317
早坂文雄……346
林銑十郎……321
林家三平……350
林羅山……233, 234, 249, 255
原敬……306
バーリ, アドルフ Adolphe A. Barle……373
ハリス Townsend Harris……272
バロウズ, ウィリアム William Seward Burroughs II……350

ひ

稗田阿礼……072
樋口一葉……296
菱沼五郎……326
敏達天皇……092
日野有範……159
卑弥呼……041, 043, 044, 047, 092
平田篤胤……313
平塚雷鳥……298, 304

ふ

フェノロサ Ernest Francisco Fenollosa……293
フェリッペ二世 Felipe II de España……214
福澤諭吉……219, 284, 290
藤島武二……293
富士谷成章……339
藤田幽谷……278
藤若(世阿弥)……184
藤原新也……357
藤原惺窩……233, 234, 249
藤原兼家……122, 123
藤原鎌足(中臣鎌足)……068, 076
藤原経清……130
藤原清衡……130
藤原公任……110

徐福……028
舒明天皇……092
白河天皇(上皇)……132, 133
親魏倭王……041
神功皇后……048, 092
心敬……165, 167, 184, 200-202, 256
秦の始皇帝……028
神武天皇……044, 045, 049, 070
親鸞……119, 137, 145, 153, 158-160, 162, 172

す

推古天皇……061, 091, 092, 111
綏靖天皇……044
垂仁天皇……045
瑞竜軒……261
崇禎帝……232
菅原道真……102, 108, 109
スクナヒコナ(少名毘古那)……125
スサノオ……147
崇神天皇……044, 045, 052
鈴木貫太郎……334
鈴木正三……251
鈴木清順……375
鈴木大拙……145, 158, 275
鈴木春信……261, 262
鈴木三重吉……306
ステルンベルク, テオドール Theodor Sternberg……340
崇徳上皇……141
角倉素庵……238
角倉了以……238

せ

世阿弥……082, 140, 154, 155, 173, 175, 184-189, 195, 200, 201, 215, 246, 255
清少納言……122, 124, 127, 142
聖明王(聖王)……051, 055, 056
絶海中津……182
雪舟……182, 204, 205
蝉丸……171
善阿……175, 183
善阿弥……175
宣徳帝……225
千利休(宗易)……082, 173, 195, 206, 219-223, 238, 239, 241

そ

相阿弥……177, 205
宗砌……184
副島種臣……281-283
曾我蕭白……261
蘇我稲目……057
蘇我入鹿……060, 064
蘇我馬子……052, 060, 064
蘇我蝦夷……060, 064
則天武后(武則天)……087
蘇馬諟……039
ソンタグ, スーザン Susan Sontag……363
孫文……304, 322

た

醍醐天皇……112
大正天皇……306
太宗……065
大道寺友山……255
大日能忍……135, 157
平清盛……138, 141-144
平維衡……129
平重盛……142
平忠常……130
平将門……113, 115, 131, 143
高倉健……257, 375
高野長英……270
高野新笠……094
高橋由一……293
高見順……332, 333
滝廉太郎……293
沢彦……215
竹田出雲……261
竹中平蔵……368
武野紹鷗……207-209, 221
竹久夢二……306-308
橘奈良麻呂……091
橘逸勢……106
橘広相……109
橘諸兄……091
田中義一……315
田中智学……305
田中隆吉……324
谷干城……286
田沼意次……271
タフト, ロバート Robert Alphonso Taft……340
たまき(岸たまき)……307
俵屋宗達……212, 228, 240, 247
弾左衛門……242, 279
団琢磨……326
弾直樹(十三代目弾左衛門)……279

ち

近松半二……261
近松門左衛門……227, 235, 252, 254-256
茶々丸……198
張作霖……314
長次郎……222
全斗煥……362

つ・て

辻嘉六……347
蔦屋重三郎……261
鶴見俊輔……361
手塚治虫……353
鉄眼……155
天智天皇……060, 064, 066, 068, 070
天武天皇……060, 068-070, 072, 081, 092

と

道鏡……092, 094
道元……054, 139, 149, 150, 154, 157, 158, 165-168, 202
頭山満……285, 286
超子(藤原兼家娘)……123
徳川家重……260

継体天皇……052
契沖……251, 339
ゲーテ Johann Wolfgang von Goethe……329
ケプラー Johannes Kepler……268
元正天皇……073, 091
源信……114, 115, 119
源道義(足利義満)……191, 192, 225
研ナオコ……358
ケンプ, エンゲルベルト Engelbert Kaempfer……230
建文帝……191
玄昉……086
元明天皇……091, 092
建礼門院右京大夫……142

こ

小泉純一郎……368, 370
後一条天皇……122
皇極天皇……091, 092
孝謙天皇……091
孝元天皇……044
皇太子(明仁親王)……350
幸田露伴……118
幸徳秋水……299, 307
光仁天皇……092, 094
河野一郎……347
光武帝……039
光明皇后(光明子)……076, 077, 091
河本大作……314
後円融天皇……132
虎関師錬……182
古渓宗陳……222
後小松天皇……132
古澤平作……328, 329
小侍従……142
後白河天皇(法皇)……135, 141, 142, 146, 174
後朱雀天皇……122
巨勢麻呂……068
後醍醐天皇……172, 176, 179, 180
児玉誉士夫……347
ゴダール Jean-Luc Godard……350
後藤象二郎……281-283, 286
後藤新平……310, 311
コトシロヌシ(事代主神)……032
後鳥羽上皇……142, 153, 164, 165, 179, 183
近衛文麿……352
後花園天皇……132
小林多喜二……308
コペルニクス Nicolaus Copernicus……267, 268
小堀遠州……240, 241
後水尾天皇……237, 241
ゴルバチョフ Mikhail Sergeevich Gorbachev……351, 368
惟喬親王……108
伊治のアザマロ……092
権藤成卿……326-328
金春禅竹……155, 203

さ

西行……082, 135, 137, 139-141, 145, 173, 186, 200, 201
西郷隆盛……278, 279, 281-285, 318, 320, 321
西条八十……306
最澄……072, 085, 088, 094, 104, 106, 115
斎藤道三……216
斉明天皇……066, 067, 091, 092
佐伯石湯……068
堺利彦……290
酒井抱一……254
坂口安吾……372
逆髪……171
坂上田村麻呂……093
佐久間象山……296, 297
迫水久常……334
佐々木道誉……182
佐藤栄作……346
佐藤尚武……334
佐藤義清(西行)……173
佐成謙太郎……189
ザビエル Francisco de Xavier……219
早良親王……102
三条実美……282, 283
三条天皇……122, 123
山東京伝……261

し

慈円……142, 144, 145, 153, 159, 161
塩見鮮一郎……279
志賀重昂……297
重藤千春……324
静御前……142
志筑忠雄……230
持統天皇……060, 069, 077, 091, 092
志道軒……261
司馬遼太郎……317
島崎藤村……325, 326
島田正吾……375
下村治……352
釈迦(釈尊・ブッダ)……115, 152, 153, 157, 167, 329
シャ乱Q……360
周文……155, 182
朱元璋(洪武帝)……190
朱子……234
朱舜水……248, 249
酒呑童子……170
淳仁天皇……091
聖徳太子……052, 054, 055, 057, 060, 061, 063, 064, 111, 160, 225
称徳天皇……091
成弁……167
勝宝感神聖武皇帝(聖武天皇)……091
聖武天皇……057, 069, 076, 077, 084, 087, 089, 091
正力松太郎……347-349
笑嶺(宗訢)……222
式子内親王……142
如拙……155, 182, 196

王莽……039
王陽明……234
大海人皇子(天武天皇)……066, 068
大炊王(淳仁天皇)……091
大江健三郎……350
大岡忠相……271
大木喬任……282, 283
正親町天皇……220
オオクニヌシ……045
大久保利通……277-279, 281-285, 287, 318
大隈重信……282, 283, 286, 307
大塩平八郎……270
大杉栄……298, 308
太田道灌……209
大田南畝……261
太田裕美……358
大伴宗麟……220
大伴弟麻呂……093
大伴金村……052
大伴坂上郎女……081
大伴旅人……068
大友皇子……068
大伴家持……068, 080
太安万侶……047, 072
大村純忠……220
大村益次郎……282
大藪春彦……350
岡倉天心……151, 293, 297, 317
尾形光琳……237, 254
荻生徂徠……235, 250, 251
小椋佳……358
長田弘……361
織田信長……180, 214-216, 219-224, 231, 234, 238, 247
小津安二郎……369
乙前……146
小沼正……326
小野妹子……052, 062
小野小町……096, 108
小野道風……106
男大迹王(継体天皇)……052
折口信夫……029, 275, 331-333, 374
オルガンティーノ Gnecchi-Soldo Organtino……219
音阿弥……195

か

開化天皇……044
快慶……145, 153
貝原益軒……235, 251
柿右衛門……226
柿本人麻呂……078-080
覚鑁……106
笠森お仙……261
花山天皇……122
梶原景時……153
荷田春満……251
勝海舟……291
葛飾北斎……263, 361
桂米朝……375
金森宗和……240
金子光晴……354
狩野正信……203
上村哲彌……332, 333
鴨長明……137, 145, 157, 162, 181, 188, 189, 200, 201
賀茂真淵……251, 262
柄井川柳……261
カルヴァン Jean Calvin……218
川上音二郎……293
川崎長光……326
川島芳子……324
川瀬敏郎……375
川面凡児……308, 309
観阿弥……175, 185, 195
顔真卿……105
管野スガ……304
漢委奴国王……039
桓武天皇……093, 094, 101, 122
漢廉斯邑君……039

き

其角……257
岸信介……346, 348, 351
宜秋門院丹後……142
北一輝……305, 311, 327
北向道陳……221
義堂周信……182
木戸孝允……277, 281-283
キーナン, ジョセフ Joseph Berry Keenan……340, 341
紀有常……108
紀有常娘……108
木下恵介……350
紀貫之……103, 108, 110, 111
紀長谷雄……109
吉備津彦……045
吉備真備……086, 109
金史良……362
金時鐘……362
金芝河……362
キャンディーズ……358
行基……088, 114
清沢洌……335
去来……258
キリスト Jesus……116
キーン, ドナルド……361
キング牧師, マーティン・ルーサー Martin Luther King, Jr.……355
金春秋(武烈王)……065
欽明天皇……053-055

く

空海……024, 063, 072, 085, 088, 089, 094, 099, 104-106, 108
空也……099, 113-115, 127, 174
陸羯南……297
九鬼周造……312, 315-317
救済……183
九条兼実……143
楠木正成……172
熊沢蕃山……235, 250
クマソタケル……045
黒澤明……346
黒田清輝……293
桑田佳祐……359
クンデラ Milan Kundera……329

け

芸阿弥……177, 205
景行天皇……045

人名索引

あ

青山半蔵……326
赤染衛門……142
詮子(藤原兼家娘)……123
彰子(藤原道長娘)……115, 123
秋田実……359
芥川龍之介……346
アクバル大帝 Jalāl'ud-Dīn Muhammad Akbar……214
阿久悠……359
竹内栖鳳……293
明智光秀……214
足利尊氏……179, 181
足利義勝……185
足利義教……185
足利義尚……198
足利義政……185, 197, 203
足利義満……184, 185, 189, 191, 192, 201, 203, 215, 225
足利義持……196
阿闍世……329
アダム Adam……029
アダムス, ウィリアム William Adams(三浦按針)……229
アテルイ……092, 093
阿部仁三……332
阿倍内親王(孝謙・称徳天皇)……091
アマテラス……032, 052, 069, 159, 267
網野善彦……050, 375
アメタリシヒコ(タラシヒコ)……061
新井白石……251, 262
荒井由実……358
阿直岐……046
在原業平……096, 108
安重根……301

い

飯豊王女……092
井伊直弼……273, 274
イヴ Eve……029
李御寧……365
生田長江……304
井口貞夫(駐米大使)……347
池田勇人……346, 351, 352, 357
池波正太郎……364, 365
イザナギ……032, 157
イザナミ……157
石井光次郎……348
石川淳……372
石川丈山……260
石川啄木……298, 299, 304
石田梅岩……313
石橋湛山……347, 366
石原莞爾……305, 321, 322
石原裕次郎……350
和泉式部……126, 296
イズモタケル……045
出雲阿国……228, 229, 245
伊勢……142
韋提希……329
板垣征四郎……321, 324
板垣退助……278, 279, 281-284
市川團十郎……252, 259
一条兼良……155, 197
一条天皇……122, 123
銀杏下のお藤……261
一休宗純……155, 202-204, 206, 222
一山一寧……168
一遍……140, 145, 172, 174
伊藤若冲……261
伊藤仁斎……235, 250
伊藤博文……278, 279, 281, 285, 301, 302, 318
イドン・バクムン(伊藤博文)……301
犬養毅……326
井上馨……286
井上準之助……326
井上日召……305, 326
稲生若水……235
飯尾宗祇……155, 184, 203
井原西鶴……227, 235, 252-254, 256, 265
伊吹童子……170
今井宗久……219
李良枝……362
岩倉具視……277-279, 281, 283, 287
岩佐又兵衛……229
隠元……260
殷富門院大輔……142

う

ヴァリニャーノ Alessandro Valignano……219
ヴィレラ Gaspar Vilela……219
上田秋成……260-262
上野景範……282
ウォルフレン Karel van Wolferen……073
宇垣一成……345
宇崎竜童……358
宇多天皇……108, 109, 112
内村鑑三……293-295, 297, 299, 366
運慶……145, 153

え

栄西……054, 114, 149, 150, 153, 154, 158
叡尊……150, 194
永楽帝……192, 225
江川桜堂……305
江藤新平……278, 279, 281-283
慧能……187
海老名弾正……294
エリザベス女王 Elizabeth I of England……214, 227
袁世凱……304, 322
円融天皇……122, 123

お

王羲之……072, 105
応神天皇……044, 046, 048
王直……225

幽玄……188
複式夢幻能……189
もどき……190
明帝国……190
座……193
同朋衆……195
六古窯……196
しつらい……199
家・空間・芸能……199
冷え寂び……201
和漢のさかいをまぎらかす……207
作分……209

●天下の器量、浮世の気っ風。

異風異体の継承……215
桃山のウツワ……216
磁器の見立て……217
高麗茶碗……217
振舞と数寄……218
南蛮文化……218
西欧感覚……219
キリシタン文化の可能性……220
ワビと黄金……221
秀吉の野望……224
勘合貿易と朝鮮出兵……225
近世の陶磁器……226
東インド会社……227
鎖国……230
鉄砲と花火……231
都のルネサンスと「嵯峨本」……237
茶人と貧……239
綺麗サビ……240
弾左衛門と江戸の被差別民……242
悪所と歌枕……243
遊郭と芝居小屋……244
江戸の都市計画……247
朱舜水……248
桃山から江戸へ……252
浸透する義理と人情……255
蕉門のサビ……258
江戸の見立て……263
江戸と上方……264
スイからイキへ……265
一八〇〇年のヨーロッパ……266

●黒船、敗戦、原子力。

アヘン戦争……270
幕府の天皇……272
幕末アライアンス……273
『国家』のない日本……275
海国日本と明治……275
廃仏毀釈……277
近代化と子守歌……280
征韓論……282
頭山満と玄洋社……285
大日本帝国憲法の矛盾……288
戦争への反応……290
勝海舟の中国観……291
有司の政治……292
二つのJ……294
内村鑑三の「小さな政府」……295
和魂洋才……296
てりむくり……297
時間による社会設計……299
秀吉と博文……301
朝鮮と日本……303
辛亥革命……304
日本の失敗……307
夢二のうつつ……307
宣長と戦意高揚思想……313
世界恐慌……315
統帥権干犯問題……318
江戸と維新の統帥権……320
石原莞爾と満州事変……321
王道楽土……322
多民族国家「日本」……323
日本人=ユダヤ人同祖説……323
権藤成卿と自治学会……327
もうひとつのエディプス・コンプレックス……329
道義と国益……331
柳田・折口・保田……333
『暗黒日記』ダイジェスト……335
インペリアル・デモクラシー……337
占領下の日本……337
国語と国家……339
教育の日本……340
東京裁判とニュルンベルク裁判……341
東京裁判史観と靖国問題……342
吉田茂のシナリオ……345
ヤクザを知る……349
日本的経営と高度成長……352
靴を脱ぐ国……352
マンガと「和の仕切り」……354
江戸東京の「拝借文化」……354
天皇争奪の昭和史……356
金本位制崩壊……356
価値観ががらがら変わる国……357
歌謡曲の最前線……358
語りの問題……359
国語に弱い日本人……360
「の」……361
西洋化と押しつけ主義……361
消費過剰時代……363
日本的サブカルチャー……363
鬼平の眼……364
もしも日本がなくなったら……367
権力のありどころ……368
失われた十年の後……370
日本的経営の行方……373
グローバリズム……374
伝統文化の「方向」……374
日本人にとっての日本人……375
「一途で多様」なJAPANS……375
沖縄の力……376
日本人とリスク……377

コラム目次

●イレズミの国、コトダマの国。

把っ手型の列島……016
ナラ林帯と照葉樹林帯……017
日本人のルーツ……018
バツ……019
シンボルとストーリー……021
ヤマのイメージ……021
アヅミ……山と海……022
結ぶ感覚……024
共鳴するリズム……025
残響する縄文……026
古代大陸ルート……027
神仙の国……028
サナギ……029
燕人と越人……030
ヤマとシロ……031
苗代と依代……032
「ハレ」と「ケ」……033
マツリ……034
竪穴式と高床式……034
「ここ」と「むこう」……035
階級とカミ……036
ウツワ……036
ウツ・ウツツ・ウツロイ……037
ウツロイと神々……038
漢委奴国……039
音声と文字のあいだ……040
日本語の謎……040
三国時代と邪馬台国……041
キモノとムスビ……042
天孫降臨……043
卑弥呼と祟神……044
出雲王朝……045
五胡十六国と朝鮮……045
漢字表記のテクノロジー……047
神功皇后伝説……048
庭と市……050
アジアとマンダラ……052
密教と禅……054
人格神との出会い……055
渡来人……055
言葉の戦争……057
日本語の国へ……058
仏教と神事的な世界……059
隋帝国……060
アジアと日本の無常……062
無常観の展開……063
半島動乱……065
幻の加耶……066
天武の国家祭祀……069
デュアル・スタンダードという方法……070
狭い国の神仏……071
「まこと」と物語……073
モノガタリ……074
言霊と語り部……075
古代の市……077
五七調……079
人麻呂の方法……079
万葉の「時」……081
歌枕と見立て……081
見立てと遊芸……082

●華厳、マンダラ、南無阿弥陀仏。

東アジアと天平文化……084
華厳のイマジネーション……085
山林修行僧……087
南都六宗と密教……088
古代文化と水銀……089
縮景のデザイン……090
女帝の時代……091
風水……094
大和文化と京文化……095
「みやび」と「ひなび」……096
女房の文化……098
あわせ……099
あわせ・そろい・きそい……100
和漢の並立……103
空海の書と平仮名……104
いろは歌……106
人神感覚……108
貫之の日本語計画……110
念仏ブーム……114
空也の喫茶……114
末法と終末……116
アジアのユートピア……117
山中他界と浄土……117
天台本覚思想……118
間と無常……120
間と真……121
ちいさなカミ……125
はかなし……125
「やまとごころ」と「もののあはれ」……126
物語と風……127
主人公の美術……128
過差……129
兵と武士……131
院政と治天……132
タオイズム……133
みやびと風流……134
風流から遁世へ……134
好きと数寄……135
あはれとあっぱれ……137

●歩く西行、坐る道元。

王朝女歌の系譜……142
平氏の興亡……143
今……144
武者と無常……145
今様……147
和魂と荒魂……147
禅と茶……150
征夷大将軍……152
禅の波及……152
禅と型……154
鎌倉仏教と時間……158
他力本願と悪人正機説……160
道理……162
道元と山水思想……166
穢なるものの力……170
時衆と阿弥号……174
中国の水墨画……175
白紙、余白、無、空……176
「禅の庭」と「武将の庭」……177
枯山水……178
神国日本……180
バサラ……181
会席と持成……184
能……185
能とファッション……186
「神遊び」から「人遊び」へ……187

あとがき

日本には古来このかたグローバリズムとパトリオティズムが、ユニヴァーサリズムとローカリズムが、たいていは二重に、ときに多重に、かつ表裏の関係ではたらいてきた。漢風と国風、真名と仮名、朝廷と幕府、公家と武家、和魂と洋才、和語と英語が並び立ち、いまなお旅館とホテル、和食と洋食、洋画と日本画があいわらずの二頭立てなのだ。だいたい国名の呼び方にして「にほん」か「ニッポン」かが決まらない。

こうした特色を大きな目で見てみると、吉田茂時代を中心に戦後日本の社会特色を研究してきたジョン・ダワーが言うように、日本はひょっとするとJAPANとしてまとめようとするよりも、JAPANSというふうに複数形でみなしたほうがいいのかもしれない。日本はそれほど「一途《いちず》で多様」なのだ。

大きな環境条件からしても太平洋岸と日本海側、津軽と薩摩は違っているし、東アジアとの関連で見ても旧満州や朝鮮半島につながるナラ林帯と、中国南部や東南アジア北部とつながる照葉樹林帯とは違っている。

そのナラ林帯だって、ツングース系の内陸型は狩猟・採集の移動文化と山の祭りを大事にしてきたが、沿海型はサケ・マスの漁労を中心に竪穴式の住居で定住していたのだし、照葉樹林のほうでは焼畑農業が始まってアワ・ヒエ・ソバなどの雑穀《ざっこく》、モチ・チマキ・オコワなどの粘りっけのある穀物、サトイモ・ナガイモなどのイモ類を食用にした。日本人の「お正月」は全国共通のようでいて、そこにはモチ正月とイモ正月が二重に分かれて発達してきたのである。

つまり日本は早くから遊民《ゆうみん》と常民《じょうみん》がまじっていて、加えてそこには渡来民が次々に入ってきたので、やがて生活習慣や風俗文化はさまざまに習合されたのだった。日本はもとよりハイブリッドなのである。ぼくはそこに日本の編集文化の特質を見てきた。

だいたいこんなに隣り合わせの近しいはずの日韓において、言葉や文法や文字づかいや衣裳や色彩感間が異なっているのだ。それでいてわれわれはともにモンゴロイドであって、ツングースやマンチューリの風の中にいる。韓国が漢字文化を放逐しつつあることも、日本からすると意外なことだろう。

こういう日本を一様に語るのは、もうよしたほうがいい。むしろ古代から現代を、新たな多様多彩な視野と説明力によって語ったほうがいい。そのうえでたとえば「冷えさび」「枯山水」「もどきの歌舞伎」「アニメな文化」を、「蝦夷《えみし》」「志野《しの》」「ヤクザ映画」「Jポップ」を浮上させたほうがいい。宗教感覚ももっと磨くべきである。それは信仰であるとともに、生活であり文化なのである。たしかに日本人はいまでも各地で「イノリ」と「ミノリ」を重視しているが、そうだからといって「瑞穂の国」とはまとめがたく、「神々の国」だとも言いがたいのだ。仏教をもたらしたのは渡来民なのである。われわれは仏式で葬儀をすることに慣れたのだ。

習慣や風俗だけではない。日本人の表現方法も「一途で多様」に発展してきた。言葉のほうでは縄文このかた長らく文字をもたなかったことが影響して、観念の中にうごめいていた原日本語的な音と意味の表象関係が、漢字が入って変化して、さらにここに仮名やカタカナや横文字がくっつくようになってからは、原日本的なるイメージは外の文字綴りとの照応の具合によって、多様多彩な表現力を発揮していった。「風来・風味・風情」といった言葉にはそんな和漢の独特の混淆があらわれている。

それはいまでもずっと続いている。ポップバンドのカタカナ漢字英文字まじりの「シャ乱Q」というネーミングだって、いろはとロハスを組み合わせたコカコーラ社の「いろはす」だって、Jリーグの「サンフレッチェ広島」「ベガルタ仙台」「サガン鳥栖《とす》」といったチーム名にだって、そういうハイブリッドをめざした編集方法が生きてきた。サンフレッチェは「三本の矢」、ベガルタは七夕の「織姫ベガ」、コンサドーレは鎖連歌《くさりれんが》さながらの「道産子《どさんこ》」の逆さ読みなのである。

本書は、このように表裏の関係が二重多重の返しがえしになっている日本について、ぼくがあれこれ書き綴ってきたことを、工作舎の米澤敬君がたくみに引用編集してくれたものである。一応は時代順・主題順になっているのだが、ぼくの歴史観が噴出しているというよりも、読み手のことを配慮して日本史的な出来事についての記述がフォローされ、そこにぼくの日本文化の「読み」が出入りするというふうになっている。一般読者のためにルビも多めについた。あいだに蝶番《ちょうつかい》としてのキーワード解説が入ってくるようにもしてくれた。

あらためて、このように編集構成された〝読みとばし日本情報文化史〟のようなものを通読してみると、自分でこんなことを言うのは変だけれど、たいへんおもしろかったとともに、ずいぶん多様な日本をそのつど表現を変えながら観察してきたものだとも思った。むろん、ここにはその断片しか引用されていないので、詳しくは該当書やぼくの原文にあたってもらいたい。

それにしても最近の日本がどこに向かっているのか、いささかわかりにくくなってきた(と思われている)。心配する向きもあるし、もっとフツーの国でありたいと思う向きもあり、そろそろ日本の主張を通して鬱憤を晴らしたがっている向きもある。

それなら以前はどうだったかというと、すでに本書の随所に語られているように、日本はいつも可変的で、出たとこ勝負で、外圧に弱かった。そのあたりの〝国癖〟のようなものについて、中江兆民は「日本人にはいつまでも恐外病《きょうがいびょう》と侮外病《ぶがいびょう》が治らない」と言っていた。その一方で、時代ごとの日本社会のあちこちに独特の表現文化が発酵していった。それが能や浮世絵や少女マンガに、茶道具や歌舞伎やJポップになっていったのである。これらは同時に、かつ並列的に、JAPANSとしておこってきたことなのだ。

それゆえこのことを、ゆめゆめ伝統文化と現在文化に分けないほうがいい。また現在文化や平成のポップカルチャーだけをクールジャパンなどと呼ばないほうがいい。義経の緋縅《ひおどし》や『梁塵秘抄』の今様や常磐津・新内も、大津絵や小村雪岱《せったい》の挿絵や杉浦非水の意匠も、無印良品や中川政七商店と同様のクールジャパンなのである。

では問題がどこにあるかといえば、日本人が日本のことを縦横無尽に語れない(ようにしてきた)ということにある。文化を多様に語る愉快を喪失してしまったのだ。学校や図書館のせいもある。教師や専門学者やメディアのせいもある。クイズ番組の「あてもの」で日本を知ろうとしてもむりなのだ。それはいつまでたっても日本に「針小棒大」しかもたらさない。

日本人が日本を語れなくなったのは、教養がすたれて修養を選んだからだと言ったのは唐木順三《からきじゅんぞう》だった。明治三〇年あたりにその変異がおきていると指摘した。水村美苗《みずむらみなえ》は『日本語が滅びるとき』で、明治の文章(たとえば露伴《ろはん》)が読めなくなった今日の日本人には、日本が欠けていると言った。いずれも儒学・国学・仏教の知が脱落していったことを問題にしている。

それはその通りである。しかも、このことが歴史観を薄っぺらなものにしていった。しかしぼくは、それとともに昭和の社会文化の中で欧米思想と東洋思想を本気で比較しようとしてこなかったことも、大いに問題だと思ってきた。本書ではふれていないけれど、われわれは宋元水墨画やベトナム史や日本の南北朝に疎《うと》いとともに、ギリシア悲劇、三〇年戦争、イスラム史、ギリシア正教、ハプスブルク帝国も横目でちらっと見ただけなのである。

「にほん」と「ニッポン」、JAPANとJAPANSを考えることは、いまや世界史の中の日本を深甚と眺めることでなければならない。本書とともに『世界と日本の見方』『世界と日本のまちがい』（春秋社）を読んでいただけるとありがたい。

よく見ればなづな花咲く垣根かな

松岡正剛

［著者紹介］

松岡正剛●*Seigow MATSUOKA*

一九四四年一月二五日、悉皆屋の長男として京都に誕生。この年、東条内閣が総辞職しドイツではヒトラー暗殺未遂事件が起こる。少年期・青年期は東京日本橋および横浜ですごし、早稲田大学中退後、高校生のための読書誌「ハイスクール・ライフ」編集長となる。マクドナルドが日本に上陸し、ニクソン・ショックが世界を震撼させた一九七一年、オブジェ・マガジン「遊」創刊とともに、工作舎を設立。八〇年代初頭より日本美術文化全集「アート・ジャパネスク」（全一八巻）の総合編集を担当（刊行は1982-84）。一九八二年に工作舎より独立し、八七年、編集工学研究所を設立。八二年にはCDとテレホンカードが登場、八七年にはアップルがマッキントッシュを発表し、日本では『サラダ記念日』と『ノルウェイの森』がベストセラーとなっていた。二〇世紀の最後の年である二〇〇〇年、ウェブ上ブックナビゲーション「千夜千冊」をスタート、現在も継続中である。本書出典（〇一三ページ参照）以外の編・著作に、『ヴィジュアルコミュニケーション』（講談社）、『自然学曼陀羅』（工作舎）、『空海の夢』（春秋社）、『情報の歴史』（NTT出版）、『フラジャイル』（ちくま学芸文庫）、『遊学』（中公文庫）などがある。編集工学研究所所長、イシス編集学校校長。俳号「玄月」。

にほんとニッポン――読みとばし日本文化譜

発行日――二〇二四年一〇月二二日 第一刷発行　二〇二四年一一月二二日 第二刷発行
著者――松岡正剛
編集――米澤敬
エディトリアル・デザイン――宮城安総＋佐藤ちひろ
印刷・製本――株式会社精興社
発行者――十川治江
発行――工作舎　editorial corporation for human becoming
〒169-0072　東京都新宿区大久保2-4-12　新宿ラムダックスビル12F
phone : 03-5155-8940　fax : 03-5155-8941
URL : http://www.kousakusha.co.jp
e-mail : saturn@kousakusha.co.jp
ISBN978-4-87502-460-6

自然学曼陀羅

◆松岡正剛

物理学とインド哲学、定常宇宙論と空海の密教、生物学と神秘学、現代美術とタオイズム…専門性・分業性の閉塞状況を破る全自然学論考。情報文化論を展開する著者の処女作。

●四六判上製●280頁●定価　本体1800円+税

田中泯 海やまのあひだ

◆岡田正人=写真

ダンサー田中泯と写真家岡田正人の30年におよぶコラボレーションの記録。本書収録の〈ハイパーダンス1824時間〉などで、日本全国を共に巡り歩いた松岡正剛による寄稿も。

●300×295ミリ上製●126頁(カラー48頁)

●定価　本体9000円+税

オデッセイ1971—2001

◆工作舎=編

選りすぐったアンソロジーでたどる、工作舎30年の軌跡。初代編集長の松岡正剛と十川治江二代目編集長による対談、『遊』創刊号+1001「相似律」特集号のサムネールを特別収録。

●四六判変型上製●308頁●定価　本体2000円+税

にほんのかたちをよむ事典

◆形の文化会=編

天狗、数珠、刺青、身振り…。日本文化のさまざまな「かたち」を読んで見て楽しむ事典。金子務、小町谷朝生、水木しげる等総勢66名の執筆陣が、項目200余を読み解く。図版満載!

●A5判上製●532頁●定価　本体3800円+税

茶室とインテリア

◆内田 繁

日本人の身体感覚を活かす空間デザインとは?　日本を代表するインテリア・デザイナーが、「縄文」や「数寄」、「見立て」などの伝統的なデザインを通じ、暮らしの将来を描き出す。

●A5判変型上製●152頁●定価　本体1800円+税

童の心で

◆小泉英明+市川團十郎

歌舞伎役者・市川團十郎と脳科学者・小泉英明。幼稚園の同期生が半世紀ぶりに再会して語り合う、修行と教育、脳と身体、信仰と芸能、知性と感性、そして日本の明日。

●A5判上製●288頁●定価　本体2400円+税